Nicholas Richter

Möglichkeiten und Grenzen des Distressed Debt Investing in Deutschland

GABLER EDITION WISSENSCHAFT

Schriften zum europäischen Management

Herausgegeben von
Roland Berger Strategy Consultants – Academic Network

Die Reihe wendet sich an Studenten sowie Praktiker und leistet wissenschaftliche Beiträge zur ökonomischen Forschung im europäischen Kontext.

Nicholas Richter

Möglichkeiten und Grenzen des Distressed Debt Investing in Deutschland

Am Beispiel von Unternehmens-
verbindlichkeiten

Mit einem Geleitwort von Prof. Dr. Guido Eilenberger

Deutscher Universitäts-Verlag

Bibliografische Information Der Deutschen Nationalbibliothek
Die Deutsche Nationalbibliothek verzeichnet diese Publikation in der Deutschen Nationalbibliografie; detaillierte bibliografische Daten sind im Internet über <http://dnb.d-nb.de> abrufbar.

Dissertation Universität Rostock, 2006

1. Auflage September 2006

Lektorat: Brigitte Siegel / Sabine Schöller

Der Deutsche Universitäts-Verlag ist ein Unternehmen von Springer Science+Business Media.
www.duv.de

Umschlaggestaltung: Regine Zimmer, Dipl.-Designerin, Frankfurt/Main
Druck und Buchbinder: Rosch-Buch, Scheßlitz
Gedruckt auf säurefreiem und chlorfrei gebleichtem Papier
Printed in Germany

ISBN-10 3-8350-0545-6
ISBN-13 978-3-8350-0545-7

Geleitwort

Die veränderten Anforderungen an die Eigenkapitalunterlegung von Bankkrediten durch die neuen bankaufsichtsrechtlichen Bestimmungen von "Basel II" haben in Europa und insbesondere in Deutschland das Kreditgeschäft der Banken grundlegend gewandelt. Das gilt vor allem für die großen Kreditbanken, die ihre bisherigen Kreditnehmer zu einer kapitalmarktorientierten Finanzierungspolitik veranlassen möchten. Trotz dieser Neuausrichtung der Kreditpolitik verbleibt noch immer ein relativ hoher Bestand an Krediten bei deutschen Banken, deren Werthaltigkeit als problematisch bis notleidend einzustufen und im Sprachgebrauch der Praxis als "distressed" zu bezeichnen sind. Für die Banken liegt es nahe, ihre Bilanzen um derartige Problemkredite zu bereinigen und damit riskante Bilanzbelastungen zu vermindern, die ansonsten noch mehrere Jahre ihre Rentabilität beeinträchtigen könnten. Andererseits müssen Investoren bereit sein, Risikoengagements durch Ankauf von „Distressed Debt“ zu vertretbaren Konditionen zu übernehmen und sie zu einem kalkulierten positiven Gesamtergebnis zu führen. Für derartige Investments hat sich in der Praxis die Bezeichnung "Distressed Debt Investing" eingebürgert, das zunehmend auch in Deutschland praktiziert wird.

Herr Richter analysiert dieses innovative Geschäftsgebiet von institutionellen Investoren – häufig Private Equity Fonds oder Hedge Fonds – erstmals am Beispiel Deutschlands in umfassender und profunder Weise aus der Sicht von Banken und Investoren. Dabei erstellt Herr Richter zunächst eine Bestandsaufnahme zu den erforderlichen begrifflichen Sachverhalten, rechtlichen Voraussetzungen und den grundsätzlichen Wertschöpfungsstufen des Distressed Debt Investing sowie zu den bisherigen Marktstrukturen in den USA und in Deutschland. Damit wird der Wissens- und Erkenntnisstand zu diesem neuen Geschäftsgebiet von Banken und Investoren erheblich erhöht und die notwendige Basis für die folgende Diskussion geschaffen. Im Anschluss daran erweitert sich die Forschungsperspektive in Richtung auf eine empirische Untersuchung von Effizienzen des neuen Distressed-Debt-Marktes. Dabei erlauben persönliche Interviews profunde Einblicke in ein neuartiges, bislang weitgehend unerforschtes Marktgeschehen. Daraus resultiert eine erhebliche Förderung und Erweiterung eines für die Finanzierungspraxis wesentlichen, innovativen Sachverhalts.

Aus den wertvollen Erkenntnissen zu den einzelnen Effizienzbereichen des Marktes, die systematisch aufbereitet zu Teilergebnissen zusammengefasst werden, entsteht ein Bild von den Entwicklungstendenzen für den Distressed-Debt-Markt in Deutschland. Die Arbeit kann als hoch innovativ bezeichnet werden. Sie liefert für Wissenschaft und Praxis eine Fülle neuer Erkenntnisse und eröffnet für das neue Kapitalmarktsegment des Distressed Debt Investing Entwicklungslinien von wesentlicher Bedeutung.

Prof. Dr. Guido Eilenberger

Vorwort

Distressed Debt Investing stellt eine Investitionsform dar, die erst seit drei Jahren zunehmend in der Öffentlichkeit wahrgenommen wird und sich vor allem für Immobilien in Deutschland zu einer regen Praxis entwickelt hat. Unternehmensverbindlichkeiten, die den Fokus dieser Arbeit darstellen, blieben bisher in Bezug auf das Volumen der Transaktionen in ihrer Entwicklung zurück, obwohl ihnen ein sehr großes Potenzial zugesprochen wird. Die Arbeit zeigt daher einen Einblick in ein zunehmend interessanter werdendes Geschäftsfeld, das durch Anonymität und Vertraulichkeit geprägt ist. Aufgrund dieser Umstände beruht der Erfolg der Arbeit auch auf der vielfältigen Unterstützung, für die ich mich sehr herzlich bedanken möchte.

In erster Linie gebührt mein Dank meinem Doktorvater, Prof. Dr. Guido Eilenberger, der mich in der Bearbeitung des Themas bestärkt hat. Seine gute Betreuung und konstruktive Kritik sowie seine wissenschaftlichen und fachlichen Anregungen haben maßgeblich zum Gelingen der Arbeit beigetragen. Herrn Prof. Dr. Thomas Lange danke ich für die freundliche Übernahme des Zweitgutachtens.

Die Durchführung der empirischen Analyse wäre ohne die sehr große Unterstützung und Kooperationsbereitschaft von Experten nicht möglich geworden. Da aufgrund der Diskretion keine Namen/Firmen genannt werden dürfen möchte ich mich hier bei allen beteiligten Investoren, Banken, Wirtschaftsprüfern, Rechtsanwaltskanzleien und Servicern bedanken.

Roland Berger Strategy Consultants danke ich für die Möglichkeit, meine Dissertation im Rahmen des Promotionsprogramms anzufertigen und meinem Mentor, Dr. Ralf Moldenhauer, für die konsequente Unterstützung meines Promotionsvorhabens. Zudem danke ich den Partnern des Bereichs Restructuring & Corporate Finance, ohne deren Kontakte eine so breite Basis der empirischen Befragung nicht möglich gewesen wäre.

Dem Doktorandenzirkel, Dr. Stefan Duderstadt, Dr. Tobias Plate und Rainer Bizenberger, danke ich für unsere anregenden Diskussionen.

Meiner Freundin Carolin Bodens möchte ich besonders für die mentale Unterstützung danken. Durch ihre Geduld und ihr Verständnis, die sie mir während der Anfertigung meiner Dissertation entgegengebracht hat sowie durch ihre tatkräftige Entlastung während der Promotionszeit, hat sie die erforderlichen Freiräume für die Fertigstellung der Arbeit geschaffen.

Weiterhin danke ich meiner Familie für die uneingeschränkte Unterstützung. Ohne die Ausbildung und Förderung, die mir meine Eltern ermöglicht haben, wäre diese Arbeit sicherlich nicht entstanden. Insbesondere danke ich meiner Mutter, Ilona Richter, für ihr unermüdliches Korrekturlesen und "unverblümte" Diskussionen. Natürlich ist ihr diese Arbeit in Dankbarkeit gewidmet.

Nicholas P. Richter

Inhaltsverzeichnis

Abbildungsverzeichnis

Tabellenverzeichnis

Abkürzungsverzeichnis

Abb.	Abbildung
AG	Aktiengesellschaft
AGB	Allgemeine Geschäftsbedingungen
AktG	Aktiengesetz
APLMA	Asia Pacific Loan Market Association
APR	Absolute Priority Rule
BaFin	Bundesanstalt für Finanzdienstleistungsaufsicht
BAG	Bankaktiengesellschaft
Basel II	Baseler Ausschuss für Bankenaufsicht: Internationale Konvergenz der Kapitalmessung und Eigenkapitalanforderungen
Bd.	Band
BdB	Bundesverband deutscher Banken
BDSG	Bundesdatenschutzgesetz
BFH	Bundesfinanzhof
BGB	Bürgerliches Gesetzbuch
BGH	Bundesgerichtshof
BMF	Bundesministerium der Finanzen
BNotO	Bundesnotarordnung
BörsG	Börsengesetz
BRaO	Bundesrechtsanwaltsordnung
BSP	Bruttosozialprodukt
bzgl.	bezüglich
bzw.	beziehungsweise
ca.	circa
d.b.	das bedeutet
d.h.	das heißt
DCF	Discounted Cash Flow
DIP	Debtor in Possession
DR	Default Rate
EBIT	Earnings before Interest and Taxes
EBITDA	Earnings before Interest, Taxes, Depreciation, and Amortization
etc.	et cetera
EuGh	Europäischer Gerichtshof
EUR	Euro
f.	folgende

ff.	fortfolgende
Fn.	Fußnote
FSLIC	Federal Savings and Loan Insurance Corporation
ggf.	gegebenenfalls
ggü.	gegenüber
GmbH	Gesellschaft mit beschränkter Haftung
GmbHG	Gesetz betreffend die Gesellschaften mit beschränkter Haftung
GG	Grundgesetz
HGB	Handelsgesetzbuch
Hrsg.	Herausgeber
i.d.R.	in der Regel
i.e.S.	im engeren Sinn
i.H.v.	in Höhe von
IRU	Institutional Restructuring Unit
i.V.m.	in Verbindung mit
i.w.S.	im weiteren Sinne
InsO	Insolvenzordnung
Jg.	Jahrgang
KWG	Gesetz über das Kreditwesen (Kreditwesengesetz)
LBO	Leveraged Buy-out
LGD	Loss Given Default
LMA	Loan Market Association
LSTA	Loan Syndication and Trading Association
MaK	Mindestanforderungen an das Kreditgeschäft
MaRisk	Mindestanforderungen an das Risikomanagement
mind.	mindestens
Mio.	Millionen
Mrd.	Milliarden
NIÖ	Neue Institutionenökonomie
No.	Number
NPV	Net Present Value
Nr.	Nummer
NYU	New York University
o.	ohne
OECD	Organisation for Economic Cooperation and Development
o.V.	ohne Verfasser
OTC	Over the Counter

p.a.	per annum
RER	Real Estate Restructuring
RTC	Resolution Trust Corporation
RR	Recovery Rate
Rz	Randziffer
S.	Seite(n)
s.	siehe
SchVG	Gesetz betreffend die gemeinsamen Rechte der Besitzer von Schuldverschreibungen
SGK	Servicegesellschaft Kreditmanagement GmbH
StGB	Strafgesetzbuch
SPV	Special Purpose Vehicle
S&P	Standard & Poor's
u.a.	unter anderem/unter anderen
UmwG	Umwandlungsgesetz
USA	United States of America
USD	US-Dollar
vgl.	vergleiche
Vol.	Volume
vs.	versus
wg.	wegen
WpHG	Wertpapierhandelsgesetz
WPO	Wirtschaftsprüferordnung
www	World Wide Web
z.B.	zum Beispiel

1 Problemstellung und Forschungsansatz

1.1 Problemstellung und Zielsetzung

Seit 2003 hat die Diskussion um den Verkauf von "Problemkrediten" durch deutsche Banken stetig zugenommen. So spiegeln die Transaktionen wie z.B. bei der Hypo Real Estate, der Dresdner Bank oder der Verkauf von KarstadtQuelle-Krediten die aktuelle Situation der deutschen Kreditinstitute wider.[1] Diese sehen sich insbesondere durch folgende Entwicklungen dazu veranlasst, an diesem Geschäft zu partizipieren:

- Deutsche Banken stehen im Rahmen der zunehmenden Globalisierung unter Druck ihre Gewinne zu steigern, weil ihre Eigenkapitalrenditen im europäischen Vergleich unterdurchschnittlich sind. So erreichten 22 der 25 größten europäischen Großbanken im vergangenen Jahr eine Nachsteuer-Rendite von 15 Prozent, während deutsche Großbanken für 2005 nur rund 8 bis 9 Prozent anstreben.[2]

- Verursacht durch den konjunkturellen Abschwung der letzten Jahre wurden die Banken mit einem Anstieg der Kreditausfälle konfrontiert und gerieten teilweise in eine Situation der Eigenkapitalknappheit. So mussten durch den Anstieg von "Problemkrediten" hohe Wertberichtigungen vorgenommen werden.[3]

- Weiterhin erhöhen Änderungen in den aufsichtsrechtlichen Anforderungen die Kosten im Zusammenhang mit "Problemkrediten". Neben den Anforderungen an deren Bearbeitung durch die Mindestanforderungen an das Kreditgeschäft der Kreditinstitute (MaK) sowie durch die derzeit im Entwurf befindlichen Mindestanforderungen an das Risikomanagement (MaRisk) wird auch die erforderliche Eigenkapitalunterlegung erhöht. Die Basel II-Vorschriften (Start 2007) fordern hier eine differenziertere Berücksichtigung des individuellen Ausfallrisikos.[4]

Die Banken sind daher gezwungen, ihre Rentabilität auf das mit europäischen Banken vergleichbare Niveau von 15 Prozent zu steigern. Neben dem Verkauf von Aktivitäten, die nicht zum Kerngeschäft gehören bzw. strategisch nicht mehr gewünscht sind, sind die Banken bestrebt, den negativen Einfluss von "Problemkrediten" auf die Rendite der Bank zu reduzie-

---

1 Vgl. Bolder/Lehrbaß/Zimmer (2005), S. 14.

2 Allein die Deutsche Bank strebt eine Rendite von 15 Prozent an. Als Ursachen für die geringere Rendite im Vergleich zu anderen europäischen Banken werden die größere Konkurrenzsituation in Deutschland, die lahmende deutsche Konjunktur und die hohen Personalkosten genannt. Vgl. Schuler (2005), S. 1.

3 Vgl. Deutsche Bank AG (2004), S. 1ff.

4 Vgl. Bolder/Lehrbaß/Zimmer (2005), S. 15. Zur ausführlichen Beschreibung der Auswirkungen der MaK und Basel II-Vorschriften s. Kapitel 2.1.2.

ren.[5] Bereits 2003 wurden nach Expertenschätzungen "Problemkredite" in Höhe von 3 Mrd. EUR Nominalvolumen und 2004 ca. 12 Mrd. EUR von den Banken veräußert.[6] Hierbei handelte es sich im Wesentlichen um Immobilienkredite bzw. Hypothekendarlehen, deren Verkauf durch die anhaltende Immobilienkrise in den neuen Bundesländern ausgelöst wurde.[7] Der öffentliche Verkauf von "Problemkrediten" gegenüber Unternehmen 2003 und 2004 betrug lediglich ca. 2,2 Mrd. EUR. Davon wurden ca. 1,2 Mrd. EUR durch die Dresdner Bank verkauft.[8]

Mit der Entwicklung bei den Banken ist die Situation der deutschen Unternehmen eng verbunden. So haben die Banken z.B. in Vorbereitung auf die Regelungen von Basel II ihre Anforderungen an die Bonität von Schuldnern erhöht, um die Qualität der Kreditportfolios zu verbessern und eine höhere Risikovorsorge zu vermeiden.[9] Eine Umfrage unter Mittelständlern Mitte des Jahres 2003 ergab, dass sich für nahezu die Hälfte der Firmen die Finanzierungsbedingungen verschlechtert haben. Ein Drittel der kleinen und mittleren Unternehmen sah sich mit enormen Problemen bei der Aufnahme von Bankkrediten konfrontiert, so dass ihnen teilweise kein Kredit mehr bewilligt wurde.[10] Es ist daher nicht verwunderlich, dass "gesunde" Unternehmen mit hoher Ertragskraft und "einwandfreier" Bilanz nur einen vergleichsweise geringen Zinsaufschlag zahlen müssen, während Firmen, die wegen einer vorübergehenden Krise fremdes Geld dringend benötigen, gar keinen Kredit mehr oder nur zu einem sehr hohen Preis erhalten. Im Rahmen eines Forschungsprojektes der Creditreform wurde weiterhin festgestellt, dass Schwierigkeiten bei der Beschaffung von Fremdfinanzierungsmitteln bei ca. 20% der Unternehmen in 2004 Mitursache bei der Insolvenz waren.[11] Auch eine Analyse der Frankfurter Business School of Finance and Management zeigt angebotsseitige Restriktionen der Banken auf Grund erhöhten Volumens von Problemkrediten, geringer Margen sowie gesteigerter Risikoaversion.[12]

5 Als Beispiel für diese Entwicklung kann auf die Vorgehensweise der Dresdner Bank verwiesen werden. Diese beschloss 2002, "faule" und nichtstrategische Kredite sowie Beteiligungen von 35,5 Mrd. Euro in einer eigens gegründeten Abwicklungseinheit Institutional Restructuring Unit (IRU) abzuarbeiten. Dieses Vorhaben wurde 2005 abgeschlossen. Vgl. Maier (2005), S. 20.

6 Vgl. Kroll/Mercer Oliver Wyman (2005), S. 3.

7 Vgl. Deutsche Bank AG (2004), S. 10ff.

8 Vgl. Steinbarth et al. (2005), S. 2. Zu den einzelnen Transaktionen s. Kapitel 2.3.2.

9 Zum Verhalten der Kreditinstitute in Bezug auf das Kreditangebot für Unternehmen s. Eilenberger (2004), S. 138ff.

10 Vgl. Simons (2005), S. 27.

11 Ergebnis einer Befragung von 56 Insolvenzverwaltern. Vgl. Creditreform (2004), S. 18.

12 Hauptursache des Rückgangs der Kreditvergabe wird jedoch in einer geringeren Nachfrage auf Grund der Konjunkturschwäche gesehen. Vgl. Polleit (2004), S. 6f.

Die Finanzierung in der Krise gestaltet sich für Unternehmen darüber hinaus mangels Alternativen schwierig, da z.B.

- für die Ausgabe von Anleihen ein gutes Rating erforderlich ist,
- Mezzanine-Kapital[13] einem mit Eigenkapital vergleichbaren Risiko ausgesetzt ist, ohne jedoch in dem gleichem Ausmaß an einer möglichen Wertsteigerung teilzunehmen,
- und Asset-Backed-Securities sich nicht eignen, da das Vermögen meist bereits als Sicherheit für vorhandene Kredite dient.[14]

Dabei befinden sich immer mehr Unternehmen in einer Krisensituation, was sich auch in der Zunahme der Anzahl von Insolvenzen von 27.930 im Jahr 2000 auf 39.213 im Jahr 2004 ausdrückt.[15]

Als eine Lösung des Problems sowohl für Banken als auch für Unternehmen bietet sich hier der Kauf von Krediten und ggf. Bereitstellung von Liquidität durch Investoren an. Die Anlage der Investoren beschränkt sich aber nicht nur auf die Kredite von Krisenunternehmen, sondern auch auf deren Anleihen. Allgemein wird diese Investitionsart als Distressed Debt Investing bezeichnet.

Als Käufer treten hier überwiegend ausländische Investoren auf, welche in der Presse und der politischen Diskussion um den Standort Deutschland mit Worten wie "Geier", "Leichenfledderer" oder "Heuschrecken" bezeichnet werden.[16] Dabei erfolgt die Berichterstattung, soweit sie sich auf eine Investition im Unternehmensbereich bezieht, meist undifferenziert. Es wird weder nach dem Investitionsobjekt (Eigen- oder Fremdkapital von Unternehmen) noch dem Status der Unternehmen ("gesundes" oder Krisenunternehmen) unterschieden. Dies ist zum einen auf den geringen Kenntnisstand in der Literatur zurückzuführen und zum anderen auf die Tatsache, dass erst wenige Transaktionen mit Unternehmensverbindlichkeiten bekannt geworden sind.[17]

---

13 Mezzanine-Kapital weist folgende Gestaltungsformen auf: Nachrangigkeit in Bezug auf die sonstigen Gläubiger, Vorrangigkeit gegenüber Eigenkapital, höheres Entgelt für die Kapitalbereitstellung im Vergleich zum klassischen Fremdkapital auf Grund der Nachrangigkeit, zeitliche Befristung der Kapitalüberlassung auf ca. sechs bis zehn Jahre, und das Entgelt für die Kapitalbereitstellung stellt in der Regel eine Betriebsausgabe dar. Vgl. Kestler/Striegel/Jesch (2005), S. 420.Für die Darstellung der Formen von Mezzanine (z.B. Wandelanleihen, Genussscheine) vgl. Betsch/Groh/Lohmann (2000), S. 303.

14 Vgl. Kudla (2005), S. 155 u. 174.

15 Statistisches Bundesamt (2005).

16 Vgl. Gleumes (2005), S. 355; o.V. (2005h), S. 15.

17 Vgl. Gleumes (2005), S. 351. Als erste Veröffentlichungen in diesem Zusammenhang sind zu nennen: Anders (2004); Liebler/Schiereck/Schmid (2004); Jobe/Stachuletz (2005); Kroll/Mercer Oliver Wyman (2005); Schalast/Daynes (2005).

In den USA hingegen hat sich die Investition in Verbindlichkeiten von Krisenunternehmen bereits etabliert. Erst kürzlich übernahm der ehemals insolvente Kmart-Konzern durch die Strategie des Distressed-Debt-Investors Eddie Lampert den größeren Konkurrenten Sears und fusionierte zum drittgrößten amerikanischen Einzelhandelskonzern.[18]

Dem deutschen Markt für Distressed Debt wird aber das größte Potenzial innerhalb von Europa sowohl hinsichtlich der Höhe des Distressed-Debt-Volumens als auch bezüglich der Möglichkeiten für Investoren zugesprochen.[19] Es ist daher von großem Interesse, inwieweit sich die Investitionsart des Distressed Debt Investing in Deutschland etablieren bzw. entwickeln kann, um das Potenzial auszuschöpfen und Unternehmen sowie Banken bei der Lösung ihrer Probleme zu unterstützen. Hierzu ist es erforderlich, die Grenzen, die eine Entwicklung verhindern können, aber auch vorhandene Möglichkeiten für Investoren aufzuzeigen. Da Distressed Debt Investing in Deutschland in der Wissenschaft bisher kaum Berücksichtigung gefunden hat, ist zudem eine Erläuterung dieser Anlageform als Voraussetzung für die Untersuchung notwendig. Hierzu gehört neben der begrifflichen Abgrenzung die Darstellung der Anlagestrategien, der Vorgehensweise und der Charakteristika sowie der Analyse des bisherigen Entwicklungsstandes.

Entsprechend der aufgezeigten Untersuchungsfelder ergeben sich in der Reihenfolge der Herleitung folgende fünf Fragen. Diese sollen mit Fokus auf Unternehmensverbindlichkeiten beantwortet werden, und waren bisher noch keine Schwerpunkte wissenschaftlicher Arbeiten:

1. Was ist unter dem Begriff des Distressed Debt Investing zu verstehen (Definition/Abgrenzung/Anlagestrategien/Prozess)?
2. Welche Besonderheiten weist der Markt für Distressed Debt Investing auf (Marktcharakteristika am Beispiel des US-amerikanischen Marktes)?
3. Wie ist der derzeitige Entwicklungsstand des Distressed Debt Investing in den USA und in Deutschland (historische Entwicklung/Marktgröße/Marktteilnehmer)?
4. Welche Möglichkeiten bietet der deutsche Markt für die Etablierung des Distressed Debt Investing in Bezug auf Unternehmensverbindlichkeiten? Welche Grenzen existieren?
5. Wie könnte sich ein Markt für Distressed Debt Investing in den nächsten Jahren entwickeln?

---

18 Vgl. Celarier (2005).

19 Vgl. Cadwalader Wickersham & Taft LLP (2004), S. 7; Ernst & Young (2004), S. 6f; Steinbarth et al. (2005), S. 3.

1.2 Forschungsdesign und Aufbau der Arbeit

Wie aus den gewählten Fragestellungen erkennbar wird, liegt das Ziel dieser Arbeit in der Erforschung des Distressed Debt Investing und der Analyse der Gegebenheiten und Entwicklungsmöglichkeiten in Deutschland und besitzt somit eine grundsätzlich explorative Ausrichtung.[20] Sowohl Forschungsdesign und Aufbau der Arbeit sind auf die Beantwortung der Fragen abgestimmt.

Neben den Ausführungen des ersten Kapitels gliedert sich die Arbeit in vier weitere Kapitel mit folgenden inhaltlichen Schwerpunkten und Forschungsschritten:

- In **Kapitel 2** wird die Methodik des Distressed Debt Investing dargestellt. Beginnend mit der Entwicklung einer Definition und Begriffsabgrenzung werden die unterschiedlichen Dimensionen und die Motivation der Marktteilnehmer erläutert. Anschließend werden bezugnehmend auf die Forschung in den USA die Anlagestrategien, der Investitionsprozess sowie die Marktcharakteristika vorgestellt, wobei vorab auf das amerikanische Insolvenzrecht (US Bankruptcy Code) eingegangen wird. Dies ist notwendig, weil sich die Vorgehensweise der Investoren sehr stark an den dort möglichen Verfahren orientiert. Abschließend werden zur Vervollständigung die historische Entwicklung sowie der aktuelle Status der Märkte für Distressed Debt in den USA und Deutschland vorgestellt.

  Der amerikanische Markt wird hier als Basis verwendet, weil seine fortgeschrittene Entwicklung sehr gute Voraussetzungen zur Beschreibung des Untersuchungsobjektes bietet und grundlegende Erkenntnisse in Deutschland bisher fehlen. Erste Praxisberichte verbunden mit wissenschaftlicher Fundierung sind in den Veröffentlichungen der *New York Stern School of Business* sowie in den Ausführungen von *Moyer* zu finden. Zu Teilaspekten des Distressed Debt Investing existiert eine Vielzahl wissenschaftlicher Artikel, insbesondere im Zusammenhang mit der Analyse gerichtlicher (Chapter 11) oder außergerichtlicher Restrukturierungen sowie in Bezug auf die Ermittlung der Elemente des Kreditrisikos.[21] In dem Kapitel wird somit das Grundverständnis für die Vorgehensweise von Investoren und die Eigenschaften von Distressed Debt hergestellt und beinhaltet den **ersten Forschungsschritt**.

---

20 Vgl. Bortz/Döring (2002), S. 49.

21 Für einen Überblick siehe insbesondere John (1993); Chatterjee/Dhillon/Ramirez (1996); Altman/Resti/Sironi (2004); Moyer (2004); White (2005).

- In **Kapitel 3** wird das Ziel verfolgt, den konzeptionellen Bezugsrahmen für die spätere empirische Erhebung zu erarbeiten **(zweiter Forschungsschritt)**.[22] Hier gilt es, eine Systematisierung festzulegen, anhand derer eine umfassende Überprüfung der Marktgegebenheiten für das Distressed Debt Investing möglich ist, so dass Möglichkeiten und Grenzen für eine Investition aufgezeigt werden können.

  Die Vorgehensweise des Kapitels orientiert sich daher zunächst an der Einordnung des Distressed Debt Investing in die Ausprägungen des Kapitalmarktes. Anschließend wird auf die verschiedenen Kriterien und Zielsetzungen empirischer Kapitalmarktuntersuchungen Bezug genommen. Durch Anpassung (Auswahl und Systematisierung) der Kriterien an die Erfordernisse der Untersuchung wird ein Leitgerüst als Bezugsrahmen der Untersuchung erstellt. Im Gegensatz zu Untersuchungen von Kapitalmärkten im Sinne einer Börse ist hier der nicht-organisierte Charakter dieses Sekundärmarktes zu berücksichtigen.

- In **Kapitel 4** wird die Erstellung des Designs der empirischen Untersuchung, die Darstellung der Erhebungsmethode sowie die eigentliche Durchführung der Untersuchung und deren Auswertung vorgenommen.

  Die Systematisierung aus dem zweiten Forschungsschritt wird nun um Publikationen und Expertenvorgespräche ergänzt und in einen Fragebogen überführt, der als Grundlage für semi-standardisierte, problemzentrierte Interviews dient (**dritter Forschungsschritt**).[23] Damit ist sichergestellt, dass sowohl der Untersuchungsumfang, der sich aus den Kriterien der Grundlagenwissenschaften ergibt, als auch die aus der Praxis gewonnenen Themenkomplexe miteinander vereinbar sind. Die Semi-Standardisierung eröffnet dabei die Möglichkeit, unterschiedliche Marktteilnehmer zu befragen und deren Antworten auf Basis ihrer spezifischen Erfahrung und Perspektiven in Bezug auf den Markt zu bewerten und so die Ergebnisse verschiedener Interviews vergleichbar zu machen. Zudem können neue Fragen und Themen, die bei der Interviewkonzeption nicht antizipiert wurden, situativ mit einbezogen werden.[24] Weitere Aspekte der empirischen Untersuchung werden im Rahmen der methodischen Vorbemerkungen analysiert. Der Fragebogen wird schließlich im Rahmen der empiri-

---

22 Der konzeptionelle Bezugsrahmen erfasst die für den Themenkomplex relevanten Größen zur Analyse des Untersuchungsgegenstands aus einer Vielzahl existenter Probleme durch Zerlegung und Gliederung in Teilprobleme. Es dient daher auch der Steuerung des (empirischen) Untersuchungsablaufs. Vgl. Schulte (1991), S. 29.

23 "Experten" bezeichnet im Rahmen dieser Arbeit Personen, die beruflich im Bereich des Distressed Debt Investing in Deutschland tätig sind und bereits an Transaktionen beteiligt waren.

24 Vgl. Bortz/Döring (2002), S. 315.

schen Forschung mit Experten von Investoren, Banken, Rechtsanwaltskanzleien, Wirtschaftprüfern und einem Servicer[25] diskutiert. Die Durchführung von Experteninterviews entspricht dabei einem qualitativen Forschungsansatz. Dieser Ansatz, auf den in Kapitel 4 näher eingegangen wird, ist insofern von existenzieller Relevanz für die Arbeit, weil auf Grund fehlender wissenschaftlicher Untersuchungen keine alternativen Informationsquellen zur Verfügung stehen.[26] Diese Vorgehensweise wird daher zur Ermittlung, Beschreibung und Systematisierung des Sachverhaltes empfohlen.[27]

Zu jedem Kriterium erfolgt eine Analyse der Auswirkung auf das Distressed Debt Investing, welche in einem Ergebnis bezogen auf die Möglichkeiten und Grenzen in Deutschland als Zusammenfassung mündet (**vierter Forschungsschritt**). Die Ergebnisse dienen als Grundlage für Aussagen zur Entwicklung des deutschen Distressed-Debt-Marktes.

- **In Kapitel 5** werden die wesentlichen theoretischen und empirischen Ergebnisse durch Induktion in Aussagen zur zukünftigen Entwicklung des Distressed Debt Investing überführt (**fünfter Forschungsschritt**).[28] Hierbei wird sowohl nach den verschiedenen Dimensionen differenziert als auch zur allgemeinen Entwicklung Stellung genommen.

---

25 Unternehmen, dass sich auf die Abwicklung von Krediten spezialisiert hat.

26 Zur ausführlichen Begründung der Vorgehensweise und Beschreibung der empirischen Untersuchung s. Abschnitt 4.1 Methodische Vorbemerkungen.

27 Für bisher kaum erforschte Gebiete, bei denen noch keine allgemeinen Begriffsdefinitionen existieren, wird die Durchführung von qualitativen Forschungsmethoden empfohlen. Die Aussagekraft einer quantitativen Vorgehensweise bei dieser Ausgangslage wird als begrenzt angesehen. Vgl. Eisenhardt (1989), S. 532ff.

28 Die Induktion bezieht sich hier auf die Erstellung von Zusammenhangsvermutungen aus einzelnen Beobachtungen ("Schluss vom Besonderen auf das Allgemeine"), also von Einzelergebnissen auf Entwicklungstendenzen. Vgl. Diekmann (2002), S. 150ff.

Der Zusammenhang zwischen Forschungsdesign und dem Aufbau der Arbeit wird in folgender Abbildung verdeutlicht.

Abbildung 1: Forschungsdesign und Aufbau der Arbeit[29]

Die Ergebnisorientierung der Arbeit zeigt sich anhand der Gliederung entlang der als zentral angesehenen Fragestellungen. So beinhaltet das zweite Kapitel die Klärung der Fragen 1 bis 3. Die Inhalte des dritten Kapitels dienen als Vorbereitung für die Beantwortung der Frage 4, welche im vierten Kapitel in Form einzelner Ergebnisse zu Möglichkeiten und Grenzen festgehalten wird. Diese dienen im fünften Kapitel als Grundlage zur Bildung von Entwicklungstendenzen (Frage 5).

29 Eigene Darstellung.

2 Distressed Debt Investing

In diesem Kapitel werden die Grundlagen zum Verständnis des Distressed Debt Investing gelegt. Dabei werden Terminologien und Vorgehensweisen aus Theorie und Praxis vorgestellt. Es ist zu beachten, dass Kapitel 2 zur Darstellung der Grundlagen des Distressed Debt Investing (Anlagestrategien, Rangklassen, Wertschöpfungsstufen und Marktcharakteristika) auf den US-amerikanischen Markt zurückgreift, weil er als einziger hochentwickelter Markt in Bezug auf Unternehmenskredite und -verbindlichkeiten näher in der Literatur untersucht worden ist.[30] Lediglich Definition und Motivation sind auf den deutschen Markt bezogen. Die Übertragung der Grundlagen auf den deutschen Markt erfolgt innerhalb der empirischen Untersuchung des Kapitels 4.

2.1 Definition und Abgrenzung

Eine einheitliche Definition des Distressed Debt Investing existiert bislang nicht. Vielmehr divergieren die Auslegung und die Verwendung von Begriffen in Abhängigkeit vom Verständnis des Autors und der Zielsetzung der Untersuchung.[31] Insofern ist eine Entwicklung einer einheitlichen Definition in Bezug auf den hier verwendeten Zusammenhang als Grundlage der weiteren Untersuchung notwendig.

2.1.1 Begriffliche Grundlagen

Die Definition des Distressed Debt Investing erfolgt durch eine aufbauende Erläuterung der einzelnen Begriffbestandteile und wird anschließend in die Dimensionen des "Distressed Investing" eingeordnet.

a) "Debt"

Der Begriff "Debt" steht für Schulden. Unter Schulden können in diesem Zusammenhang Staatsschulden, Konsumentenschulden[32], Hypothekenschulden/Immobiliendarlehen[33] oder Unternehmensschulden verstanden werden. Diese Arbeit berücksichtigt nur Unternehmensschulden und zwar gegenüber Banken aus Krediten sowie Verbindlichkeiten aus Anleiheemissionen am Kapitalmarkt.[34] Aus Banken- bzw. Investorensicht werden die Ausdrücke

---

30 Weitere hochentwickelte Märkte für Kredite sind Schweden, Frankreich, Mexiko, Spanien und Italien. Als entwickelt gelten Japan, Taiwan, Korea, Indonesien, Malaysia und Thailand, während China, Russland, Indien, Türkei, Philippinen, Tschechische Republik sowie Deutschland als aufkommende Märkte gelten. Vgl. Ernst & Young (2004), S. 7.

31 Vgl. Gleumes (2005), S. 352; Knips/Dunst/Stalmann (2005), S. 30f; Schalast/Daynes (2005), S. 8f; Steinbarth et al. (2005), S. 3.

32 Z.B. Privatkredite oder Kreditkartenschulden.

33 Sowohl Hypothekenschulden/Immobiliendarlehen privater als auch gewerblicher Schuldner.

34 Nicht in die Betrachtung fallen Verbindlichkeiten aus Lieferung und Leistung, Privatplatzierungen oder Verbindlichkeiten ggü. Gesellschaftern. Vgl. Gilson (1995), S. 8. Auch werden Kreditderivate nicht berücksichtigt, da diese aus Sicht der Distressed-Debt-Investoren nicht von Interesse sind.

"Forderungen gegenüber Unternehmen", "Unternehmensschulden" sowie "Unternehmensverbindlichkeiten" synonym verwendet.

b) "Distressed" Debt

Der Begriff "Distress" wird mit den Worten "Elend", "Leid" oder "Gefahr" übersetzt.[35] Eine allgemeingültige bzw. weitgehend akzeptierte Übersetzung in Bezug auf Schulden gibt es bisher nicht. Die Operationalisierung des Begriffes "Distress" soll daher in Analogie zur Bedeutung des "Financial Distress" erfolgen und auf den Begriff des "Distressed Debt" übertragen werden.

Als eindeutiges Kennzeichen für "Financial Distress" wird der Tatbestand des "Default" (Ausfall) von Verbindlichkeiten bzw. die Nichterfüllung von vertraglichen Verpflichtungen aus Verbindlichkeiten durch den Schuldner genannt.[36] Es kann zwischen folgenden Ursachen differenziert werden:

- Unbeabsichtigter Ausfall (z.B. auf Grund von Störungen in EDV-Systemen)
- Absichtliche Verweigerung einer Verpflichtung
- Nichterfüllung einer Verpflichtung auf Grund mangelnder Ressourcen (z.B. Zahlungsunfähigkeit eines Unternehmens auf Grund fehlender Liquidität)

Während der unbeabsichtigte Ausfall eher von kurzer Dauer ist und meist keine Konsequenzen für die Vertragspartner hat, werden hier letztere Begriffsverständnisse für den "Default" verwendet. Dies soll aber nur dann als Unterform des "Distress" gelten, wenn mit der vollständigen Zahlung der Forderung durch den Schuldner nicht mehr zu rechnen ist.[37] Als eindeutiges Abgrenzungskriterium soll ein "Default" weiterhin nur vorliegen, soweit dies mit der Kündigung bzw. Voraussetzung zur Kündigung für den Gläubiger verbunden ist. Dieser Tatbestand kann unter anderem durch den Zahlungsverzug eintreten, wenn der Schuldner an drei aufeinander folgenden Zahlungsterminen keinen Kapitaldienst mehr leistet oder bei Fälligkeit der Darlehensforderung diese auch nach Ablauf von 90 Tagen nicht bedient.[38]

---

35 o.V. (2005f).

36 Altman unterscheidet in diesem Zusammenhang den Ausfall auf Grund von "technischen" Vertragsverletzungen wie z.B. Covenants und auf Grund von Zahlungsverzug. Vgl. Altman (1993), S. 5.

37 Vgl. Mackenthun (2005), S. 991. Es besteht somit eine Wertminderung des Kredites, die in Anlehnung an IAS so verstanden werden soll, dass ein objektiver Hinweis auf eine Wertminderung der zukünftig zu erwartenden Cash Flows vorliegt und sich die Auswirkung auf den Kredit quantitativ schätzen lässt. Erwartete Verluste sind mit einzubeziehen. Vgl. Knips/Dunst/Stalmann (2005), S. 30. Mit der Forderung sind hier sämtliche Ansprüche aus Kapital, Zinsen, Provisionen und Kosten verbunden.

38 Vgl. Hofmann/Walter (2004), S. 1568. Die Anzahl der Tage des Zahlungsverzugs steht aber nicht im Vordergrund der Definition. Sie wird unterschiedlich festgelegt. So bezeichnet das Bundesministerium für Finanzen (BMF) eine Forderung als "zahlungsgestört", wenn sie, soweit sie fällig ist, ganz oder zu einem nicht nur geringfügigen Teil seit mehr als sechs Monaten nicht ausgeglichen wurde. Nach den Basel II-Vorschriften gilt ein Kreditausfall als gegeben, wenn eine wesentliche Verbindlichkeit des Schuldners gegenüber der Bankengruppe seit mehr als 90 Tagen überfällig ist, oder eine hohe Wahrscheinlichkeit besteht,

Ein weiterer Auslöser für eine Kündigung ist z.B. die Nichteinhaltung von "Covenants". Hierunter ist eine Zusatz- oder Nebenvereinbarung zu verstehen, die insbesondere in Kredit- oder Anleiheverträgen mit Unternehmen Anwendung findet. Durch diese verpflichtet sich der Schuldner, bestimmte Dinge zu tun (positive Zusatz- oder Nebenvereinbarung) oder andere zu unterlassen (negative Zusatz- oder Nebenvereinbarung).[39]

Also besagt die Kategorie des "Default", dass der Schuldner seinen Verpflichtungen, z.B. aus Tilgung, Zahlung von Zinsen oder Provisionen oder der Einhaltung von Covenants, nicht nachgekommen ist, so dass der Gläubiger zur Kündigung berechtigt ist oder den Vertrag gekündigt hat und mit der vollständigen Zahlung nicht mehr zu rechnen ist. Die Verbindlichkeit gilt als **Non-Performing.**[40]

Der Begriff "Financial Distress" umfasst weiterhin auch die Wahrscheinlichkeit, dass das Unternehmen seinen Verpflichtungen nicht mehr nachkommen kann, sich also in einer "Krise" befindet.[41] Krise bezeichnet im Allgemeinen einen Höhe- oder Wendepunkt einer sich zuspitzenden und für ein System gefahrvollen Entwicklung.[42] Bei einem Unternehmen wird darunter eine Situation verstanden, in welcher die Unternehmung in ihrem Fortbestand gefährdet ist.[43] Die Gefährdung des Unternehmens trifft jedoch keine Aussage zum Ausgang, weil der Fortbestand der Unternehmung ebenso denkbar ist wie dessen Vernichtung.[44] Es handelt sich um einen ambivalenten Zustand. Bezogen auf Distressed Debt betrifft dies den Eintritt einer Vertragsverletzung. Es besteht demnach die Wahrscheinlichkeit, dass es zu einer Nichterfüllung von Vertragsverpflichtungen kommt. Eine Vertragsverletzung ist jedoch noch nicht eingetreten und es besteht daher keine Voraussetzung zur Kündigung der Verbindlichkeit. In Analogie zur Kategorie "Non-Performing" ist weiterhin mit der vollständigen Zahlung von Kapital, Zinsen und Provisionen bei Fälligkeit nicht mehr zu rechnen. Die Verbindlichkeit wird als **Sub-Performing** bezeichnet.

---

dass der Schuldner seinen Kreditverpflichtungen nicht in voller Höhe nachkommt. Ausnahmen können die Frist auch auf 180 Tage verlängern. Vgl. Basler Ausschuss für Bankenaufsicht (2004), S. 106. Hier wird daher, wie auch das BMF ausführt, auf die Voraussetzungen für die Kündigung des zugrunde liegenden Vertrags oder die erfolgte Kündigung abgestellt. Vgl. Bundesministerium für Finanzen (2004), S. 4.

39 Vgl. Deutsche Bundesbank (2003), S. 2. Bzgl. weiterer Klauseln, die zu einer Kündigung führen können, s. Rösler/Pohl (2005), S. 196ff.

40 Die vollständige Zahlung versteht sich dabei unter Berücksichtigung von Verwertungserlösen. Bei erfolgter Kündigung kann auch von "Non-Performing im engeren Sinne" und bei Voraussetzung zur Kündigung von "Non-Performing im weiteren Sinne" gesprochen werden. Vgl. Experteninterviews.

41 Vgl. Whitaker (1999), S. 124. Das Begriffsverständnis bezieht sich in diesem Zusammenhang auch auf die Fähigkeit, aus den operativen Cash Flows die Zinszahlungen bedienen zu können, oder auf die Tatsache, dass die liquiden Mittel nicht ausreichen, um die anfallenden Verpflichtungen aus Verträgen zu erfüllen. Vgl. John (1993), S. 61; Asquith/Gertner/Scharfstein (1994), S. 628.

42 Vgl. Pümpin/Prange (1991), S. 204.

43 Krisenunternehmen bzw. Unternehmen in der Krise ("Distressed Companies") sind Schuldner (Unternehmen), die ein gerichtliches Insolvenzverfahren eingeleitet haben oder in absehbarer Zeit eingeleiten werden, bzw. durch eine außergerichtliche Reorganisation (Restrukturierung) ein gerichtliches Verfahren verhindern wollen. Vgl. Kraft (2001), S. 75.

44 Vgl. Krystek (1987), S. 4ff.

Somit beschreibt Distressed Debt als Oberbegriff die Gefahr, dass der Schuldner seine vertraglichen Verpflichtungen nicht einhält bzw. nicht einhalten kann sowie den tatsächlichen Ausfall. Die Begriffe "Sub-Performing" und "Non-Performing" sind als Unterkategorien zu verstehen.[45] In der Literatur wird teilweise der Begriff "problembehaftet" für die Kategorie "Sub-Performing" und der Begriff "notleidend" für die Kategorie "Non-Performing" verwendet, wobei eine eindeutige Zuordnung bisher nicht existiert.[46] Die Definitionen werden zusammenfassend in Abb. 2 dargestellt:

Distressed Debt

Als "**distressed**" wird eine Verbindlichkeit (debt) bezeichnet, **wenn mit der vollständigen Tilgung bzw. Zahlung von Zinsen und Provisionen nicht mehr gerechnet werden kann.** Distressed bildet den Oberbegriff für die Kategorien "Sub-Performing" und "Non-Perfoming".

Sub-Perfoming

Als "**Sub-Performing**" wird eine Verbindlichkeit bezeichnet, wenn

- mit der vollständigen Tilgung bzw. Zahlung von Zinsen und Provisionen nicht mehr gerechnet werden kann
- **und** der Vertrag nicht gekündigt ist **und** auch keine Voraussetzung zur Kündigung vorliegt.

Non-Performing

Als "**Non-Performing**" wird eine Verbindlichkeit bezeichnet, wenn

- mit der vollständigen Tilgung bzw. Zahlung von Zinsen und Provisionen nicht mehr gerechnet werden kann
- **und** der Vertrag gekündigt ist **oder** die Voraussetzung zur Kündigung vorliegt.

Abbildung 2: Definition von Distressed Debt[47]

Auf Grund einer fehlenden allgemeingültigen Übersetzung für die Begriffe "Distress", "Sub-" und "Non-Performing" im Zusammenhang mit Verbindlichkeiten werden die englischen Fachtermini beibehalten.[48]

---

45 Altman wählt den Begriff "Distress" als Oberbegriff sowie die Begriffe "Distress" und "Default" als Unterkategorien. Auf Grund der Überschneidungen wird diese Gliederung nicht übernommen. Vgl. Altman (1999), S. 9ff.

46 Vgl. Varga von Kibed (2005), S. 42. Z.B. verwenden *Paetzmann* und *Liebler/Schiereck/Schmid* den Begriff "notleidend" für den gesamten Bereich des Distress. Beide Publikationen verstehen unter "notleidenden" Forderungen Verbindlichkeiten, die noch nicht ausgefallen sind, aber kurz davor stehen. "Notleidend" wird im Sinne der Krise verstanden. Vgl. Paetzmann (2003), S. 968; Liebler/Schiereck/Schmid (2004), S. 650. In Bezug auf die begriffliche Definition von "notleidend" stellen *Anders* und *Kammel* und weitere Autoren klar, dass dies bereits den eingetretenen Verzug bezeichnet und nur auf den "Default" bezogen werden kann. Vgl. Anders (2004), S. 8; Hofmann/Walter (2004), S. 1568. Auch Kammel sieht die Bezeichnung "notleidend" in direktem Zusammenhang mit der Kündigung des Kredites. Vgl. Kammel (2004), S. 266 Ebenso Fischer/Zuleger (2005), S. 413; Schilmar/Breitenreicher/Wiedenhofer (2005), S. 1367.Weitere Bezeichnungen für die Kategorie "Non-Performing" sind "zahlungs-" oder "leistungsgestört". Für die Kategorie "Sub-Performing" werden auch die Begriffe "Under-Performing" oder "gefährdet" verwendet. Vgl. Experteninterviews.

47 Eigene Darstellung.

48 Übersetzungen wie z.B. "faule Kredite", "Problemkredite" oder "im Kurs gefallene Anleihen" beziehen sich nur auf Teilbereiche und eignen sich nicht für eine wissenschaftliche Verwendung.

Sie werden daher in der Arbeit in Zusammenhang mit folgenden Begriffen verwendet:[49]

- (Corporate) Debt für Unternehmensverbindlichkeiten
- (Corporate) Loans für Unternehmenskredite
- (Corporate) Bonds bei Unternehmensanleihen

Aufbauend auf dem Grundverständnis der hier vorgestellten Definition von Distressed Debt existieren in der amerikanischen Literatur zwei mittelbare Zustandsbeschreibungen, die der Identifikation von Distressed Debt dienen.

> So klassifiziert *Altman* Distressed Debt im weiteren Sinne als Forderungen, die zu einem signifikanten Abschlag gehandelt werden und einen Spread (Differenz der Rendite) von mindestens 1.000 Basispunkten über einer US-Staatsanleihe (US Treasury Bond) mit gleicher Laufzeit aufweisen.[50]

Der Autor verweist auf börsengehandelte Anleihen, deren Marktwert bzw. Preis leicht beobachtbar ist und sich aus dem Risiko und aus der Höhe des Zinssatzes ergibt. Dieses Klassifizierungsmerkmal wird insofern kritisiert, als es zum einen die Effizienz des Marktes voraussetzt, bei der sämtliche Kreditinformationen und Risiken in den Preisen enthalten sind, und die Annahme unterstellt, dass der Spread zwischen einer sehr sicheren Anlage und der eines Sub-Performing-Investments stetig bei über 1.000 Punkten liegt.[51] Letzterer Aspekt wird beanstandet, weil die Differenz in ihrer Höhe variiert. So lag der durchschnittliche Spread für spekulative Anlagen z.B. in den Jahren 1983 und 2000 bei 487 Basispunkten und im dritten Quartal 2002 bei 1064 Basispunkten.[52]

Die zweite Beschreibung von *Sadhana* orientiert sich an der Zuordnung von Sub-Perfoming Bonds zur Gruppe der "High-Yield Bonds" oder "Junk Bonds".[53]

---

49 Soweit nicht ausdrücklich darauf hingewiesen wird, handelt es sich bei der Untersuchung um Forderungen gegenüber Unternehmen. Es wird daher auf den Zusatz des "Corporate" verzichtet, wenn dies nicht für das Verständnis erforderlich ist.

50 Vgl. Altman (1999), S. 2. Auch Chu (1992), S. 54 verwendet diesen Ansatz und setzt den Abschlag auf mindestens 30% vom Nominalwert fest. Im engeren Sinne definieren beide Distressed Debt als "Defaulted Debt". Dies unterstützt die Verwendung des Begriffs "Distress" als Oberbegriff. Siehe auch Bloomenthal (1996), S. 80. Der Spread bezeichnet in diesem Zusammenhang den Unterschied in der Rendite zweier Anleihen und bedeutet für einen Emittenten die Kosten des Kreditrisikos. Vgl. Moyer (2004), S. 31.

51 Vgl. Moyer (2004), S. 6f.

52 Vgl. Credit Suisse First Boston (2002).

53 "High-Yield" bringt dabei die hohe Rendite auf Grund einer hohen Verzinsung oder eines hohen Abschlags auf den Nennwert zum Ausdruck, während "Junk" auf das vergleichsweise tiefe Rating, einen eventuell weit unter dem Nennwert liegenden Marktwert und auf eine tendenziell hohe Ausfallwahrscheinlichkeit hinweist. Vgl. Eilenberger (1996), S. 238; Deibert/Schellenberger (1998), S. 434; Sadhana (1999), S. 5; Volkart (1999), S. 20; Pacific Corporate Group LLC (2001), S. 2.

High-Yield Bonds, Junk oder spekulative Bonds sind Bonds, die nicht ausgefallen sind, aber ein Rating unter Baa3 bei Moody's und BBB- bei Standard & Poors besitzen.[54]

Hier wird auf die Unterscheidung der Ratingagenturen in "Investment Grade" und "Non-Investment Grade" bzw. "Speculative Grade" zurückgegriffen.

Moody's	S & P	Erläuterungen	
	AAA	Geringstes Ausfallrisiko. Außerordentlich starke Zahlungsfähigkeit.	
	AA+ AA AA-	Fundamentale Stärke. Starke Zahlungsfähigkeit.	
	A+ A A-	Gute Zahlungsfähigkeit. Änderung jedoch durch Konjunktureinflüsse möglich.	
	BBB+ BBB BBB-	Angemessene Zahlungsfähigkeit. Qualität der Fundamentaldaten angemessen, Veränderungen dürften zu nennenswerten Auswirkungen auf die Risikobewertung führen.	
Schwelle zwischen Investment- und spekulativem Bereich (Non-Investment Grade)			
	BB+ BB BB-	Korrekte Erfüllung des Schuldendienstes wahrscheinlich. Deutlich spekulative Elemente.	High-Yield Bonds Junk Bonds
	B+ B B-	Hohes Risiko. Langfristige Zahlungsfähigkeit nicht gesichert.	
	CCC+ CCC CCC-	Hohes Risiko, Schuldendienst nicht mehr korrekt zu erfüllen.	
	CC+ CC CC-	Hochgradig spekulativ. Akute Gefahr des Zahlungsverzugs sowie hohe Insolvenzgefahr. Geringe Wahrscheinlichkeit, Schuldendienst wieder korrekt aufzunehmen.	
	C+ C C-		
	D	Zahlungsunfähigkeit des Unternehmens.	

Tabelle 1: Distressed Debt in Bezug auf die Ratingklassen von Moody's und Standard & Poors (S&P)[55]

Der Bereich der High-Yield Bonds beginnt bei dieser Betrachtungsweise auf der obersten Stufe des Non-Investment Grade, bei dem die Bedienung der Schuld nur gesichert scheint, wenn das konjunkturelle Umfeld stabil bleibt bzw. besser wird, und endet vor der Zahlungsunfähigkeit des Unternehmens.[56] Problematisch bei dieser Einteilung ist sowohl die Voraussetzung des Ratings als auch die Tatsache, dass Ratings zeitlich verzögert auftreten können. Zudem ist eine umgekehrte Zuordnung des Ratings von Verbindlichkeiten in die Kategorie "Non-Performing" nicht eindeutig möglich.

c) Distressed Debt "Investing"

Schließlich ist auf das Element des Investierens (Investing) einzugehen. Dieses wird durch die Tätigkeit der Investoren charakterisiert und beschreibt die zeitliche Beschränkung des Engagements. Erwerber von Distressed Debt investieren mit dem Ziel, durch Freisetzung der dort gebundenen Mittel Kapitalgewinne zu generieren. Dieser so genannte "Exit" aus der Anlage

---

54 Vgl. Sadhana (1999), S. 5.

55 Eigene Darstellung in Anlehnung an Corletto/Hirter (2002), S. 4; Presber/Stengert (2002), S. 7; Dimitrakopoulos/Spahr (2004), S. 219.

56 Vgl. Corletto/Hirter (2002), S. 4.

stellt ein wesentliches Element dar und muss in der Definition berücksichtig werden.

> Unter **Disstressed Debt Investing** wird im Rahmen dieser Arbeit der zeitlich begrenzte **Erwerb von Sub- oder Non-Performing Corporate Debt (Unternehmensverbindlichkeiten)** verstanden. Unternehmensverbindlichkeiten in diesem Zusammenhang sind Unternehmenskredite und Unternehmensanleihen.

d) Einordnung in die Dimensionen des Distressed Investing

Nachdem die verschiedenen Grundbegriffe erläutert wurden, können sie nun in den Zusammenhang des Vulture oder Distressed Investing gebracht werden.[57] Denn auch hier existiert in der Literatur ein unterschiedliches Verständnis. Insbesondere der Begriff Vulture Investing wird oft synonym mit dem Distressed Debt Investing verwendet.[58] Dieses Missverständnis beruht auf zwei Aspekten:

- In den USA waren Vulture-Investoren in den neunziger Jahren im Wesentlichen am Fremdkapital der Unternehmen interessiert, weil die Firmen im Rahmen der Leverage Buy Outs eine enorme Zinslast durch einen zu hohen Fremdkapitalanteil tragen mussten. Eine Reduktion des Fremdkapitals war einer Investition in Eigenkapital vorzuziehen und so wurde das Vulture Investing eher mit der Unterkategorie des Fremdkapitals in Verbindung gebracht.[59]

- Der Begriff Vulture (Geier) wird verwendet, weil die Investoren eine Vorliebe für "kranke" oder "sterbende" Unternehmen haben.[60] In Anspielung auf die Ausnutzung des Elends der Unternehmen eignet sich dieser Begriff daher hervorragend für populärwissenschaftliche Artikel, wobei dann die Zuordnung zu Distressed Debt willkürlich erfolgt.[61]

Vulture oder Distressed Investing bezeichnet vielmehr den Kauf von Sub- und/oder Non-Performing-Ansprüchen. Ansprüche umfassen in Bezug auf Unternehmen neben der dargestellten Form des Distressed Debt Investing auch die Beteiligung am Eigenkapital, beispielsweise in Form von GmbH-Anteilen oder Aktien.[62] *Kraft* weist in diesem Zusammenhang darauf hin, dass die Abgrenzung nach Auffassung von Investoren nicht befriedigend ist, weil

---

57 Vgl. Hotchkiss/Mooradian (1997), S. 401f. Weitere Oberbegriffe sind "Distressed Security Buying" oder "Discount Investing". Vgl. Rosenberg (2000), S. 26.

58 Z.B. bei Liebler/Schiereck/Schmid (2004), S. 650 oder Papendick (2003), S. 73.

59 S. Evans (2002b), S. 78.

60 Vgl. Rosenberg (2000), S. 25.

61 Siehe z.B. Papendick (2003), S. 73.

62 In Anlehnung an Deibert/Schellenberger (1998), S. 434. Dabei ist es für die Abgrenzung irrelevant, ob die Ansprüche unverbrieft sind oder an öffentlichen Börsen gehandelt werden. Als Oberbegriff für Fremd- und Eigenkapital werden auch die Begriffe "Wertpapiere" oder "Securities" verwendet.

selbst der Wert des gesicherten Fremdkapitals in erster Linie vom operativen Erfolg des Krisenunternehmens abhängt und es sich daher immer um eine Eigenkapitalbeteiligung handelt. Er schlägt eine Unterteilung nach den Anlagestrategien vor.[63] Seiner Auffassung kann nur zum Teil entsprochen werden. Besonders in Deutschland ist die Investition in das Fremdkapital von Krisenunternehmen erst in der Entwicklung, während sich Eigenkapitalbeteiligungen durch Private-Equity-Investoren bereits etabliert haben.[64] Daher sollte die Unterscheidung unabhängig vom inneren Wert des Anspruchs beibehalten werden. Dem Vorschlag, die Anlagestrategie des Distressed Investing in Aktiv und Passiv zu kategorisieren, soll hier zusätzlich entsprochen werden.[65] Hybride Instrumente (Mezzanine-Kapital) zwischen Eigen- und Fremdkapital stehen hier nicht im Vordergrund. Es ergibt sich folgende Darstellung der Dimensionen (Anlagobjekt/Anlagestrategie) des Distressed bzw. Vulture Investing:

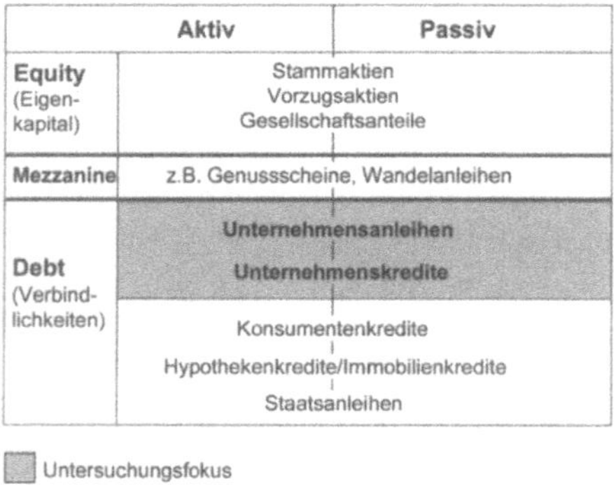

Abbildung 3: Dimensionen des Distressed Investing[66]

Distressed Debt Investing stellt somit nur einen Teilbereich des Vulture Investing dar. Dabei können Investoren einer aktiven Anlagestrategie durch Einbringung in den Restrukturierungsprozess versuchen, ihre Position zu verbessern, während passive Investoren z.B. auf die Identifikation und Ausnutzung von Marktunvollkommenheiten setzen, ohne in den Restrukturierungsprozess einzugreifen.[67] Daher soll nach einer Betrachtung der Motivation der Marktteilnehmer auf die verschiedenen Anlagestrategien näher eingegangen werden. Gemäß dem Fokus dieser Arbeit wird die Investition in Unternehmensverbindlichkeiten betrachtet.

63 Vgl. Kraft (2001), S. 79 und die dort angegebene Literatur.

64 Vgl. Hardymon/Lerner (2003), S. 12 u. S. 16. Die Autoren begründen diese Entwicklung insbesondere mit dem fehlenden Sekundärmarkt für Fremdkapitaltitel sowie mit der unterschiedlichen Insolvenzregelung. Auch Schalast/Daynes (2005), S. 8 beziehen Eigenkapital in die Analyse mit ein. In diesem Fall ist dann von Distressed Investing zu sprechen.

65 Investoren mit einer aktiven Strategie werden auch als "Asset-Manager" bezeichnet, Investoren mit einer passiven Strategie auch als "Trader". Vgl. Gleumes (2005), S. 356.

66 Eigene Darstellung.

67 Vgl. Kraft (2001), S. 79.

2.1.2 Motivation der Marktteilnehmer

Als Marktteilnehmer im Distressed Debt Investing werden folgende Gruppen unterschieden:

- **Verkäufer:** Sowohl Inhaber von Krediten (im Wesentlichen Banken) oder Besitzer von Anleihen.[68] Eine weitere Unterteilung der Anleihegläubiger kann nach institutionellen und privaten Inhabern erfolgen. Beim Handel mit Distressed Debt treten auch Investoren als Verkäufer im Markt auf.

- **Investoren (Käufer):** Käufer von Distressed Debt sind neben Privatpersonen, Banken und Investmentgesellschaften auch Fonds (so genannte Hedge oder Opportunity Fonds).

- **Servicer:** Besonders bei der Bearbeitung einer größeren Anzahl von Engagements greifen die Investoren auf Servicer zurück, die sich auf die Abwicklung von Sub- oder Non-Performing-Forderungen spezialisiert haben.[69]

- **Arranger:** Bei der Vorbereitung und Durchführung von Transaktionen lassen sich Käufer hinsichtlich organisatorischer Fragen sowie auch weitergehenden Aspekten der Bewertung von spezialisierten Firmen, "Arrangern", beraten.

- **Rechtsanwaltskanzleien:** Anwaltskanzleien unterstützen sowohl Käufer als auch Verkäufer bei den rechtlichen Aspekten der Vertragsgestaltung sowie der rechtlichen Prüfung von Ansprüchen (Legal Due Diligence).

- **Wirtschaftsprüfer/Unternehmensberater:** Für die Bewertung von Verbindlichkeiten auf Käufer- sowie auf Verkäuferseite wird auch auf die Expertise von Wirtschaftsprüfern und Unternehmensberatern zurückgegriffen. Sie können auf Grund ihrer Transaktionserfahrung aber auch organisatorische Aufgaben übernehmen.

Da Servicer, Arranger, Rechtsanwaltskanzleien sowie Wirtschaftsprüfer und Unternehmensberater nur mittelbar am Prozess beteiligt sind, soll hier nur die Motivation der zentralen Beteiligten, der Verkäufer und Käufer, analysiert werden.

---

68 Diese werden in der Literatur auch als "unfreiwillige" Distressed-Debt-Investoren bezeichnet, soweit sie die Ansprüche zum Nominalwert erworben haben. Vgl. Delko (2002), S. 27; Liebler/Schiereck/Schmid (2004), S. 651; Gleumes (2005), S. 356. Dieser Auffassung wird hier insofern widersprochen, als sie nicht unfreiwillig in den Kredit oder die Anleihe investiert haben. Lediglich die Entwicklung in die Kategorie des Distressed Debt war "unfreiwillig". Weiterhin fehlt gemäß der Definition auch der Aspekt des zeitlichen Erwerbs mit dem Ziel der Gewinngenerierung (s. Motivation der Käufer).

69 Zu den Aufgaben gehört insbesondere die Eintreibung der Forderung durch die definierte Exitstrategie, z.B. durch die Verwertung von Sicherheiten (Zwangsversteigerung).

Motivation der Verkäufer

Prinzipiell haben Verkäufer die gleichen Möglichkeiten des Umgangs mit Distressed Debt wie Investoren auch.[70] Es stellt sich also die Frage, warum eine Veräußerung von Distressed Debt aus Sicht der Verkäufer überhaupt sinnvoll ist. In der Literatur werden folgende Argumente genannt:[71]

- **Fehlendes Know-how und zu hoher Aufwand**
  Oft fehlt Gläubigern die für eine Restrukturierung erforderliche Erfahrung und Expertise. Darüber hinaus ist die Bearbeitung von Distressed Debt mit einem hohen Aufwand (Zeit/Kosten) im Verhältnis zum investierten Kapital verbunden. Durch Reduktion von Sub-Performing- oder Non-Performing-Ansprüchen kann der Gläubiger, z.B. eine Bank, sich von Altlasten befreien und Zeit und Ressourcen auf das Kerngeschäft bzw. neue Geschäftssegmente konzentrieren.

- **Bessere Bewertung**
  Rating-Agenturen und Kapitalmärkte tendieren dazu, Einrichtungen, die sich von Distressed Debt trennen, eine bessere Bewertung zu geben, weil sie sich nachhaltig von Problemen trennen. Dahinter steht auch die Bemühung, die Forderungen nicht im Geschäftsbericht ausweisen bzw. auf das Distressed-Debt-Volumen eingehen zu müssen.

- **Drohendes Verlustrisiko**
  Pessimistische Annahmen über die weitere Wertentwicklung des Unternehmens sowie die Angst vor einem Domino-Effekt, d.h., dass z.B. durch den Ausfall eines Kredites die gesamte Bank in eine Schieflage gerät. Daher wird die sofortige Verlustrealisation präferiert, die zu einer Liquiditätszufuhr in Höhe des Kaufpreises führt.

- **Interne Anlagerichtlinien oder rechtliche Anlagerestriktionen**
  Investmentgesellschaften kann die Satzung verbieten, Distressed Debt zu kaufen oder zu halten. Die Vorschriften können sich z.B. am Rating orientieren, so dass ein Investment in Wertpapiere unter Investment Grade nicht erlaubt ist.

---

70 Vgl. Liebler/Schiereck/Schmid (2004), S. 651.

71 Vgl. Kraft (2001), S. 76ff; Anders (2004), S. 22f; Liebler/Schiereck/Schmid (2004), S. 651; Knips/Dunst/Stalmann (2005), S. 20; Müller/Fentz (2005), S. 315f; Schalast/Daynes (2005), S. 40f; Steinbarth et al. (2005), S. 5f. Die Motive können auch in strategische, Ertrags- und bilanzielle Gründe unterteilt werden. S. Rubinstein et al. (2004), S. 4f.

Daneben sind folgende Motive, die sich aus rechtlichen Rahmenbedingungen ergeben, zu berücksichtigen:

- **Entlastung von Eigenkapitalunterlegungspflichten bei Banken**
  Die Kritik an der fehlenden Berücksichtigung der Bonität des Schuldners im Rahmen des ersten Baseler Akkordes (seit 1992) zur Eigenkapitalunterlegungspflicht hat zu den ab 2007 geltenden Vorschriften von Basel II geführt.[72] Nach den bisherigen Vorschriften der §§ 10 und 10a KWG sind Banken verpflichtet, angemessene Eigenmittel vorzuhalten, welche sich aus dem haftenden Eigenkapital und Drittrangmitteln zusammensetzen. Dabei darf das Verhältnis zwischen dem haftendem Eigenkapital der Bank und seiner gewichteten Risikoaktiva 8% nicht unterschreiten. Dieser Grundsatz bleibt zwar erhalten, wird aber um eine Differenzierung nach der Bonität ergänzt, wodurch das Kreditrisiko erstmals Berücksichtigung findet.[73]

  Banken können die Bemessung des Kreditausfallrisikos sowohl nach einem auf internen Ratings basierenden Ansatz bestimmen (IRB-Ansatz) als auch eine externe Ratinginstanz beauftragen (Standardmethode).[74] Die Risikogewichtung bezogen auf den Standardsatz von 8% zeigt bei der Standardmethode bereits, dass für Kredite im spekulativen Ratingbereich ein erhöhtes Eigenkapital vorzuhalten ist, bei höheren Bonitäten aber eine Entlastung eintritt.[75]

Rating (Beispiel S&P)	AAA bis AA-	A+ bis A-	BBB+ bis BB-	Unter BB-	Nicht beurteilt
• Risikogewichtung Basel II[1)]	20%	50%	100%	**150%**	100%
• Risikogewichtung Basel I[1)]	100%	100%	100%	**100%**	100%

1) Risikogewichtung bezogen auf den Standardsatz von 8%

Tabelle 2: Risikogewichtung nach Basel II[76]

---

72 Die Kritik betrifft die Annahme, dass Banken unter Basel I tendenziell höhere Risiken eingehen, weil sie bei Unternehmen schlechterer Bonität höhere Margen verlangen können, ohne dafür auf der Kostenseite (Eigenkapitalunterlegung) unmittelbare Auswirkungen zu haben. Vgl. Übelhör/Warns (2004), S. 19.

73 Vgl. Hofmann/Walter (2004), S. 1567f.

74 Beim internen Ratingverfahren kann zwischen einem Basisansatz sowie einem fortgeschrittenen Ansatz unterschieden werden. Vgl. Basler Ausschuss für Bankenaufsicht (2004), S. 16. Das interne Verfahren hat erhebliche Vorteile für die deutsche mittelständisch geprägte Wirtschaft, weil hier kaum externe Ratings vorliegen. Die internen Verfahren müssen jedoch durch die Bankenaufsicht zugelassen werden. Vgl. Christians (2005), S. 16.

75 Im IRB-Ansatz können Anpassungen für kleine und mittelgroße Unternehmen (KMU) – konsolidierter Jahresumsatz von weniger als 50 Mio. EUR – vorgenommen werden. Sie führen zu geringeren Eigenkapitalanforderungen für Kredite an kleinere Unternehmen bei gleicher Ausfallwahrscheinlichkeit. Dies ist aus Risikosicht gerechtfertigt, da das Ausfallrisiko kleiner Kreditnehmer stärker von ihren individuellen Eigenschaften als von der gesamtwirtschaftlichen Entwicklung abhängig ist. Vgl. Zentraler Kreditausschuss (2003), S. 5.

76 Eigene Darstellung in Anlehnung an Basler Ausschuss für Bankenaufsicht (2004), S. 21.

Die Eigenkapitalunterlegung ist im weiteren stark abhängig von den bereits erfolgten Wertberichtigungen sowie von dem verwendeten Ansatz zur Berechnung des Kreditausfallrisikos:

Buchwert [Mio. EUR]	**100**	**80**	**40**
• Rückstellung/Nominalvolumen (%)	0	20,0	60
Eigenmittelhinterlegung [Mio. EUR]			
• Basel I	8,0	6,4	3,2
• Standardmethode	12,0	6,4	1,6
• IRB Basisansatz	45,0	25,0	0,0
• IRB fortgeschrittener Ansatz (55%)	55,0	35,0	0,0
• IRB fortgeschrittener Ansatz (35%)	35,0	15,0	0,0

1) Unter Verwendung einer Risikogewichtung von 50% in der Standardmethode, wenn die Rückstellung im Verhältnis zum Nominalvolumen größer 50% beträgt.
2) Unter Verwendung des konstanten erwarteten Verlusts von 45% für vorrangige Forderungen im IRB-Basisansatz.
3) Unter Verwendung eines berechneten erwarteten Verlustes von 55% und 35% im fortgeschrittenen IRB-Ansatz.

Tabelle 3: Eigenmittelunterlegung für einen ausgefallenen Kredit in Höhe von 100 Mio. EUR nach Basel II[77]

- **Erhöhte Mindestanforderungen an das Kreditgeschäft (MaK) für deutsche Banken**
Ausgangspunkt für die Erarbeitung der MaK waren in erster Linie die zahlreichen Krisenfälle von Kreditinstituten, die auf der mangelhaften Organisation und Handhabung des Kreditgeschäfts beruhten. Sie führten bei über hundert Kreditinstituten sogar zu Schieflagen oder Insolvenzen.[78] Die Bundesanstalt für Finanzdienstleistungsaufsicht (BaFin) hat diese Risiken erkannt und in ihrem Rundschreiben 34/2002 "Mindestanforderungen an das Kreditgeschäft der Kreditinstitute" vom 20.12.2002 verbindliche Mindeststandards zur Begrenzung dieser Risiken festgelegt.[79] Die dortigen Anforderungen an das Kreditgeschäft sollen als Operationalisierung der Gesetzesvorgaben nach § 25a Abs. 1 des Kreditwesengesetzes dienen. Banken müssen über "geeignete Regelungen zur Steuerung, Überwachung und Kontrolle der Risiken", über eine "angemessene Geschäftsorganisation" und über "angemessene interne Kontrollverfahren" verfügen. Hierzu gehört auch die Überprüfung der Kreditrisikostrategie unter Berücksichtigung der Risikotragfähigkeit des Kreditinstituts.[80] Die Vorschrift beinhaltet die Erstellung von Richtlinien darüber, wann ein Kreditengagement einer gesonderten Beobachtung unterzogen (Intensivbetreuung) bzw. eine Abgabe des Kreditengagements an die für die Sanierung/Abwicklung spezialisierte

77 Eigene Darstellung in Anlehnung an Steinbarth et al. (2005), S. 7. Ohne Berücksichtigung der Besonderheiten für kleine und mittlere Unternehmen im IRB-Ansatz.
78 Vgl. Bundesanstalt für Finanzdienstleistungsaufsicht (2002a).
79 Vgl. Bundesanstalt für Finanzdienstleistungsaufsicht (2002b), insbesondere Nr. 57-65.
80 Die wesentlichen Inhalte sind die Entwicklung einer Kreditrisikostrategie, die Festlegung von Standards für die Organisation des Kreditgeschäfts sowie die Identifizierung, Steuerung und Überwachung von Kreditrisiken. Vgl. Thöne (2004), S. 26.

Organisationseinheit erforderlich wird (Problemkreditbearbeitung). Die Regelungen werden derzeit im Rahmen der Erstellung von Mindestanforderungen an das Risikomanagement der Banken (MaRisk) bearbeitet und sehr wahrscheinlich durch dieses neue Regelwerk ersetzt, wobei die wesentlichen Anforderungen erhalten bleiben.[81] Damit der Mehraufwand bei der Bearbeitung von Problemkrediten möglichst gering bleibt, ist eine Reduzierung des Distressed-Debt-Volumens erstrebenswert.[82]

- **Modifikation der Anstaltslast und Wegfall der Gewährträgerhaftung**

  Sowohl Gewährträgerhaftung als auch Anstaltslast betreffen die öffentlich-rechtlichen Sparkassen und Landesbanken in Deutschland. Die Anstaltslast ist ein Begriff des öffentlichen Rechts für die Verantwortung der öffentlichen Hand für ihr Unternehmen (z.B. Ausstattung der Anstalt mit den zur Aufgabenerfüllung nötigen finanziellen Mitteln).

  Die Anstaltslast bezieht sich dabei nur auf die Verantwortung für das Unternehmen, während etwaige Gläubiger der Anstalt hieraus keine eigenen Rechte ableiten können. Für die Rechte der Gläubiger existiert die Gewährträgerhaftung, wenn die Schulden einer öffentlich-rechtlichen Anstalt größer sind als ihr Vermögen und die Gläubiger deshalb ihre Forderungen nicht befriedigen können. In dieser Situation hat jeder Gläubiger einen Anspruch auf Erfüllung seiner Forderung gegen die Sparkasse oder Landesbank durch den jeweiligen Anstaltsträger (die Kommune oder das Land).[83] Auf Grund der dadurch entstehenden hervorragenden Bonität konnten sich die Institute vergleichsweise günstig am Kapitalmarkt refinanzieren. Eine diesbezügliche Wettbewerbsbeschwerde der Europäischen Bankenvereinigung resultierte, nachdem die EU-Kommission dies für EU-rechtswidrig befunden hatte, in einer Modifikation der Anstaltslast (keine uneingeschränkte Finanzierung mehr[84]) und zu einem Wegfall der Gewährträgerhaftung, die zum 18. Juli 2005 in Kraft getreten ist. Als Folge werden die Ratings der Landesbanken herabgestuft und damit verbundenen sind sie entsprechend höheren Refinanzierungskosten ausgesetzt.[85] Um die Auswirkung möglichst gering zu halten, sind die öffentlich-rechtlichen Kreditanstalten

---

81 Vgl. z.B. Bundesanstalt für Finanzdienstleistungsaufsicht (2005c), BTO 1.2.1 bis 1.2.6 mit Bundesanstalt für Finanzdienstleistungsaufsicht (2002b), 4.3.1 bis 4.3.6. Die MaRisk regeln vielmehr das gesamthafte Risikomanagement. Hierin nimmt das Kreditgeschäft einen Teilbereich ein (z.B. im Abschnitt BTO 1 (Besonderer Teil Organisation)). Vgl. Bundesanstalt für Finanzdienstleistungsaufsicht (2005c). Die genauen Vorschriften, die mit dem Inkrafttreten der MaRisk entfallen sind noch nicht öffentlich bekannt. Ein Entfall der MaK erscheint aber sehr wahrscheinlich und auch beabsichtigt. Vgl. Bundesanstalt für Finanzdienstleistungsaufsicht (2005b), S. 1; Bundesanstalt für Finanzdienstleistungsaufsicht (2005a), S. 1

82 Die Nichteinhaltung der MaK kann zudem aufsichtsrechtliche Maßnahmen der BaFin nach sich ziehen. Vgl. Jobe (2005), S. 250ff.

83 Vgl. Deutscher Sparkassen- und Giroverband (2004), S. 3f.

84 Es besteht keine Einstandspflicht der Kommune mehr, sondern die uneingeschränkte Anwendung des Beihilfereglements der Europäischen Union. Eine Kommune darf einer Sparkasse künftig daher nicht mehr ohne weiteres Kapital zuführen, wenn eine negative Beihilfeentscheidung der Kommission ergeht. Faktisch entfällt damit auch die Anstaltslast und die kommunalen Sparkassen werden wie andere Kreditinstitute insolvenzfähig. Siehe hierzu Sachverständigenrat zur Begutachtung der gesamtwirtschaftlichen Entwicklung (2005), S. 275.

85 Vgl. Sachverständigenrat zur Begutachtung der gesamtwirtschaftlichen Entwicklung (2005), S. 292ff.

zunehmend bemüht, ihre Risikoaktiva an den Anforderungen der Ratingagenturen auszurichten und Problemkredite zu verkaufen.[86]

- **IFRS (International Financial Reporting Standards)**
  Die Einführung von IFRS dient der Vereinheitlichung und Vergleichbarkeit von Bilanzierungsvorschriften. Sie sind von an der Börse gelisteten Banken bis Ende 2005 zu implementieren. Banken, die Fremdkapital an einem geregelten Markt ausgegeben haben, müssen die Vorschriften bis 2007 umsetzen. Der Hauptunterschied zum HGB beruht im Grundsatz des Fair Value, also dem beizulegenden Zeitwert, anstelle des reinen Vorsichtsprinzips. Fair Value ist der Betrag, zu dem zwischen sachverständigen, vertragswilligen und voneinander unabhängigen Vertragspartnern ein Vermögenswert getauscht oder eine Verpflichtung beglichen werden kann. Ein Grundsatz, der dem IAS 39 entspricht.[87] Die Auswirkungen auf die Bilanzen der deutschen Banken werden von Experten überwiegend als nicht relevant eingestuft, weil ein Großteil bereits nach IFRS bilanziert und die Unterschiede zum HGB nicht wesentlich sind.[88] Vielmehr ist im Rahmen der Implementierung der neuen Regelungen eine Neubewertung des Kreditgeschäftes möglich, welche zu einem hohen Abschreibungsbedarf führen kann.[89] Die entstehende Transparenz kann zudem Auswirkungen auf das Rating und die Kapitalmarktbewertung besitzen, weshalb ein Verkauf von Distressed Debt vorteilhaft erscheint.[90]

Während die genannten Aspekte aus den rechtlichen Rahmenbedingungen überwiegend den Verkauf von Bankkrediten betreffen, wird die Motivation von Anleihegläubigern durch das nachlassende Interesse von Finanzanalysten an Sub-Performing Bonds verstärkt. Dies resultiert aus der Komplexität der Analyse und Bewertung von Krisenunternehmen, die eine hohe Expertise erfordert. Auch sind die gewonnenen Informationen auf Grund der besonderen Dynamik von Krisensituationen schnell veraltet oder das Unternehmen stellt nur unzureichende

86 So verkaufte z.B. die BayernLB ein Kreditportfolio in Höhe von 400 Mio. EUR an die US-Investorengruppe Cerberus und erreichte somit die gewünschte Risikostreuung bei den Asssets der Bank. Vgl. o.V. (2005b).

87 Die Bestimmung erfolgt nach einer dreistufigen Vorgehensweise: 1) Notierte Marktpreise an einem aktiven Markt. 2) Vergleichstransaktionen, soweit kein aktiver Markt vorliegt und eine Vergleichbarkeit nachweislich gegeben ist. 3) Verwendung von Bewertungstechniken nach allgemein anerkannten Verfahren, welche auf beobachtbaren Marktdaten basieren. Vgl. Grünberger/Grünberger (2005), S. 49f.

88 Vgl. Knips/Dunst/Stalmann (2005), S. 35; Steinbarth et al. (2005), S. 7. Im Gegensatz dazu vertreten Kroll/Mercer Oliver Wyman die Auffassung, dass diese Regelungen vor allem in den Kategorien der Sub-Performing-, aber auch der Non-Performing-Kredite zu höheren Wertberichtigungen führen werden. Vgl. Kroll/Mercer Oliver Wyman (2005), S. 15.

89 Neubewertungen des Kreditgeschäfts führten bei der Bankgesellschaft Berlin zu Wertberichtigungen in Höhe von über 2,5 Mrd. EUR im Jahr 2000, bei der SchmidtBank zu Wertberichtigungen von 700 Mio. EUR in 2001 (40% des gesamten Kreditvolumens) und die HypoVereinsbank (HVB) meldete im Januar 2005 Wertberichtigungen auf ihr Kreditportfolio in Höhe von 2,5 Mrd. EUR. Vgl. Gebhardt/Strampelli (2005), S. 3.

90 Vgl. Schneider/Stegemann (2005), S. 29.

Informationen zur Verfügung.[91] Weiterhin besteht i.d.R. ein Vertrauensverlust gegenüber dem Management, so dass die vorhandenen Unternehmensinformationen kritisch hinterfragt bzw. nicht mehr geglaubt werden. Der Anleihegläubiger hat keine zeitnahe Kontrollmöglichkeit seines Engagements und ist bereit, es zu veräußern.

Motivation der Investoren (Käufer)

Das Motiv des Investors liegt in der überdurchschnittlichen Gewinnerzielung und ist bei allen Investoren gleich. Hierfür ist eine bessere Vermögensverwertung im Vergleich zur Verwertung durch den Gläubiger eine zentrale Voraussetzung.[92] Unterschiede bei den Investoren existieren in der gewählten Anlagestrategie, mit der sie ihre Ziele erreichen möchten. Im Vergleich zu einer Anlage in Eigenkapital sind die Rechte von Gläubigern von gesunden Unternehmen auf die Vertragsinhalte beschränkt. Im Rahmen einer Krise aber erhalten die Gläubiger eine besondere Machtstellung, wodurch ein erhöhter Anreiz zur Investition in Distressed Debt entsteht.[93] Teilaspekte der Motivation können auch strategische Ziele sein, wie z.B. die Unternehmenskontrolle zu erlangen, um eine spätere Fusion zu realisieren. Aber auch hier steht die Gewinnerzielung stets im Vordergrund. Im Folgenden sollen daher die Anlagestrategien sowie die Charakteristika vorgestellt werden, welche sich auf Grund des Forschungsstands in der Literatur insbesondere auf den amerikanischen Markt beziehen.

2.1.3 Grundzüge des US Bankruptcy Code

Die Anlagestrategien amerikanischer Distressed-Debt-Investoren sind eng mit dem US Bankruptcy Code (United States Bankruptcy Code) verbunden und machen ein grundlegendes Verständnis der rechtlichen Rahmenbedingungen notwendig.[94] Die Verbundenheit ist zum einen bedingt durch die geringe erfolgreiche Umsetzung außergerichtlicher Restrukturierungen (unter 10%) und zum anderen durch die Möglichkeiten für den Investor in der Insolvenz.[95] Bei der Darstellung der Vorschriften des US-Bankruptcy Code ist zu beachten, dass im Oktober 2005 eine Novellierung der Regelungen durch den "Bankruptcy Abuse Prevention and Consumer Protection Act of 2005" stattgefunden hat.[96] Auf die Änderungen wird, sofern

---

91 Vgl. Kraft (2001), S. 76. Dies bestätigt auch eine Studie von börsennotierten amerikanischen Unternehmen, die ein Insolvenzverfahren durchgeführt haben. Die Studie kommt zu dem Ergebnis, dass die Anzahl der Finanzanalysten, die ein Unternehmen beobachten, bereits im Vorfeld eines Insolvenzverfahrens deutlich sinkt und ihren Tiefpunkt während des Verfahrens erreicht und folglich weniger Analysten solche Unternehmen beobachten als im Verhältnis zu gesunden Unternehmen. Vgl. Gilson/Hotchkiss/Ruback (1998), S. 59ff.

92 Vgl. Burger/Buchhart (1999), S. 190. Auf diesen Aspekt wird ausführlich in der Analyse der Exitkosten (Abschnitt 4.3.2.3.) eingegangen.

93 Vgl. Brooks (1995), S. 26ff.

94 Vgl. Anson (2002), S. 6.

95 Vgl. Moyer (2004), S. 70.

96 Vgl. Reimer (2005).

sie für das Distressed Debt Investing relevant sind, im jeweiligen Zusammenhang eingegangen.

Leitgedanke des amerikanischen Insolvenzrechts ist es, dem Schuldner die Möglichkeit zu geben, aus seinem "Schuldenberg" heraus neu starten zu können.[97] Dies beruht auf der Überzeugung, dass der Fortführungswert einer Unternehmung meist über deren Liquidationswert liegt und so eine Vernichtung wirtschaftlicher Ressourcen vermieden wird.[98] Daher existieren neben dem Chapter 7-Verfahren zur Regelung der Liquidation die Chapter 9, 11, 12, 13 und 15 zur Regelung des Reorganisationsverfahrens. Beim Chapter 7-Verfahren wird ein Konkursverwalter mit der Maßgabe bestellt, das Eigentum des Schuldners zu verkaufen und unter den Gläubigern zu verteilen. Das Unternehmen wird somit liquidiert bzw. aufgelöst.[99] Im Gegensatz dazu beschäftigen sich Chapter 9 und 12 mit speziellen Verfahren für Gemeinden, Kommunen oder landwirtschaftliche Betriebe. Chapter 13 regelt die Reorganisation von Ansprüchen gegenüber Privatpersonen oder Selbstständigen.[100] Seit der Novellierung im Oktober 2005 existiert weiterhin das Chapter 15-Verfahren für länderübergreifende Insolvenzen.[101] Wichtig für das Distressed Debt Investing ist das Chapter 11-Verfahren, das die Reorganisation von Unternehmen beinhaltet.

Das amerikanische Insolvenzrecht definiert für das Chapter 11-Verfahren keine Insolvenztatbestände. Bei der Beantragung durch den Schuldner wird ohne gerichtliche Prüfung von der Insolvenz ausgegangen. Ebenso können drei oder mehr Gläubiger, die zusammen ausstehende fällige Forderungen in Höhe von mindestens 10.000 USD geltend machen können, eine Verfahrenseröffnung beantragen.[102]

Mit Anmeldung des Verfahrens greift die "Automatic Stay"-Regel, welche die Einzelvollstreckung und Aufrechnung von Forderungen sowie die Verwertung und Neubestellung von Sicherheiten untersagt.[103] Die grundsätzliche Zurückhaltung von Sicherheiten kann allerdings auf Antrag ausgesetzt werden, wenn eine Gefährdung der Sicherheit besteht. Zudem ist der Gläubiger im Hinblick auf Wertverluste insoweit geschützt, als er eine Entschädigung durch Barmittel, zusätzliche Sicherheiten oder ein anderes adäquates Sicherungsrecht verlangen kann.[104]

---

97 Vgl. Bankruptcy Judges Division (2004), S. 2.

98 Vgl. Terhart (1996), S. 54.

99 Die Liquidation kann auch im Chapter 11-Verfahren erfolgen, wobei hier das Management bis zur Auflösung bestehen bleibt. Der Vorteil liegt darin, dass eine Veräußerung von Teilbereichen als Going Concern erfolgen kann. Vgl. Moyer (2004), S. 316.

100 Vgl. Bankruptcy Judges Division (2004), S. 3 ff.

101 Vgl. Bankruptcy Judges Division (2005), S. 58.

102 US Bankruptcy Code Sect 301, 303.

103 Dem Schuldner soll Zeit eingeräumt werden seine Finanzen und operativen Tätigkeiten neu zu strukturieren. Vgl. US Bankruptcy Code Sect. 362; Feder/Lagrange (2002), S. 38.

104 Vgl. US Bankruptcy Code Sect. 361.

Im Reorganisationsverfahren nach Chapter 11 bleibt der Schuldner grundsätzlich weiterhin verantwortlich für die Führung des Unternehmens. Dieser Sachverhalt wird "Debtor in Possesion" (DIP) genannt und besagt, dass der Schuldner, den Besitz und die Kontrolle des Unternehmens behält.[105] In Ausnahmefällen kann auf Grund von Betrug oder Missmanagement durch den Schuldner das Insolvenzgericht einen unabhängigen Verwalter einsetzen oder einen Unparteiischen beauftragen, die Arbeit des Managements zu überwachen.[106] Weitere Regelungen des Chapter 11 erlauben dem Schuldner, Zinszahlungen auszusetzen und neue, unbesicherte Kredite aufzunehmen. Letzteres wird "DIP-Financing" genannt. Diese Kredite sind vor den Forderungen der Alt-Gläubiger und gleichrangig mit den administrativen Ausgaben zu bedienen.[107] Ein adäquater Schutz der besicherten Altgläubiger muss dabei eingehalten werden. Bei einer deutlichen Überbesicherung der Altgläubiger übernehmen diese daher häufig selbst die Finanzierung.[108]

In der ersten 120 Tagen des Verfahrens hat nur der Schuldner das Recht, einen Reorganisationsplan zu erstellen und weitere 60 Tage, um die Gläubiger von seinem Plan zu überzeugen. Während eine mehrmalige Verlängerung dieser Frist bisher durch Beantragung des Schuldners beim Gericht ohne weiteres möglich war und keinen gesetzlichen Voraussetzungen unterlag, so ist in den neuen Regelungen eine Verlängerung zur Offenlegung auf 18 Monate beschränkt. Die Annahme des Plans muss entsprechend innerhalb von 20 Monaten erfolgen.[109] Die Änderung wurde notwendig, weil der Schuldner versuchen konnte, durch mehrmalige Verlängerung bzw. weitere Verzögerung der Reorganisation, die Gläubiger zum Einlenken und Zustimmung für seinen Plan zu bewegen.[110]

Der Prozess der Planerstellung soll einvernehmlich mit dem Gläubigerausschuss, bestehend aus den sieben größten Gläubigern, erfolgen.[111] Teilnehmer in einem Gläubigerausschuss haben detaillierte Informationen zum Stand des Unternehmens und zum Plan und dürfen ihre Forderungen in dieser Zeit nicht handeln. Das kann vor allem für Investmentbanken problematisch sein, wenn der Investmentbereichs als Investor im Besitz von Forderungen ist und

---

105 Bezogen auf das Tagesgeschäft des Schuldners. Außerordentliche Transaktionen, wie z.B. der Verkauf von Anlagevermögen, bedürfen der Zustimmung des Gerichts. Vgl. US Bankruptcy Code Sect. 1108.

106 Vgl. US Bankruptcy Code Sect. 1104 sowie Bankruptcy Judges Division (2004), S. 24f. In der Regel erfolgt der Abgang des "unfähigen" Managements mit der Verkündigung der Insolvenz, woraufhin ein in Restrukturierungen erfahrener Interimsmanager ("Trustee") eingesetzt wird. Vgl. Moyer (2004), S. 75 u. S. 330.

107 Das Gericht kann auch bestimmen, dass diese Kredite durch freies Vermögen oder nachrangige Sicherheiten gestützt werden, wenn eine anderweitige Kreditaufnahme nicht möglich ist. Vgl. US Bankruptcy Code Sect. 364 u. 507. Diese Finanzierungsform soll besonders zur Finanzierung weiterer Lieferantenverbindlichkeiten dienen und den Going Concern aufrechterhalten. DIP-Financing sendet ein positives Signal an die Gläubiger aus. Vgl. Chu (1992), S. 57.

108 Vgl. Feder/Lagrange (2002), S. 39.

109 Vgl. US Bankruptcy Code Sect. 1121; Gilson (1995), S. 14; Terhart (1996), S. 129.

110 Vgl. Reimer (2005), S. 3. So legte nach der alten Regelung nur ein geringer Teil der Unternehmen einen Plan innerhalb der ersten 120 Tage offen. Vgl. Bris/Welch/Zhu (2004), S. 22.

111 Vgl. Rosenberg (2000), S. 30.

dies der Bank den Handel verbietet. Hier wird in der Regel auf die Abschottung des Investmentbereichs und somit auf eine Kommunikationssperre verwiesen und der Handel gestattet. Die Beschränkung kann auch auftreten, wenn ein Anleihegläubiger durch den Erwerb von Bankkrediten nicht-öffentliche Informationen über das Unternehmen erhält.[112]

Wesentlicher Ausgangs- und Diskussionspunkt in der Erstellung des Reorganisationsplans ist die Bewertung des Unternehmens bzw. der Aktiva der zukünftigen Unternehmensstruktur, weil diese die Rückgewinnung der Gläubiger bestimmt.[113] So wird festgelegt, in welcher Art und zu welchem Zeitpunkt die Anspruchsgruppen eine Befriedigung ihrer Forderungen erhalten und welche Maßnahmen ergriffen werden.[114] Das Unternehmen kann z.B. den Verkauf von Beteiligungen beschließen, Laufzeit, Zinssatz oder Tilgungsvereinbahrungen des Fremdkapitals ändern oder die Umwandlung der Verbindlichkeiten in Eigenkapitaltitel für bestimmte Klassen vorschlagen.[115] Die Einteilung der Gläubiger in diese Gruppen wird durch das Gericht entsprechend ihrer Besicherung bzw. Interessenlage vorgenommen.[116] Unbesicherte Lieferantenverbindlichkeiten werden häufig von unbesicherten Verbindlichkeiten gegenüber Investoren getrennt, da Erstere die Bedienung durch Barmittel bevorzugen, während an der Unternehmenskontrolle interessierte aktive Investoren den Umtausch in Aktien forcieren.[117]

Das Gliederungsprinzip der Besicherung bestimmt auch die Bedienung der Ansprüche und wird als "Absolute Priority Rule" bezeichnet.[118] Diese besagt, dass eine Rangklasse erst dann Zahlungen erhalten darf, wenn die höhere Rangklasse zu 100% des Nominalbetrags bedient

---

[112] Vgl. US Bankruptcy Code, Sect. 544. Die Regelung bezieht sich auf den Insiderhandel und gilt auch für außergerichtliche Restrukturierungen. Die Geheimhaltung der Informationen wird mittels eines "Confidentiality Agreements" (Vertraulichkeitsvereinbarung) sichergestellt, welche auch die Strafen/Haftung bei Missachtung regelt und gilt solange, bis die Information öffentlich bekannt gegeben wird, oder bis sie wertlos wird. Dabei können Anleihen gehandelt werden, wenn der Besitz solcher Informationen (nicht aber deren Inhalt) bekannt gegeben wird. Die Anzeige erfolgt anhand eines so genannten "Big-Boy-Letters", in dem die Gegenpartei anerkennt, dass die eine Partei nicht öffentliche Informationen besitzt sowie auf Ansprüche gegen die informierte Partei verzichtet. Vgl. Moyer (2004), S. 62f u. S. 373f.

[113] Der Unternehmenswert bestimmt, in welcher Höhe Altverbindlichkeiten oder Eigenkapital "wertlos" werden.

[114] Vgl. Gilson (1995), S. 10; Feder/Lagrange (2002), S. 39 sowie zu den rechtlichen Anforderungen US Bankruptcy Code Sect. 1123.

[115] Vgl. John (1993), S. 64. Gilson, John und Lang fanden heraus, dass bei 74% aller erfolgreichen Restrukturierungen Verbindlichkeiten in Fremdkapital getauscht und in 73% die Rückzahlungen verringert wurden. Die Verlängerung der Laufzeit bei erfolgreichen Restrukturierungen wurde nur in 49% der Fälle beobachtet. Vgl. Gilson/John/Lang (1990).

[116] Vgl. Terhart (1996), S. 54. Es kann zwischen sechs Klassen unterschieden werden: 1. Gesicherte Schuld, 2. Senior ungesicherte Schuld, 3. Ungesicherte Handelsforderungen, 4. Nachrangige Schuldtitel, 5. Vorzugsaktien, 6. Stammaktion.

[117] Vgl. Moyer (2004), S. 78.

[118] Vgl. US Bankruptcy Code Sect. 1129; Braham (2001), S. 108. Während diese Regel im Chapter-7-Verfahren (Liquidation) strikte Anwendung findet, wird sie im Rahmen von Verhandlungen zwischen den einzelnen Gläubigergruppen im Chapter 11-Verfahren häufig gebrochen. Z.B., wenn schlechter besicherte Gläubiger dem Plan nicht zustimmen wollen oder andere Androhungen äußern (s. hierzu auch Bondmailing Abschnitt 2.1.4.1 und Rangklasssen Abschnitt 2.1.4.3).Vgl. Eberhart/Moore/Roenfeldt (1990), S. 1457ff; Eberhart/Sweeney (1992), S. 943ff; Altman (1999), S. 56; Rosenberg (2000), S. 34.

worden ist. Daher müssen unbesicherte Gläubiger sowie Eigenkapitalgeber häufig auf einen Großteil ihrer Forderungen verzichten. Gläubiger innerhalb einer Gruppe werden weiterhin gleich behandelt.[119]

Der Plan muss grundsätzlich von allen Anspruchsgruppen angenommen werden. Eine Gruppe nimmt den Plan an, wenn zwei Drittel des Kapitalanteils und fünfzig Prozent der Gläubiger dieser Gruppe ihn bestätigen.[120] Bei Eigentümerklassen bezieht sich die Zustimmung lediglich auf zwei Drittel des Wertes. Erhält eine Forderungsgruppe keine Befriedigung ihrer Ansprüche, wird die Ablehnung des Plans durch diese Gruppe angenommen. Gläubigergruppen, die volle Befriedigung durch den Plan erhalten, sind zur Abstimmung nicht berechtigt, sondern nur solche, die eine Rückgewinnungsquote von unter 100% erhalten und durch den Plan schlechter gestellt werden.[121] Nach der Abstimmung der Anspruchsgruppen erfolgt die endgültige Entscheidung durch das Insolvenzgericht. Der Richter kann einen Reorganisationsplan ablehnen, obwohl alle Klassen zugestimmt haben, oder trotz der Ablehnung einzelner Klassen den Plan wirksam werden lassen, was auch als "Cram Down" bezeichnet wird.[122] Dazu prüft er den guten Vorsatz des Planerstellers sowie die Tatsache, dass kein Gläubiger, der den Plan abgelehnt hat, schlechter gestellt wird als im Falle einer Liquidation.[123] Auch muss der Plan zumindest von einer zur Abstimmung berechtigten Gläubigerklasse angenommen worden sein. Soll eine Gläubigergruppe mit besicherten Forderungen durch das Gericht überstimmt werden, sind weitere Voraussetzungen zu prüfen.[124]

Ein weiterer wichtiger Bestandteil des Chapter 11-Verfahrens wird wirksam, wenn auf Basis des vom Unternehmen vorgelegten Plans keine Einigung zustande kommt. Dann kann nach Ablauf der Exklusivperiode von einer anderen Partei mit berechtigtem Interesse ein Plan zur Abstimmung vorgelegt werden, so dass auch Distressed-Debt-Investoren einen eigenen Plan entsprechend ihren Vorstellungen einreichen können. Der Zustimmungsprozess erfolgt analog. Nach der Annahme des Reorganisationsplans durch das Gericht ist der Plan für alle Beteiligten bindend und das Unternehmen verlässt mit der Implementierung die Insolvenz. Das

---

119 Vgl. Anson (2002), S. 9.

120 Vgl. US Bankruptcy Code Sect. 1126.

121 Vgl. Feder/Lagrange (2002), S. 39. Insofern kann auch von einem Kern von Beteiligten (Insolvenzrichter, Schuldner und "Official Commitee of Unsecured Creditors") und einem erweiterten Kreis (besicherte Gläubiger und Eigentümer) gesprochen werden. Vgl. Moyer (2004), S. 310.

122 Vgl. Drukarczyk (1987), S. 24; Anson (2002), S.11.

123 Vgl. US Bankruptcy Code Sect. 1129. Zu diesem Zweck wird im Rahmen des Reorganisationsplans auch ein Liquidationswert ermittelt.

124 1) Der Gläubiger behält das Recht an der Sicherheit und der Barwert der zukünftigen Befriedigung entspricht dem Barwert des Sicherungsgutes. 2) Soll das Sicherungsgut unbelastet veräußert werden geht das Sicherungsrecht auf den Erlös über bzw. darf der Sicherungsnehmer für das Sicherungsgut bieten und den Kaufpreis gegen seine Forderung verrechnen. 3) Der Gläubiger erhält ein äquivalentes Sicherungsrecht Vgl. Drukarczyk (1987), S. 256.

Verfahren dauert bei großen und komplexen Unternehmen in der Regel zwischen 18-24 Monaten. Im Durchschnitt beträgt die Verweildauer im Chapter 11-Verfahren ca. 13,8 Monate.[125]

Eine Möglichkeit zur Verkürzung des Insolvenzverfahrens nach Chapter 11 bietet das so genannte "Prepackaged"-Verfahren. Es ist ein vorgefertigtes Verfahren, bei dem bereits außergerichtlich ein Reorganisationsplan erstellt und mit den Gläubigern abgestimmt wird, so dass nur noch die gerichtliche Zustimmung erfolgen muss.[126] Der Prozess wird auch "Prepack", "1126b-Verfahren", "Prenegotiated Chapter 11 Filing" oder "Controlled Bankruptcy" genannt und dauert gewöhnlich nur zwischen einem und vier Monaten.[127] Das "Prepackaged"-Verfahren verursacht dementsprechend geringere Kosten und gibt den Aktionären kaum Zeit, sich der Vorgehensweise zu widersetzen (z.B. durch Erhebung einer Klage).[128] Anwendung findet dieses Verfahren vor allem, wenn Fremdkapital in Eigenkapital umgewandelt werden soll und dabei die Alteigentümer verdrängt werden ("Debt-Equity Swap").[129] Die Zustimmung der Alteigentümer kann dann im Insolvenzverfahren durch das Gericht erfolgen.[130] *Chatterjee, Dhillon* und *Ramirez* haben hierzu festgestellt, dass wirtschaftlich lebensfähige Unternehmen mit akuten Liquiditätsproblemen eher den Weg eines Prepacks und wirtschaftlich krisenbehaftete Unternehmen eher das Chapter 11-Verfahren wählen.[131] Auch die Koordination der Gläubiger spielt bei der Entscheidung eine wesentliche Rolle. Unternehmen mit einem hohen Anteil von Lieferantenverbindlichkeiten oder Bankkrediten werden auf Grund der Koordinationsprobleme eher das Chapter 11-Verfahren anwenden.[132]

---

125 Vgl. Feder/Lagrange (2002), S. 40; Altman/Kumar (2004), S. 20; Moyer (2004), S. 328. Änderungen in der Verfahrensdauer durch die neuen Regelungen im Chapter 11-Verfahren sind hier noch nicht berücksichtigt. Im Durschschnitt betragen die Kosten für das Verfahren ca. 16% des ursprünglichen Unternehmenswertes und der Verlust, der die Insolvenz verursacht hat ca. 28%, so dass den anspruchsberechtigten Gruppen nur ca. 56% des ursprünglichen Unternehmenswertes zur Verteilung zur Verfügung steht. Vgl. Branch (2002), S. 54.

126 Vgl. Gilson (1995), S. 9f.

127 Vgl. Altman (1993), S. 105; Rosenberg (2000), S. 34; Moyer (2004), S. 77.

128 Die Vorteile einer kurzen außergerichtlichen Einigung können so mit den Regelungen des Chapter 11-Verfahens kombiniert werden. Vgl. Chatterjee/Dhillon/Ramirez (1996), S. 5; Rosenberg (2000), S. 19. Im Zeitraum von 1998 bis 2002 gelang jedoch nur weniger als 7% der Insolvenzverfahren ein "Prepack". Vgl. Moyer (2004), S. 319.

129 Zur ausführlichen Vorgehensweise beim Debt-Equity Swap siehe Chatterji/Hedges (2001). Eine weitere Beschreibung erfolgt durch den Begriff "Deleverage", d.h., dass bei einer solchen Transaktion der Leverageeffekt durch Reduktion des Fremdkapitalanteils verkleinert wird und sich gegensätzlich zu den Bestrebungen des Leverage Buyouts (LBO) verhält. Häufig wird auf diese Weise eine ursprüngliche LBO Transaktion rückgängig gemacht. Vgl. Pacific Corporate Group LLC (2001), S. 1; Anson (2002), S. 11.

130 Das durch opportunistische Gläubiger verursachte Holdout-Problem (Blockade des Plans) kann dadurch gelöst werden. Vgl. John (1993), S. 65; Chatterjee/Dhillon/Ramirez (1996), S. 5; Anson (2002), S. 9f. Siehe auch Abschnitt 2.1.4.1 kontrollorientierte Strategie.

131 Vgl. Chatterjee/Dhillon/Ramirez (1996), S. 5.

132 Kleine Unternehmen ohne oder mit nur geringem Anteil an öffentlichen Anleihen wählen eher direkt das Chapter 11-Verfahren ohne eine außergerichtliche Einigung zu versuchen. Vgl. Chatterjee/Dhillon/Ramirez (1996), S. 6. Bzgl. der Gründe für eine außergerichtliche Restrukturierung oder der Wahl des Chapter 11-Verfahrens s. auch Yost (2002); Chen (2003).

Zu beachten ist weiterhin, dass das Gericht das Recht hat, Transaktionen (z.B. den Verkauf von Krediten) zu verhindern und Geschäftsvorfälle rückgängig zu machen ("Avoiding Power"). Letzterer Aspekt betrifft nach dem US Bankruptcy Code sämtliche Zahlungen innerhalb von 90 Tagen vor der Insolvenz und alle Zahlungen innerhalb von zwei Jahren, bei denen der Empfänger als Insider bezeichnet werden kann, bzw. betrügerische Geschäftsvorfälle vorliegen.[133] Während dies den Unternehmenswert steigern kann, muss die Möglichkeit der Ablehnung der Transaktion in den Kaufverträgen geregelt werden.

2.1.4 Anlagestrategien und Rangklassen

Aufbauend auf den Ausführungen zum US Bankruptcy Code werden nun die Anlagestrategien beschrieben. Sie können in zwei Kategorien unterteilt werden:

- **Aktiv**: Kauf einer Forderung und Übernahme einer aktiven Rolle im Restrukturierungsprozess, um den Wert der gekauften Verbindlichkeiten zu steigern:
  - Eine spätere Umwandlung der Verbindlichkeiten in Eigenkapital des Unternehmens kann beabsichtigt werden, um die Kontrolle über das Unternehmen zu erlangen ("Control Oriented"), oder das Ziel besteht lediglich in der Wertsteigerung in Relation zum eingesetzten Kapital durch aktive Beteiligung am Restrukturierungsprozess ("Non-Control Oriented").[134]
  - Der Wert des Fremdkapitals kann insgesamt z.B. durch Herabstufung des Eigenkapitals oder durch Steigerung des Unternehmenswertes im Rahmen einer Restrukturierung erhöht werden und steigert somit auch den Wert der eigenen Forderung ("Value Increasing"). Die Steigerung kann aber auch zu Lasten anderer Gläubiger erfolgen ("Value Transferring").[135] Letztere Strategie wird auch als "Bondmailing" bezeichnet.[136]
- **Passiv**: Kauf einer Forderung ohne aktive Einflussnahme auf den Restrukturierungsprozess und Halten, bis eine Wertsteigerung z.B. durch ein Ereignis eintritt.

---

133 Vgl. US Bankruptcy Code Sect. 547, 548. Bisher lag die Frist für betrügerische Geschäftsvorfälle bei einem Jahr.Vgl. Reimer (2005), S. 9.

134 Vgl. Pacific Corporate Group LLC (2001), S. 2.

135 Vgl. Bloomenthal (1996), S. 87.

136 In der hier verwendeten Definition von aktiver Anlagestrategie ist das Bondmailing im Gegensatz zu den Ausführungen bei Kraft eindeutig dem Bereich Aktiv zuzuordnen, da es sich auf die Beeinflussung im Prozess bezieht. Vgl. Kraft (2001), S. 85. Diese Auffassung wird auch von Gilson unterstützt, der die Unterteilung der Anlagestrategien am Beispiel eines Kuchens in drei Segmenten vornimmt. Das dritte Segment entsteht hier, in dem er das Bondmailing als eigene Strategie darstellt, es aber der Aktiven zuordnet. Vgl. Gilson (1995), 10f.

Je nach Zielsetzung erfolgt eine Investition in besicherte oder unbesicherte Ansprüche. Weitere Segmentierungen können hinsichtlich der Größenklasse der Investition, der Struktur des Unternehmens (Branche, Geschäftsmodell) oder des Zeitpunktes (vor oder während einer Insolvenz) vorgenommen werden. Sie werden insoweit berücksichtigt, wie sie zur Erklärung der Strategien von Bedeutung sind.[137] Wesentliche Ansätze der aktiven und passiven Investitionsstrategien sind:

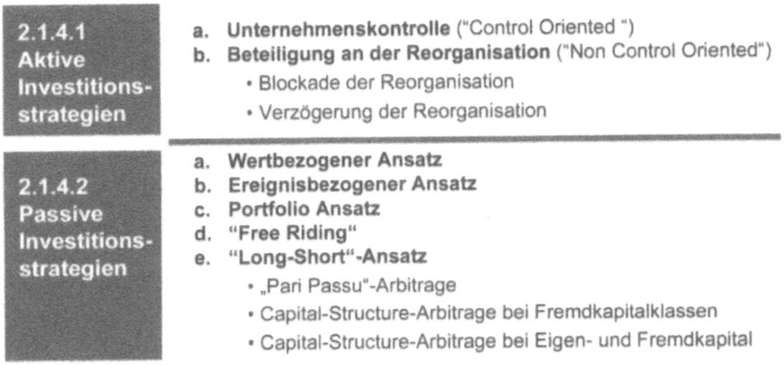

Abbildung 4: Anlagestrategien des Distressed Debt Investing[138]

2.1.4.1 Aktiv

Für die Beschreibung der aktiven Anlagestrategie steht die Handlung (Aktivität) des Investors im Vordergrund und dient als Abgrenzungskriterium zur passiven Strategie. Während *Kraft* die Aktivität auf das Eingreifen in das Management des Unternehmens bezieht, ist diese Relation für die Betrachtung des Erwerbs von Fremdkapital weniger geeignet.[139] Vielmehr wird die Aktivität im Rahmen der Restrukturierung zur Steigerung des Wertes der eigenen Forderung verstanden, was sich zum Beispiel durch die Beteiligung am Gläubigerausschuss im Rahmen eines Chapter 11-Verfahrens ausdrücken kann oder die Unternehmenskontrolle zum Ziel hat. Im Folgenden werden zwei wesentliche Strategien unterschieden.

a) Unternehmenskontrolle ("Control Oriented")

Mit dieser Form der aktiven Strategie beabsichtigt der Investor, die Kontrolle über das Unternehmen zu erlangen, indem er zu Lasten der Alteigentümer die Mehrheit am Eigenkapital mittels eines Debt-Equity Swap übernimmt. Die meist nachrangigen, ungesicherten Ansprüche werden gegen neue Eigenkapitaltitel ausgetauscht, während die bisherigen Eigentümer

---

137 So lassen sich bestimmte Strategien im Rahmen des Chapter 11-Verfahrens leichter durchsetzen.

138 Eigene Darstellung. Debtor in Possession (DIP) Financing wird hier nicht als passive Strategie des Distressed Debt Investing verstanden. Beim DIP-Financing wird dem Finanzinvestor absolute Priorität in der Rückzahlung zugesagt. Da die Bemessung sich an Liquidationswerten mit einem Sicherheitsabschlag orientiert, kann von einer sehr sicheren Anlage ausgegangen werden. Die Forderung ist nicht Sub- oder Non-Performing. Vgl. Altman (1999), S. 27f; Feder/Lagrange (2002), S. 39.

139 Vgl. Kraft (2001), S. 87.

wegen des fehlenden Vermögens unbedient bleiben. Um eine starke Position im Rahmen der Entscheidungsfindung einzunehmen, müssen die Investoren in der Regel einen hohen Anteil an Verbindlichkeiten aufkaufen.[140] Deshalb versuchen sie auch in den Gläubigerausschuss zu gelangen und ihre Vorstellungen durchzusetzen. Ihre Aktivität betrifft insbesondere die Festlegung des Unternehmenswertes und der zukünftigen Kapitalstruktur, weil hiervon die Verteilung der Zahlungen auf die jeweiligen Anspruchsgruppen und somit die Umwandlung der eigenen Fremdkapitalanteile in Aktien des Unternehmens abhängt. Auch kann es nach Ablauf der Exklusivitätsfrist zur Erstellung eines Reorganisationsplans durch den Investor kommen.

In außergerichtlichen Restrukturierungen werden auch Gläubigerkomitees gebildet, wobei sich hier meist nur große Gläubiger zusammenschließen, die keinen rechtlichen Anforderungen genügen müssen. Sie werden bei dem Versuch des Unternehmens, sich finanziell zu restrukturieren, ihre eigenen Vorstellungen der Unternehmensübernahme einbringen. Die Verhandlungsmacht der Gläubiger in dieser Situation ist groß, weil sie nicht gezwungen werden können, eine Änderung der Verbindlichkeiten anzunehmen. Eine solche Verweigerung der Annahme von Gläubigern wird als "Holdout" bezeichnet und kann für den Investor auch zu einem Problem werden, wenn sich andere Investoren nicht an seiner Strategie der Entschuldung des Unternehmens durch Umwandlung in Aktien oder Forderungsverzicht beteiligen wollen. Die Gläubiger halten ("hold"), in der Erwartung der Besserstellung, an den alten Bedingungen ihrer Verträge fest.[141] Je nach Höhe der nicht zustimmenden Gläubiger kann die Restrukturierung scheitern und ein Chapter 11-Verfahren notwendig werden. Für aktive Investoren ist es folglich wichtig, genug Fremdkapital zu besitzen bzw. beeinflussen zu können, damit die Höhe der umzutauschenden Verbindlichkeiten für die finanzielle Stabilität des Unternehmens ausreicht.[142] Auf Grund der Dauer der Investition bis zum Umtausch in Eigenkapital mit anschließender Veräußerung sind kontrollorientierte Investoren über den gesamten Restrukturierungszeitraum am Unternehmen beteiligt. Es ergibt sich ein Haltedauer von ca. 3-5 Jahren sowie eine im Vergleich zu anderen Anlagestrategien höhere Renditeerwartung.[143] Die Rendite ist dabei nicht auf den Nennbetrag der Verbindlichkeit beschränkt, sondern hängt vom Veräußerungserlös der Aktien ab, deren Wert nach oben hin nicht limitiert ist.

b) Beteiligung an der Reorganisation ("Non-Control Oriented")

Die zweite Form der aktiven Strategie ist die Beteiligung an der Reorganisation ohne spätere Kontrollabsicht. Die Anlagedauer beträgt dementsprechend nur ca. ein bis zwei Jahre. Die aktive Begleitung als Mitglied im Gläubigerausschuss sowohl im Rahmen des Chapter 11-Verfahrens als auch in der außergerichtlichen Restrukturierung dient lediglich dem Ziel, die

140 Vgl. Rosenberg (2000), S. 25ff.
141 Vgl. Gertner/Scharfstein (1991), S. 1191; John (1993), S. 65.
142 Vgl. Moyer (2004), S. 68f.
143 Vgl. Pacific Corporate Group LLC (2001), S. 2.

Wertsteigerung der eigenen Verbindlichkeit sicherzustellen. Auch für diese Strategie ist der Besitz eines ausreichenden Volumens von Ansprüchen erforderlich, um in den Verhandlungen und Abstimmungen im Rahmen des Reorganisationsplans genügend Einfluss ausüben zu können.[144] Dadurch lädt sie auch zu opportunistischem Verhalten, dem so genannten "Bondmailing"[145], ein, welches auf die Blockade oder die Verzögerung des Reorganisationsverfahrens abzielt.

- **Blockade der Reorganisation**
  Besitzt der Investor eine "Blocking Position", d.h. ein Drittel des Kapitalanteils einer Gläubigergruppe, kann er die Zustimmung seiner Gruppe zum Reorganisationsplan im Rahmen des Chapter 11-Verfahrens verweigern. Unter Androhung dieser Verweigerung soll entweder der Verkauf zu einem besseren Preis oder eine erhöhte Zuteilung von Ansprüchen für die gesamte Gläubigergruppe erreicht werden.[146] Eine solche Strategie ist jedoch nur begrenzt wirksam, weil die Zustimmung einer Gläubigergruppe auch durch das Gericht ersetzt werden kann ("Cram Down"), oder weil das Gericht beschließt, einen Gläubiger von der Abstimmung auszuschließen.[147] Ein Risiko besteht auch, wenn der Investor die Ansprüche vor Beginn des Chapter 11-Verfahrens erworben hat, denn die Festlegung der einzelnen Klassen wird erst im Verfahren bestimmt. Der Planersteller hat daher durch die Ausgestaltung der Klassen die Möglichkeit, Bondmailing zu vermeiden.[148]

In außergerichtlichen Restrukturierungen können Investoren den Holdout wie bereits erwähnt auch aktiv gegen kontrollorientierte Gläubiger einsetzen, um eine höhere Rückzahlungsquote zu erreichen. Das Problem der Blockade kann aber durch den kontrollorientierten Investor entschärft werden, indem bei einem Umtausch gleichzeitig über eine Entbindung von vertraglichen Auflagen abgestimmt wird, wozu er eine Mehrheit besitzen muss.[149] Neben der Änderung oder dem Aufheben von Covenants sind Zinssenkungen und Laufzeitverlängerungen üblich, die zu einer erheblichen Beeinflussung des Wertes führen.[150] Somit erhalten Investoren, die an den alten Bedingungen festhalten wollen, eine weniger attraktive Verbindlichkeit. Eine weitere Möglichkeit zur Beschränkung dieser Strategie in der außergerichtlichen Restrukturierung ist die Verbindung mit einem Pre-

---

144 Eine Untersuchung von Hotchkiss/Mooradian hat ergeben, dass die meisten Investoren mehr als 1/3 der Ansprüche gegenüber einem Schuldner erwerben, um ihre Interessen durchzusetzen. Vgl. Hotchkiss/Mooradian (1997), S. 402.

145 Vgl. Gilson (1995), S. 12; Der Herkunft des Begriffs geht auf die Worte "Bond" (Anleihe) und "Blackmailing" (Erpressung) zurück. Siehe Kraft (2001), S. 86.

146 Auf Grund der negativen Publizität dieser aggressiven Strategie wird diese von Banken gemieden. Andererseits sind Banken durch ihre hohe Besicherung auch nur selten bereit, auf die Forderungen von Investoren, die diese Strategie verfolgen, einzugehen. Vgl. Bloomenthal (1996), S. 85 u. 87.

147 Vgl. US Bankruptcy Code Sect. 1129 (b).

148 Vgl. Gilson (1995), S. 12.

149 Vgl. John (1993), S. 65.

150 Vgl. Gertner/Scharfstein (1991), S. 1191 u. 1216; John (1993), S. 65; Heidorn/Jaster/Willeitner (2001), S. 6ff.

pack. Das Prepack-Verfahren soll die Ernsthaftigkeit der Unternehmenssituation unterstreichen und zur Abschreckung der Gläubiger führen. Weiterhin wird das Angebot zur Vermeidung eines zu hohen Anteils von "Holdouts" an einen bestimmten Prozentsatz der Annahme geknüpft. Die Umwandlung erfolgt erst, wenn z.B. die Gläubiger von mindestens 90% des ausstehenden Nominalvolumens zugestimmt haben. Dies sichert die finanzielle Restrukturierung und hält gleichzeitig die Zahl der gegebenenfalls besser gestellten Holdout-Gläubiger sehr gering.[151] Bondmailing kann dadurch zwar nicht vermieden, aber in seiner Wirkungskraft eingeschränkt werden.[152]

- **Verzögerung der Reorganisation**
  Eine zweite Form des Bondmailing stellt die Androhung von gerichtlichen Klagen dar. Die Gläubiger sind generell an einem schnellen Reorganisationsverfahren interessiert, um den Ruf und auch den Wert des Unternehmens nicht weiter zu schädigen. Da Klagen sehr langwierig sein können, ist es durchaus im Interesse von besicherten Gläubigern, nicht mehr anspruchsberechtigten Gruppen einen Teilbetrag zukommen zu lassen, vor allem wenn es sich um Klagen bzgl. der Priorität der Forderungen oder der Unternehmensbewertung handelt.[153] Im Fall der Androhung einer gerichtlichen Klage durch den Distressed-Debt-Investor ist abzuwägen, inwieweit der Anspruch gerechtfertigt ist, in welcher Höhe er besteht und ob der Schuldner oder der Investor selbst für die Gerichtskosten aufkommen muss. Zur Vermeidung einer unnötigen Verzögerung des Reorganisationsplans besteht aber die Möglichkeit, einen "Liquidation Trust" einzurichten, d.h. Teile des Vermögens des Schuldners werden aus dem Plan abgegrenzt und dienen dem Kläger als Sicherheit im Falle einer erfolgreichen Klage.[154] Über den Reorganisationsplan wird dann unabhängig vom Ausgang der Klage bereits abgestimmt.[155]

Eine weitere Möglichkeit der Einflussnahme im Reorganisationsverfahren ist die Wahl zum Vorsitz des Gläubigerausschusses. Sie ist aber nicht planbar und erfordert neben der Expertise in der Abwicklung von Reorganisationen auch das Vertrauen der Gläubiger.[156]

---

151 Vgl. Moyer (2004), S. 69f.

152 Das Holdout-Problem wird größer, je komplexer die Kapitalstruktur ist (Anzahl der Arten von Schuldtiteln). Dies führt dazu, dass der Versuch einer außergerichtlichen Einigung erst gar nicht eingegangen wird. Vgl. Gilson/John/Lang (1990), S. 345f; Chatterjee/Dhillon/Ramirez (1996), S. 11f. Weitere Gründe für das Chapter 11-Verfahren sind die geringeren Informationsasymmetrien und die bessere Lösbarkeit von Konflikten zwischen den Anspruchsgruppen durch das Konkursgericht. Vgl. Brown/James/Mooradian (1993), S. 93f; John (1993), S. 65.

153 Z.B. die Insolvenz von Iridium, bei der den gesicherten Banken ein Formfehler nachgewiesen werden konnte. Die Androhung einer Klage durch andere Gläubiger führte zu einem Vergleich, bei dem die unbesicherten Gläubiger eine wesentliche Besserstellung erreichen konnten. Weitere Klagen in diesem Zusammenhang können sich auf Transaktionen vor der Insolvenz beziehen (z.B. überhöhte Unternehmenszukäufe), auf das Verhalten des Managements oder auf die Tätigkeiten der Wirtschaftsprüfer. Vgl. Moyer (2004), S. 84f u. S. 332ff.

154 Vgl. US Bankruptcy Code Sect. 524.

155 Vgl. Moyer (2004), S. 360f.

156 Vgl. Rosenberg (2000), S. 75ff.

2.1.4.2 Passiv

Passive Anlagestrategien wählen insbesondere Investoren, die sich auf das Erkennen und Ausnutzen von Marktineffizienzen spezialisiert haben.[157] Ihre Strategie liegt nicht in der aktiven Einflussnahme, sondern lässt sich im Sinne eines Buy-and-Hold-Ansatzes charakterisieren.[158] Der Investor kauft die Verbindlichkeiten und hält sie solange, bis der Markt die Ineffizienz mittels einer Bewertungskorrektur erkennt oder ein bestimmtes Ereignis eingetreten ist. Es wird hier von einer durchschnittlichen Haltedauer von ca. 6 Monaten bis zu einem Jahr ausgegangen.[159] Auslöser dieser Strategie kann z.B. eine Überreaktion der Kurse auf Basis negativer Nachrichten oder mangelndes Interesse an einer Anleihe sein, was sich in einer Unterbewertung von Marktpreisen im Verhältnis zum inneren Wert der Anlage ausdrückt. Es wird zwischen fünf Ansätzen differenziert.[160]

a) Wertbezogener Ansatz

Diese Grundform des passiven Distressed Debt Investing konzentriert sich auf eine festgestellte Unterbewertung einer Anlageklasse bezogen auf ihren inneren Wert. Solche Formen können neben dem bereits erwähnten Kriterium des mangelnden Interesses von Analysten z.B. auch durch den Veräußerungswunsch von Gläubigern aus Angst vor weiteren Wertverlusten entstehen.

b) Ereignisbezogener Ansatz ("Event Driven")[161]

Ausgangspunkt dieser Strategie ist die Erwartung besonderer Ereignisse, die Auswirkungen auf die Bewertung der Unternehmensverbindlichkeiten haben, z.B. die Ankündigung oder Vorlage eines Restrukturierungsplans, die positiv den Kurs beeinflusst.[162] Die Nicht-Vorhersehbarkeit solcher Ereignisse und die Annahme, dass diese Ereignisse im Kurs bisher nicht antizipiert wurden, verdeutlichen das hohe Risiko dieser Strategie. Dafür kann aber durch die Kurzfristigkeit der Anlage ein im Verhältnis hoher Gewinn erzielt werden.

c) Portfolioansatz

Die Hinzunahme von Distressed Debt in ein Portfolio kann eine erhebliche Verbesserung des Risiko-Rendite-Profils bewirken, welches aus der geringen Korrelation von Distressed Debt zu anderen Anlageklassen resultiert.[163] Der Effekt aus dieser Diversifikation beruht auf der Tatsache, dass der Wert des Unternehmens und somit der Verbindlichkeiten im Wesentlichen vom Erfolg des Reorganisationsprozesses abhängt und nur bedingt von der allgemeinen wirt-

[157] Vgl. Altman (1999), S. 38ff; Hardymon/Lerner (2003), S. 11.
[158] Vgl. Parnell/Matos (2001), S. 33.
[159] Vgl. Pacific Corporate Group LLC (2001), S. 2.
[160] Vgl. Gilson (1995), S. 13; Liebler/Schiereck/Schmid (2004), S. 652 f.
[161] Vgl. Grüneke (2002), S. B9.
[162] Vgl. Kraft (2001), S. 82; Liebler/Schiereck/Schmid (2004), S. 652.
[163] Vgl. Altman/Kumar (2004), Figure 8; Siehe auch Abschnitt 2.2.3.

schaftlichen Lage.[164] Dieser Ansatz wird aber zumeist nicht direkt von den Investoren verfolgt, sondern ist vielmehr der Grund für die Bereitstellung von Kapital für Distressed-Debt-Investoren. Insofern ist diese Form nicht als direkte Strategie der Distressed-Debt-Investoren zu verstehen.

d) "Free Riding"

"Free Riding" macht sich die Analyse bekannter Investoren zu Nutze. Die Wertsteigerungspotenziale werden nicht selbst ermittelt, sondern die Aktivitäten erfahrener und erfolgreicher Investoren werden systematisch beobachtet und ohne großen eigenen Aufwand in das gleiche Unternehmen sowie gleiche Anlageklassen investiert. Der Erfolg liegt somit in der Kopie der Strategien anderer Investoren.[165]

e) Long-Short-Ansatz

Dem Long-Short-Ansatz können Fehlbewertungen (Anomalien) oder erwartete Ereignisse zugrunde liegen. Der Investor nutzt dieses Wissen, um eine Long Position in einem unterbewerteten Titel und eine Short Position in überbewerteten Elementen einzugehen. Der Ansatz versteht sich daher als Instrument zur Verlust-/Risikominimierung und kann auch Eigenkapitalelemente aufweisen.[166] Es werden drei Formen unterschieden, von denen sich die ersten beiden ausschließlich auf Investitionen in Fremdkapital beziehen:[167]

- **"Pari Passu"-Arbitrage**[168]

  In diesem Fall führt die unterschiedliche Laufzeit zweier Anleihen mit gleichen Bedingungen (Pari Passu) zu einer Fehlbewertung. Ein Investor kann z.B. davon überzeugt sein, dass es bei Endfälligkeit der ersten Anleihe zur Insolvenz des Unternehmens kommt und beide Anleihen dann gleichrangig behandelt werden. Ein Preisunterschied auf Grund der Laufzeit wäre daher nicht gerechtfertigt.

---

[164] Vgl. Altman (1999), S. 91.

[165] Vgl. Brush (2002).

[166] Die Vorgehensweise wird meist von Hedgefonds verwendet und als "Relative-Value-/Arbitrage-Strategie" bezeichnet. Vgl. Sigrist (2000), S. 1; Anson (2002), S.14; Grüneke (2002), S. B9; Schalast/Daynes (2005), S. 25.

[167] Vgl. Altman/Kumar (2004), S. 8; Moyer (2004), S. 250ff. In diesem Zusammenhang spricht man auch von Fixed Income-Arbitrage. Vgl. Liebler/Schiereck/Schmid (2004), S. 652 und die dort angegebene Literatur.

[168] "Pari Passu" drückt die Gleichheit der Anleihen bezüglich ihrer Ausgestaltung, z.B. Rangstellung/Besicherung, aus. Diese Anlagestrategie bezieht die Gleichheit insbesondere auf die Kategorisierung im Reorganisationsverfahren.

- **Capital-Structure-Arbitrage bei Fremdkapitalklassen**
  Die Fehlbewertung existiert in der erwarteten Rückgewinnungsquote der Fremdkapitalklassen bezogen auf ihren aktuellen Preis. Da die Rückgewinnungsquote sehr stark von der Entscheidung über eine außergerichtliche Restrukturierung oder ein Chapter 11-Verfahren abhängt, kann der Investor sein Risiko über einen Long-Short-Ansatz, bei dem zwei verschiedene Fremdkapitalklassen eingebunden werden, erheblich reduzieren.

- **Capital-Structure-Arbitrage bei Eigen- und Fremdkapital**
  In dieser Strategie wird eine Short Position in Aktien als Risikominderung eingegangen. Sie ist insbesondere dann vorteilhaft für den Investor, wenn der Wert der Aktien gegen Null sinkt, die Gläubiger jedoch auf Grund ihrer Besicherung werthaltige Forderungen besitzen. Im Gegensatz dazu profitiert das Fremdkapital auch von einer Erholung des Aktienwertes, da nach der Absolute Priority Rule die Fremdkapitalklassen vor dem Eigenkapital bedient werden müssen.[169]

Während die aktiven Investoren demnach den Fokus auf Restrukturierungserfahrung und beim Bondmailing auf das Verhandlungsgeschick setzen, liegt der Schwerpunkt der passiven Strategie auf der Bewertung und Analyse. Wesentliche Unterscheidungsmerkmale sind Renditeerwartung, Grad der Intervention im Restrukturierungsprozess sowie die Haltedauer der Investition. Je höher die Intervention des Investors und je länger die Haltedauer des Investments, desto höher sind die Kosten und desto geringer der Barwert beim Exit. Insofern haben aktive Investoren höhere Renditeerwartungen als passive Investoren.

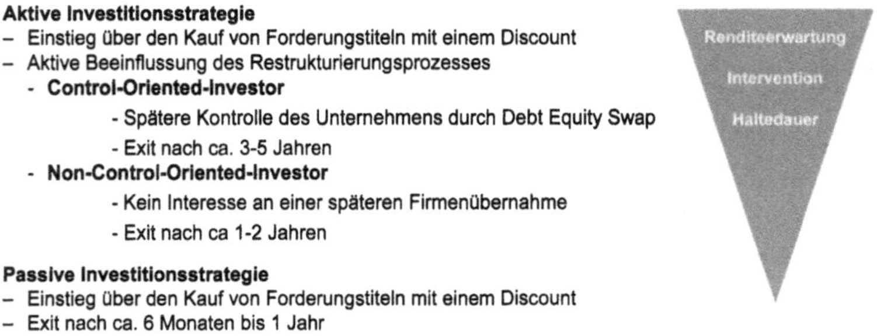

Abbildung 5: Wesentliche Unterscheidungsmerkmale der Anlagestrategien[170]

---

[169] Vgl. o.V. (2002), S. 80f; Altman/Kumar (2004), S. 8. Bzgl. der Absolute Priority Rule s. Abschnitt 2.1.3.
[170] Eigene Darstellung.

2.1.4.3 Rangklassen

Sowohl bei einer aktiven als auch bei einer passiven Strategie ist die Kapitalstruktur und ihre Besicherung für den Investor von großer Bedeutung, weil alle Gruppen einen Anspruch auf den Unternehmenswert besitzen.[171] Neben der Grobgliederung in "besichert" ("Secured") und "unbesichert" ("Unsecured") werden neben dem Eigenkapital in der Regel fünf Fremdkapitalstufen unterschieden. Ihre Besicherung und Priorität spiegelt sich auch in der unterschiedlichen Rückgewinnungsquote respektive im Risiko wider.[172]

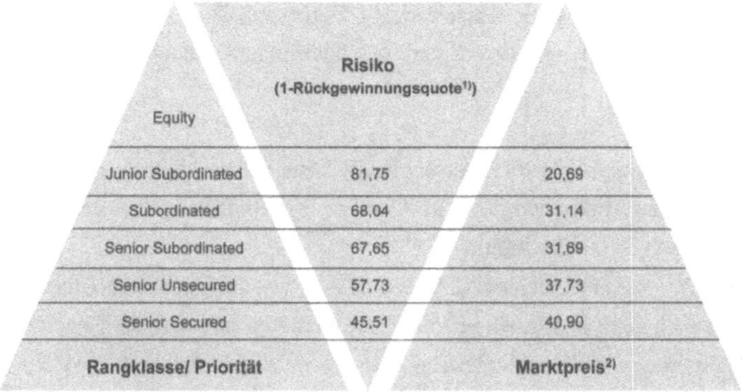

1) Mittelwert in % des Nominalvolumens; das Risiko wird hier als der erwartete Verlust bzw. "Loss Given Default" (LGD) dargestellt, da der Ausfall bereits eingetreten ist.
2) In % des Nominalvolumens; gewichteter Durchschnitt aus Investment Grade und Non-Investment-Grade-Anleihen (ursprüngliches Rating).

Abbildung 6: Rangklassen, Risiko und Marktpreis bei Anleihen[173]

Hoch besicherte Ansprüche, z.B. aus der Klasse der "Senior Secured", bedeuten auf Grund ihrer Priorität in der Bedienung im Rahmen der Absolute Priority Rule einen relativ sicheren Ertrag. Ihre direkte Zuordnung zu bestimmten Teilen des Anlagevermögens als Sicherheit führt daher zu höheren Preisen bei geringerem Risiko.[174] Hier sind eher passive Investoren tätig. Für aktive Investoren, die eine Unternehmenskontrolle anstreben, eignet sich diese Anlageform nicht, weil die Wahrscheinlichkeit der Umwandlung in Eigenkapital nur sehr gering ist.[175] In der unbesicherten bzw. nachrangigen Klasse steigt dagegen die Wahrscheinlichkeit, dass die Forderungen nicht mehr oder nur teilweise bedient werden können und es kommt zu

---

171 Der Rang oder die Klasse bezeichnet dabei die Einstufung des Anspruchs auf den Unternehmenswert.

172 Vgl. Gilson (1995), S. 13; Gupton/Stein (2002), S. 23. Zur Einordnung der Kredite in die Klassen sowie bezüglich der Anzahl der zu unterscheidenden Klassen existieren keine festen Regeln. So führt Moyer z.B. ein Risikokontinuum von 11 Klassen auf. Vgl. Moyer (2004), S. 140. In dieser Arbeit wird auf die Unterteilung in fünf Klassen zurückgegriffen. Die Bezeichnungen sind: Senior Secured: vorrangig besichert; Senior Unsecured: vorrangig unbesichert; Senior Subordinated: übergeordnet nachrangig; Subordinated: nachrangig; Junior Subordinated: untergeordnet nachrangig.

173 Eigene Darstellung in Anlehnung an Gilson (1995), S. 13; Altman/Resti/Sironi (2004), S. 196. Dabei beziehen sich die Rückgewinnungsquoten auf die Ergebnisse für Unternehmensanleihen im Betrachtungszeitraum von 1974-2003.

174 Der Preis wird maßgeblich durch die erwartete Rückgewinnungsquote beeinflusst.

175 Vgl. Rosenberg (2000), S. 35.

einem Debt-Equity Swap. Aktive Investoren können hier durch ihre Mitarbeit bei den Verhandlungen das Risiko beeinflussen.[176]

Der Investor muss bei der Wahl der Anlageklasse berücksichtigen, dass trotz der gesetzlichen Festlegung der Absolute Priority Rule immer wieder Abweichungen festzustellen sind. Studien über die vorrangige Bedienung des Fremdkapitals vor dem Eigenkapital zeigen, dass bei über 70% der Reorganisationen eine Verletzung der Vorschriften erfolgt, mit einer Bevorteilung der Eigenkapitalgeber in Höhe von ca. 2-10% des Firmenwertes. Dieses Phänomen ist besonders bei Unternehmen mit stark konzentrierten Eigenkapitalstrukturen festzustellen. Studien, die bei Unternehmen mit gelistetem Eigen- und oder Fremdkapital durchgeführt wurden, sind:[177]

- *Eberhart/Moore/Roenfeldt (1990)* untersuchten 30 Unternehmen mit gelisteten Aktien und errechneten eine Abweichung von der Absolute Priority Rule in 80% der Fälle mit einer Bevorteilung von durchschnittlich 7,6%.
- *Franks/Torous (1994)* untersuchten 82 Unternehmen, welche sowohl im Chapter 11-Verfahren als auch außergerichtlich restrukturiert wurden. Dabei war die Bevorteilung der Eigenkapitalgeber in der außergerichtlichen Restrukturierung mit 9,51% des Firmenwertes wesentlich höher als im Chapter 11-Verfahren mit 2,28%.
- *Betker (1995)* untersuchte 75 Firmen im Chapter 11-Verfahren und errechnete eine Abweichung in 72% der Fälle mit einer Bevorteilung von 2,86%.
- *Tashjian/Lease/McConnell (1996)* untersuchten 48 Unternehmen, welche die Möglichkeiten des Prepack nutzten, und erhielten eine Abweichung in ca. 73% der Fälle bei einer Bevorteilung in Höhe von 1,59%.

Es kann aber auch ein Interesse der Gläubiger bestehen, Eigenkapitalgebern Werte zukommen zu lassen, wenn dadurch z.B. eine zeitliche Verzögerung der Reorganisation vermieden werden kann.

Die Ausführungen zu den Anlagestrategien und den Rangklassen haben gezeigt, dass es keinen einheitlichen Weg des Distressed Debt Investing gibt, sondern dass je nach Strategie verschiedene Elemente, z.B. Rangklasse oder Anteil an einer Rangklasse, zu berücksichtigen sind. Im Folgenden werden die wesentlichen Wertschöpfungsstufen des Distressed Debt Investing vorgestellt, wobei auf Besonderheiten für einzelne Strategien jeweils eingegangen wird.

---

176 Vgl. Rosenberg (2000), S. 9 ff.

177 Vgl. Eberhart/Moore/Roenfeldt (1990); Franks/Torous (1994); Betker (1995); Tashjian/Lease/McConnell (1996). Zu einer gegensätzlichen Meinung gelangen *Erberhart/Sweeney*, aus deren Analyse sich eine insgesamt leichte Bevorteilung der Anleihegläubiger ergibt. Vgl. Eberhart/Sweeney (1992), S. 969.

2.1.5 Wesentliche Wertschöpfungsstufen des Distressed Debt Investing

Die sechs wesentlichen Wertschöpfungsstufen beim Distressed Debt Investing sollen anhand der Prozesskette aus Abbildung 7, die sich vornehmlich an einer aktiven Strategie orientiert, vorgestellt werden.

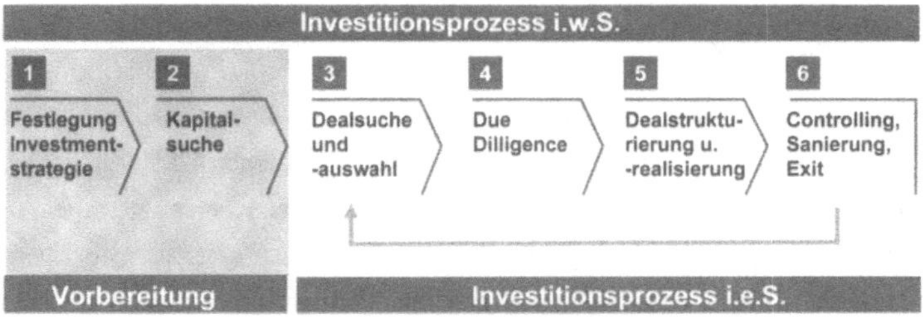

Abbildung 7: Wertschöpfungsstufen des Distressed Debt Investing[178]

Während die ersten beiden Stufen die Grundlage für die Etablierung als Investor bilden, stellen die darauf folgenden Stufen die eigentliche Investition im Sinne eines revolvierenden Prozesses dar. Der Investitionsprozess im weiteren Sinne gliedert sich daher in die Phase der Vorbereitung (Stufe 1-2) und die Phase des Investitionsprozesses i.e.S. (Stufe 3-6).

2.1.5.1 Festlegung Investmentstrategie

Die Investmentstrategie ist der elementare Baustein einer Distressed-Debt-Investition. Je nach Zielsetzung hat sie Auswirkungen auf Anlagezeitraum, Risiko, erforderliches Know-how und Kapazitäten. Eine aktive, kontrollorientierte Strategie erfordert z.B., dass das zu investierende Kapital auch für die Haltedauer von 3-5 Jahren zur Verfügung steht.[179] Auch sind finanzielle Anforderungen zu berücksichtigen, die sich aus der Größe des Unternehmens bzw. Höhe des Fremdkapitals ergeben. Bei großen internationalen Unternehmen kann es sehr schwierig sein, das notwendige Kapital zur Erreichung einer Blocking Position von den Kapitalgebern zu gewinnen und dementsprechend eine aktive Strategie der Blockade durchzusetzen. Daher wird die aktive Strategie meist bei kleineren Unternehmen und die passive eher bei Großunternehmen angewendet. Unabhängig von der Strategie muss der Investor bestimmte Voraussetzungen erfüllen. Er sollte ein sehr gutes Verständnis von Rechtsbereichen, Rechnungslegung und Bewertung haben sowie Branchenkenntnis besitzen.[180] Ist eine spätere Übernahme des Unternehmens geplant oder soll die Restrukturierung operativ begleitet werden, erweitert sich der Anforderungskatalog um die Elemente der Unternehmensführung sowie der benötigten Kapazitäten zur Betreuung des Investments. Um darüber hinaus auch den Kapitalgebern Informationen bzgl. der zukünftigen Strategie zu vermitteln, können in den Anlagerichtlinien

---

178 Eigene Darstellung in Anlehnung an Kraft (2001), S. 94.
179 Vgl. Pacific Corporate Group LLC (2001), S. 2.
180 Vgl. Liebler/Schiereck/Schmid (2004), S. 653.

genauere Aspekte hinsichtlich der Investitionsobjekte, z.B. Branchenzugehörigkeit, Unternehmensgröße oder geographische Lage, definiert werden.[181] Die Anlagerichtlinien für Kapitalgeber sind auch dahingehend von großer Bedeutung, dass Kapitalgeber bei der Bereitstellung von Vermögen eigene Vorschriften der Kapitalallokation zu beachten haben.

2.1.5.2 Kapitalsuche (Fund Raising)

Im Wesentlichen haben sich am Markt Fondsstrukturen bei den Investoren etabliert. Dies resultiert aus den sehr hohen Investitionsvolumina von mehreren Millionen USD, die auch aus Risikogesichtspunkten nicht oder nur sehr selten von einer einzelnen Person getragen werden.[182] Die Akquisition von Kapitalgebern gehört daher auch zu den Vorarbeiten der Distressed-Debt-Investoren. Sie werben entweder direkt oder mit Hilfe von Vermittlern für ihr Investment bei Pensionskassen, vermögenden Privatinvestoren und anderen Investmentfonds für eine Anlage.[183] Allein das zur Verfügung gestellte Kapital der 200 größten amerikanischen Pensionsfonds für Distressed Debt Fonds betrug 2004 5,2 Mrd. USD und entsprach 12% des von ihnen verwalteten Vermögens.[184] Durch diese Kapitalkonzentration erreichen auch die Fonds Volumina von mehreren Milliarden USD. 2004 ergab die Kapitalsuche von vier großen amerikanischen Distressed-Debt-Investoren ein Volumen von ca. 6 Milliarden USD:[185]

- *Tennenbaum Capital Partners:* 2,0 Mrd. USD
- *MatlinPatterson Global Advisors:* ca. 1,7 Mrd. USD
- *Oaktree Capital Management:* 1,4 Mrd. USD
- *Ewing Management Group:* 1,0 Mrd. USD

Investoren mit erfolgreicher Investitionshistorie haben es dabei leichter, die Anforderungen der Geldgeber hinsichtlich Marktkompetenz und Track Record zu erfüllen.

2.1.5.3 "Deal Flow" und Auswahl

Deal Flow bezeichnet das Angebot an möglichen Investitionen und kann auf unterschiedliche Arten und Weisen generiert werden:

- Eigene Suche, z.B. anhand von Zeitungsberichten oder Börseninformationen
- Vermittlung durch Dritte, wie z.B. Unternehmensberater oder Investmentbanken
- Eigeninitiative von Verkäufern, z.B. von Banken

---

181 Vgl. Kraft (2001), S. 99.
182 S. hierzu Kapitel 2.3.1.3 Marktteilnehmer.
183 Vgl. Kraft (2001), S. 97.
184 Vgl. Jacobius (2005), S. 1.
185 Vgl. Bhaktavatsalam (2004).

Während bei der Vermittlung bzw. Eigeninitiative des Verkäufers direkt zur Phase der Due Diligence übergegangen wird, soweit die Investition den Anlagerichtlinien entspricht, ist der Investor bei der eigenen Suche auf öffentliche Informationen angewiesen. Die Analyse der Informationsbasis wird als "Screening" bezeichnet und orientiert sich neben eigenen Recherchen an verschiedenen Indikatoren, von denen das Rating, der Marktpreis und die Finanzdaten hier vorgestellt werden:[186]

a) Rating

Wie bereits bei der Definition des Distressed Debt Investing erläutert beschreibt ein Rating die Situation des Schuldners bzw. die Wahrscheinlichkeit eines Ausfalls der Verbindlichkeit. Die standardisierte Bewertung erfahrener Spezialisten erleichtert den Investoren die eigene Analyse. Vor allem, weil Ratingagenturen im Rahmen ihrer Tätigkeit Zugang zu nicht öffentlichen Informationen bekommen. Anhand der Ratingstufe kann der Investor auch auf die Wahrscheinlichkeit einer Verschlechterung des Ratings und des Ausfalls schließen.

Von/Nach	AAA	AA	A	BBB	BB	B	CCC/C	D
AAA	85,71	14,29	0,00	0,00	0,00	0,00	0,00	0,00
AA	0,00	91,16	3,87	0,55	0,00	0,00	0,00	0,00
A	0,00	1,48	89,64	4,28	0,16	0,00	0,00	0,00
BBB	0,00	0,00	1,04	90,22	3,13	0,26	0,00	0,00
BB	0,18	0,00	0,18	3,37	81,53	6,22	0,36	0,18
B	0,00	0,00	0,00	0,16	5,92	72,64	4,48	1,60
CCC/C	0,00	0,00	1,15	0,00	2,30	14,94	49,43	16,09

Tabelle 4: Veränderung der Ratingklasse US-amerikanischer Emittenten in Abhängigkeit vom Rating von Standard & Poors 2004[187]

Wie aus Tabelle 4 ersichtlich beträgt die Wahrscheinlichkeit einer mit A gerateten Anleihe, sich im Folgejahr auf ein BBB-Rating zu verschlechtern, 4,28% und 0,16%, im Folgejahr dem Non-Investment Grade zugeordnet zu werden (Rating von BB).

Dabei ist zu beachten, dass durch die Übertragung der Bonitätsbeurteilung auf eine standardisierte Klassifizierung die Individualität des Kreditnehmers aufgegeben und die

186 Diese Verfahren werden dabei auch in Kombination miteinander angewendet. Vgl. Moyer (2004), S. 164ff u. 258f.

187 In Anlehnung an Vazza/Aurora/Schneck (2005), S. 11. Ohne die Kategorie NR (nicht gerated). Die Veränderung der Ratingklasse wird auch als "Rating-Übergangswahrscheinlichkeit" bzw. "Probability of Rating Transition" (PRT) bezeichnet.

Gleichheit innerhalb einer Ratingklasse unterstellt wird. Dieses Konzept wird insbesondere in Kreditrisikomodellen zur Bestimmung von Ausfallraten in Portfolios verwendet. Ratingkategorien lassen jedoch keinen direkten Rückschluss auf die Rückgewinnungsquote oder den Wert zu einem bestimmten Marktpreis zu. Auch gilt wieder die Kritik an der zeitlichen Verzögerung von Ratings. So besteht die Möglichkeit, dass ein Schuldner eine Anleihe mit Investment-Grade-Rating besitzt, obwohl bereits ein Ausfall eingetreten ist.[188] Das Rating erleichtert dem Investor jedoch die externe Einschätzung des Unternehmens insbesondere dann, wenn über einem längeren Zeitraum Ratingverschlechterungen zu beobachten sind.

b) Marktpreis

Ein weiteres Merkmal zur Identifikation von Investitionspotenzialen sind die Marktpreise. Hier erfolgt die Bewertung durch andere Käufer und Verkäufer. Voraussetzungen für diese Vorgehensweise sind das Vorhandensein, die Verlässlichkeit und die Qualität der Marktdaten. Da viele Käufe und Verkäufe von Distressed Bonds direkt zwischen Händlern getätigt werden, muss der an der Börse gehandelte Preis nicht unbedingt dem Marktwert entsprechen.[189] Insofern ist eine zusätzliche Analyse des Investors vor allem dann notwendig, wenn eine Fehlbewertung aufgedeckt werden soll.

c) Finanzdaten der Unternehmen in Verbindung mit Vorhersagemodellen

Während Ratings und Marktpreise die Bewertung Dritter wiedergeben und keinen Wettbewerbsvorteil für den Investor darstellen, können mit Hilfe von Vorhersagemodellen bereits frühzeitig potenzielle Investitionsmöglichkeiten identifiziert werden. Hier finden vor allem die Modelle zur Krisendiagnose Anwendung, welche in der Form von quantitativen und/oder qualitativen Modellen existieren.[190] Das bekannteste Verfahren im Zusammenhang mit Distressed Debt ist das ZETA-Modell (multivariate Diskriminanzanalyse). Es stellt einen Indikator für die Wahrscheinlichkeit eines Ausfalls einer Unternehmensschuld dar. *Altman, Haldeman und Narayanan (1977)* nutzen hierfür das von *Altman* entwickelte

---

188 Im Fall des amerikanischen Versorgungsunternehmens Southern California Edison hatten das Unternehmen von S&P und Moody's zum Zeitpunkt des Ausfalls ein Investment Grade Rating. Dabei hatten Experten vor der Krisensituation gewarnt. Vgl. Moyer (2004), S. 164ff.

189 Vgl. Schiffres/Stevenson (2002), S. 56.

190 Elemente der Analysen sind Finanzkennzahlen aus Bilanz und Gewinn und Verlustrechnung, die Kapitalflussrechnung (Cash Flow) und qualitative Aspekte im Sinne der Publizitätsgüte. Diese dienen auf Grund ihrer Kritik nur als Grundbausteine für die Krisendiagnose. Vgl. Hauschildt/Krehel (2000), S. 85; Jäckel/Poppe (2000), S. 113; Littkemann/Krehl (2000), S. 32. Weitergehende Modelle stellen die multivariate Diskriminanzanalyse, die Verwendung neuronaler Netze, wissensbasierter Systeme oder die Verfeinerung von Modellen durch die Fuzzy Logik dar. Vgl. Hüls (1995), S. 19ff; Baetge/Dossmann/Kruse (2000), S. 179ff; Blochwitz/Eigermann (2000), S. 240ff; Hauschildt (2000), S. 119ff; Salomo/Kögel (2000), S. 221ff.

Z-Score-Modell. Es berechnet einen Z-Score aus der Addition von fünf gewichteten Variablen.[191] In dem erweiterten ZETA-Modell wurde die Anzahl der Variablen auf Sieben erweitert. Während die Berechnung des Z-Score sowie die jeweiligen Gewichtungen von *Altman* veröffentlicht wurden, wird die Kalkulation des ZETA-Modells auf Grund von Schutzrechten nicht bekannt gegeben. Eine detaillierte Darstellung der Vorgehensweise und ein Vergleich mit dem Z-Score ist daher nicht möglich. Es werden aber folgende Einflussfaktoren im Modell berücksichtigt:[192]

- Anlagenrendite
- Stabilität der Gewinne
- Fähigkeit der Kreditrückzahlung
- Kumulative Profitabilität
- Liquidität
- Kapitalisierung
- Größe des Unternehmens

Je niedriger der aus dem Modell resultierende Wert für ein Unternehmens ist, desto größer ist die Wahrscheinlichkeit, dass sich das Unternehmen in einer Krise befindet. Negative Werte bedeuten nicht gleich den Ausfall einer Schuld. Sie zeigen nur eine sehr große Ähnlichkeit mit Unternehmen auf, die ihre Schuld nicht bedienen konnten. Der ZETA-Score wird daher von Altman auch zur Prognose der Ausfallrate am Anleihemarkt verwendet. Aussagen zu Rückgewinnungsquoten oder über die Vorteilhaftigkeit der Investition können nicht getroffen werden.[193]

Ein Investor wird bemüht sein, alle Arten der Deal-Flow-Generierung zu verfolgen, um eine möglichst große Grundgesamtheit von Zielunternehmen zu erreichen. Diese werden anschließend in einem Auswahlprozess mit den Anlagerichtlinien (Investitionsstrategie) und den Auswahlkriterien abgeglichen.

---

191 Die Formel lautet: $Z = 0{,}012\ X_1 + 0{,}014\ X_2 + 0{,}33\ X_3 + 0{,}006\ X_4 + 0{,}999\ X_5$, mit X_1 = Working Capital/Total Assets; X_2 = Retained Earnings/Total Assets; X_3 = Earnings Before Interest and Taxes (EBIT)/Total Assets; X_4 = Market Value Equity/Book Value Of Total Liabilities; X_5 = Sales/Total Assets; die einzelnen Gewichtungen werden dabei laufend angepasst. Vgl. Altman (1968), S. 589-609; Altman (1999), S. 70ff.

192 Vgl. Altman (2000), S. 31ff.

193 Als weitere Kritik von Prognosemodellen, die auf Unternehmenskennzahlen basieren, wird angeführt, dass sie in einem dynamischen Umfeld nur bedingtes Früherkennungspotenzial haben. Vgl. Kraft (2001), S. 62.

Bezüglich der relevanten Auswahlkriterien existieren bisher nur Untersuchungen und Aussagen im Bereich des Distressed Investing mit Fokus auf Eigenkapitalbeteiligungen. Sie beziehen sich insbesondere auf die Turnaroundfähigkeit der Unternehmen und eignen sich für das Engagement aktiver, kontrollorientierter Investoren.[194] Schwerpunkte bilden die Ursachenidentifikation, die Kompetenz des Managements sowie Informationen bezüglich eines substanziellen Wertes oder eines erschließbaren Nutzenpotenzials.[195] Insofern bevorzugen Investoren Unternehmen mit einem hohen Anteil materieller Wirtschaftsgüter, die im Falle einer Liquidation Restwerte besitzen.[196]

Neben den allgemeinen Kriterien ist für Distressed-Debt-Investoren bei Unternehmen im Chapter 11-Verfahren zusätzlich die Struktur der Verbindlichkeiten ein wesentlicher Faktor im Auswahlprozess. Der Investor muss sich einen Überblick über die einzelnen Rangklassen und die Anzahl der Gläubiger verschaffen, um z.B. sicherzustellen, dass keine weiteren Investoren seine Strategie verfolgen oder auf Grund anderer Ziele seine Strategie blockieren können.[197] Während Informationen über Gläubiger im Rahmen des Konkurses leichter verfügbar sind, stellt die geringe Publizitätspflicht der Gläubigerstrukturen bei Bankverbindlichkeiten ein zusätzliches Problem dar. Dies gilt in größerem Umfang auch für alle Unternehmen, deren Unternehmenskennzahlen nicht öffentlich verfügbar sind.

Weil der Erfolg der eigenen Strategie auch von den Handlungsoptionen des Schuldners abhängt, müssen Letztere bei der Auswahl von Investitionsmöglichkeiten berücksichtigt werden. Die Optionen des Unternehmens können folgendermaßen charakterisiert werden:[198]

- **Rückkauf des Fremdkapitals:**
  Die Verbindlichkeiten von Unternehmen in der Krise werden unter dem Nominalwert gehandelt und es kann ein Interesse für das Unternehmen bestehen, sie zurückzukaufen. Dieser Option steht die meist geringe Liquiditätsausstattung entgegen, so dass ein Aufkauf von Verbindlichkeiten in bedeutendem Umfang eher unwahrscheinlich ist, soweit sich nicht ein externer Kapitalgeber zur Finanzierung bereit erklärt. Generell gibt es für das Unternehmen die Möglichkeit des Anleiherückkaufs am Kapitalmarkt, die (in)direkte Verhandlung mit einem Gläubiger oder das öffentliche Angebot des Anleiherückkaufs mittels eines "Cash Tenders".[199] Bei Letzterem wird allen Anleihegläubigern der Rück-

---

194 Bei der Bestimmung von Auswahlkriterien bei Equity Investitionen in Turnaroundsituationen werden deskriptive Studien und Conjoint Analysen unterschieden. Vgl. Kraft (2001), S. 141 und die dort angegebene Literatur.

195 Vgl. Schiffres/Stevenson (2002), S. 55; Fitzgerald (2003), S. 5. Bzgl. der unterschiedlichen Krisenursachen siehe Moldenhauer (2004), S. 22; Bettelhäuser (2005), S. 133ff. Bzgl. der verschiedenen Krisenstadien und deren Bewältigung siehe insbesondere Kraus/Blatz/Evertz (2004).

196 Vgl. Braham (2001), S. 166.

197 Vgl. Feder/Lagrange (2002), S. 40; Schiffres/Stevenson (2002), S. 58.

198 Vgl. Asquith/Gertner/Scharfstein (1994), S. 625; Moyer (2004), S. 211ff.

199 Vgl. Moyer (2004), S. 60ff u. S. 209ff.

kauf der Anleihe zu einem bestimmten Preis und zu bestimmten Bedingungen wie z.B. einer Mindestannahmequote angeboten, wobei ein Verzicht der Gläubiger auf einen Teil ihrer Ansprüche erwartet wird.[200] Der Rückkauf eignet sich vorwiegend für Anleihegläubiger, weil Banken auf Grund ihrer Kreditbedingungen meist in der Lage sind, die verfügbaren liquiden Mittel zur Rückzahlung der Verträge zum Nominalwert einzufordern bzw. genügend Sicherheiten zur Verwertung gestellt bekommen.[201] Dies gilt besonders dann, wenn neben den Bankkrediten noch Anleihen existieren.[202]

- **Wandlung des Fremdkapitals**
  Die außergerichtliche Entschuldung mittels Rückkauf von Fremdkapital ist in starkem Maße abhängig von den liquiden Mitteln des Unternehmens. Für Unternehmen im Financial Distress eignet sich daher eher die Möglichkeit der Wandlung ("Exchange Offer"). Durch die Ausgabe neuer Schuldtitel mit einer längeren Laufzeit und oder durch einen Forderungsverzicht der Gläubiger im Rahmen der Wandlung kann die Zahlungsunfähigkeit des Unternehmens vermieden werden. Auch die direkte Wandlung in Eigenkapitalanteile (Debt-Equity Swap) ist möglich. Bei beiden Alternativen ist die Zustimmung der Gläubiger notwendig.[203]

Die Wahl für diese Alternativen kann ein Investor anhand folgender Kriterien beurteilen:[204]

- **Liquidität im Unternehmen**
  Ist genug Liquidität im Unternehmen vorhanden, um einen Rückkauf bzw. "Cash Tender" durchzuführen oder ist eher eine Exchange Offer wahrscheinlich?

- **Möglichkeiten der Liquiditätsgenerierung**
  Wenn das Unternehmen keine eigene Liquidität besitzt, ist zu prüfen, ob durch Verkauf von nicht betriebsnotwendigen Anlagevermögen oder Beschränkung von Investitionen die notwendige Liquidität zur Realisierung der Optionen generiert werden oder ob freies Anlagevermögen als Sicherheit für eine neue Kapitalaufnahme zur Verfügung gestellt werden kann.

---

200 Bei einem Cash Tender wird zur Vermeidung des Holdouts die Einmaligkeit des Rückkaufs in den Bedingungen festgehalten. Der Preis für den Rückkauf steigt mit dem Volumen an. Dies wird mit den gesparten Transaktionskosten gegenüber einem Kauf am Markt sowie der Problematik der Koordination der Gläubiger bei zunehmendem Volumen erklärt.

201 Bzgl. der Rolle von Banken in außergerichtlichen Restrukturierungen vgl. Welch (1997), S. 1208ff; Chatterji/Hedges (2001), S. 79.

202 Das Ergebnis einer Studie zeigt, dass im Falle ausstehender Anleihen Banken nur bereit sind Zugeständnisse zu machen, wenn auch die Anleihen restrukturiert werden. Im Allgemeinen müssen die Banken dabei geringere Abschläge hinnehmen und erhalten dafür in der Regel einen höheren Anteil Eigenkapital. Vgl. James (1995), S. 1221ff.

203 Für die Ausgestaltung und Auswirkung von Exchange Offers siehe Grabelsky/Linnel (2002).

204 Vgl. Asquith/Gertner/Scharfstein (1994), S. 626f; Chen (2003), S. 32; Moyer (2004), S. 213f.

- **Zeit bis zur Fälligkeit der Verbindlichkeiten**
  Da die Durchführung eines Cash Tenders oder einer Exchange Offer einen längeren Zeitraum (ca. 60 Tage) benötigt, muss zur Realisierung dieser Optionen genug Zeit bis zum Fälligkeitstermin zur Verfügung stehen.

- **Komplexität der Kapitalstruktur**
  Sie bestimmt den Koordinationsaufwand zur bilanziellen Restrukturierung in Bezug auf die Anzahl der Gläubiger und Gläubigerklassen (Holdout-Problem). Bei Banken ist die Teilnahme an einer außergerichtlichen Restrukturierung im Hinblick auf ihre hohe Besicherung eher unwahrscheinlich, wenn Anleihegläubiger in größerem Umfang am Fremdkapital beteiligt sind. Bei einem hohen Anteil der Banken kann auf Grund des geringen Koordinationsaufwands aber eine außergerichtliche Restrukturierung wiederum sehr wahrscheinlich sein.

Je unwahrscheinlicher die Optionen der außergerichtlichen Restrukturierung sind, desto eher muss der Investor seine Strategie mit den Entwicklungen innerhalb eines gerichtlichen Verfahrens (Chapter 11, Prepack) überprüfen. Auch die Beantragung der Liquidation durch den Schuldner (Chapter 7) muss berücksichtigt werden. Diese Faktoren bestimmen maßgeblich die Entscheidung des Investors bzgl. Investitionszeitpunkt und Durchführbarkeit seiner Strategie. Erst wenn die Investition den gesamten Auswahlprozess durchlaufen hat, wird sie näher betrachtet und auf ihre Vorteilhaftigkeit hin analysiert.

In dieser Phase wird daher nicht die Frage beantwortet, inwieweit Kapital für die Investition zur Verfügung gestellt werden soll, sondern inwieweit eine weitere Analyse lohnenswert erscheint.

2.1.5.4 Due Diligence

Der Begriff "Due Diligence" kommt aus dem US-amerikanischen Kapitalmarkt- und Anlegerschutzrecht und hat sich in der Transaktionspraxis als eine sorgfältige Prüfung ähnlich dem Sorgfaltsmaßstab nach § 276 BGB etabliert. Wesentliche Merkmale der Due Diligence sind:[205]

- **Zweck:** Die Überwindung bzw. Verringerung von Informationsasymmetrien
- **Inhalt:** Aktivitäten der Informationsbeschaffung und -aufbereitung sowie der Analyse und Prüfung besonders der Chancen- und Risikoerkennung auf betriebswirtschaftlicher und juristischer Ebene
- **Ziel:** Die Informationsversorgung im Planungs- und Entscheidungsprozess zur Erhöhung der Qualität von Entscheidungen (Risikominimierung) sowie der Erarbeitung von Grundlagen für die Wertermittlung

Anders als bei Private-Equity-Investitionen wird der Schuldner bei Distressed Debt Investments in der Regel nicht mit eingebunden, sondern der Informationsaustausch findet entweder direkt zwischen Investor und Verkäufer statt oder der Investor bedient sich ausschließlich öffentlicher Informationsquellen.[206] Nicht-öffentliche Informationen sind in der Regel nur bei Banken vorzufinden, so dass beim Erwerb von Krediten eine Vertraulichkeitserklärung notwendig wird, durch die Handelsbeschränkungen für den Investor auftreten.[207] Die Informationsbeschaffung sowie der Umfang der Due Diligence hängen im Wesentlichen von der Kosten-Nutzen-Analyse im Zusammenhang mit der Höhe der Investition ab. Es gilt, das Optimum von Mehraufwand in der Due Diligence und zusätzlichem Mehrwert in Bezug auf Risikoerkenntnis, Sicherheitsniveau der Entscheidung und Investitionsperformance zu bestimmen.

Nach Themenschwerpunkten kann die Due Diligence in eine Commercial, eine Financial und eine Legal Due Diligence unterteilt werden und sind Grundlage für den Investor zur Bestim-

---

205 Vgl. Berens/Strauch (1998), S. 12; Lang (2002), S. 12; Fritzen (2004), S. 160.

206 Öffentliche Informationsquellen sind in diesem Zusammenhang Geschäftsberichte, Analystenreports und Meldungen im Rahmen der Börsennotierung. Im Falle eines bereits eingetretenen Konkurses nach dem Chapter 11-Verfahren können die Informationen aus dem "Operating Statement" entnommen werden, zu dem der Schuldner gesetzlich verpflichtet ist. Es beinhaltet für einen Zeitraum von ca. 30 Tagen das zur Verfügung stehende Barvermögen, die erwartete Entwicklung der Gewinn und Verlustrechnung und die geplante Finanzierung des Geschäftsbetriebs. Nach diesem Anfangsreport muss der Schuldner monatlich eine Änderungsrechnung aufstellen. Vgl. US Bankruptcy Code Sect. 1106 u. 1107.

207 Vgl. Kraft (2001), S. 154; Moyer (2004), S. 62ff u. 263.

mung des Kaufpreises für die Verbindlichkeit.[208] Ausgangspunkt der Überlegungen ist die Berechnung des Unternehmenswertes mittels investitionsorientierter, marktorientierter sowie substanzwertorientierter Ansätze. Auf Grund ihrer Eignung für Krisenunternehmen finden insbesondere die Discounted-Cash-Flow Methode, Market Multiples sowie der Liquidationswertansatz Anwendung:[209]

Investitionsorientierter Ansatz	Marktorientierter Ansatz	Substanzorientierter Ansatz
a Discounted Cash Flow	b Market Multiples	c Liquidationswert

Tabelle 5: Geeignete Verfahren zur Bewertung von Krisenunternehmen[210]

Die Berechnungen basieren in der Regel auf Bruttoberechnungen, d.h. der Vergleich des Unternehmenswertes mit dem Nominalvolumen der Verbindlichkeiten bestimmt den Wert des Fremdkapitals, weil ein Wert des Eigenkapitals bei Krisenunternehmen oft nicht gegeben ist.[211]

a) Discounted Cash Flow (DCF) - Diskontierung der Nettozahlungsströme

Der Gesamtwert der operativen Tätigkeit wird durch Diskontierung der zukünftigen Nettozahlungsströme auf den Bewertungszeitpunkt ermittelt und basiert i.d.R. auf einer mehrjährigen Businessplanung. Die Zahlungsströme werden mit den gewichteten durchschnittlichen Kapitalkosten abdiskontiert.

208 Bzgl. der Inhalte s. Anhang 1. Weitere Themen der Due Diligence stellen die Tax Due Diligence (Aufzeigen von steuerlichen Risiken und Beratung hinsichtlich der steuerlichen Optimierung der Transaktionsstruktur), die Human Resources Due Diligence (Analyse von Risiken bzw. stillen Lasten aus besonderen Verpflichtungen gegenüber Mitarbeitern und dem Management sowie die Identifikation des Schlüsselpersonals), die Technical Due Diligence (Aussagen zu technischen Eigenschaften der betrieblichen Produktionsstruktur), die Environmental Due Diligence (Aussagen zu Umweltrisiken) und die Cultural Due Diligence (Analyse der Unternehmenskulturen). Vgl. Helbling (1998), S. 185ff; Lang (2002), S. 27f; Fritzen (2004), S. 161.

209 Vgl. Bloomenthal (1996), S. 84f. Die Ertragswertmethode findet wegen der Fokussierung auf Gewinnen, die in Abhängigkeit von der Rechnungslegung variieren und durch bilanzpolitische Maßnahmen manipulierbar sind, keine Anwendung. Die Substanzwertmethode eignet sich nur für die Berechnung des Liquidationswertes, weil sie auf Grund ihrer Vergangenheitsorientierung die Potenziale einer Restrukturierung unberücksichtigt lässt. Optionspreismodelle finden derzeit noch keine Anwendung. Vgl. Kraft (2001), S. 178ff u. 206f; Damodaran (2002), S. 947. Zur Vorgehensweise s. Brühl (1999).

210 Eigene Darstellung in Anlehnung an Kraft (2001), S. 178.

211 Bei einer Bruttoberechnung wird zunächst der Gesamtwert des Unternehmens berechnet und anschließend der Wert des Fremdkapitals bestimmt. Die Bewertung des Unternehmens bestimmt somit die Ansprüche der Gläubiger und Eigenkapitalklassen. Zur Kritik bzw. Problemen bzgl. der gewählten Ansätze Vgl. Kraft (2001), S. 185ff; Coenenberg/Schultze (2002), S.700ff; Damodaran (2002), S. 275ff.

Die Summe der Barwerte spiegelt den Unternehmenswert wider und errechnet sich wie folgt:[212]

$$U_G = \sum_{t=1}^{T} \frac{FCF_t}{(1+WACC)^t} + \frac{FW_{T+1}}{(1+WACC)^T}$$

mit:
- U_G Unternehmensgesamtwert
- FCFt: Freier Cash Flow des Unternehmens zum Zeitpunkt t
- WACC: Gewichteter Kapitalkostensatz (Weighted Average Cost of Capital)[213]
- FW: Fortführungswert ab dem Zeitpunkt T (Ende der Detailprognose)[214]

Die Aussagekraft der Bewertung hängt in hohem Maße von der Qualität der angenommenen Cash Flows ab. Die hierfür erforderlichen Daten sind aber vor allem bei Unternehmen in der Krise schwer vorhersehbar, und Unternehmensdaten in Form von Businessplänen sind nur selten öffentlich zugänglich. Auch weisen die Cash Flows von Krisenunternehmen oft negative Vorzeichen auf, so dass die Businessplanung auch die Phase nach der Restrukturierung abbilden muss. Ansonsten kann sich ein negativer Unternehmenswert ergeben. Weiterhin hängt ein wesentlicher Teil des Unternehmenswertes vom Fortführungswert ab, so dass dieser besonders sorgfältig zu bestimmen ist. Der Einfluss ist umso größer, je kürzer der Zeitraum der Detailprognose ist.

b) Market Multiples - Verwendung von Multiplikatoren

Wenn zukunftgerichtete Finanzdaten über ein Unternehmen nicht verfügbar bzw. nur wenige Informationen zum Unternehmen öffentlich sind, eignet sich zur Bewertung eine Übertragung von Kennzahlen vergleichbarer Unternehmen auf das Zielobjekt (Peer-Group-Bewertung). Diese Methode wird auch als Multiplikatorverfahren oder Relative-Value-Ansatz bezeichnet. Sie errechnet aus einem für die Branche und die Unternehmenssituation spezifischen Multiplikator und aus einer geeigneten Bezugsgröße einen Unternehmenswert.[215]

Unternehmenswert = Ausprägung der Bezugsgröße x Multiplikator

---

212 In Anlehnung an Helbling (1998), S. 106ff; Jacob (2000), S. 41ff; Copeland/Koller/Murrin (2002), S. 172ff.

213 Errechnet sich aus Fremdkapitalzinssatz x (1-Steuersatz) x Fremdkapitalanteil am Gesamtkapital + Eigenkapitalkostensatz x Eigenkapitalanteil am Gesamtkapital. Vgl. Copeland/Koller/Murrin (2002), S. 576.

214 Die Berechnung der Freien Cash Flows kann durch eine vereinfachte Formel erfolgen: FCF = Net Operating Profit After Taxes (NOPAT) – (budgetierte) Investition. Zur detaillierten Free Cash Flow Berechnung s. Kraft (2001), S. 183.

215 Die Methode basiert auf einem dreistufigen Vorgehen: 1. Auswahl von Vergleichsunternehmen. 2. Identifikation von Bezugsgrößen und Bildung von Multiplikatoren. 3. Bestimmung des Unternehmenswertes. Vgl. Coenenberg/Schultze (2002), S. 697.

Als Basis für die Bezugsgröße eignet sich das EBITDA[216] (Operatives Ergebnis vor Zinsen, Steuern, Abschreibungen auf Sachanlagen und Firmenwertabschreibung) eines Unternehmens, weil es unabhängig von der Finanzierungsstruktur und der Besteuerung[217] ist und einen Richtwert für den Cash Flow des Unternehmens liefert.[218] Ggf. sind für die Berechnung des EBITDA Anpassungen durch Bereinigung von Restrukturierungskosten oder zur Herstellung der Vergleichbarkeit (Miete gegenüber Eigentum von Gebäuden) der Unternehmen durchzuführen.[219]

Setzt man nun bei den Peer-Group- bzw.Vergleichsunternehmen das EBITDA in Relation zum Unternehmenswert, ergibt sich ein Richtwert für den Multiplikator, der als erster Anhaltspunkt für die Bewertung des Krisenunternehmens herangezogen werden kann.[220] Des Weiteren wird das EBITDA auch in Relation zur Höhe des Fremdkapitals gesetzt und so eine Aussage zum Verschuldungsgrad im Vergleich zu anderen Unternehmen getroffen:

	Peer Group		Zielunternehmen		
	Unternehmen 1	Unternehmen 2		Option 1	Option 2
EBITDA	180	250	150	150	150
Unternehmenswert[1)]	1500	1400	400[2)]	**840**	**1245**
Nominalverschuldung	800	900	900	900	900
Multiplikator Verschuldung (Nominalverschuldung/EBITDA)	4,4	3,6	6,0	6,0	6,0
Multiplikator Unternehmenswert (Unternehmenswert/EBITDA)	**8,3**	**5,6**	**2,6**	**5,6**	**8,3**
Wert des Fremdkapitals in %	**100**	**100**	**44**	**93**	**100**

1) Unternehmenswert berechnet aus Marktwert des Eigenkapitals + Marktwert des Fremdkapitals – liquide Mittel
2) Entspricht Marktwert des Fremdkapitals (geringer als Nominalvolumen) und unterstellt somit einen Wert des Eigenkapitals von Null

Tabelle 6: Beispiel zur Bestimmung des Fremdkapitalwertes[221]

Tabelle 6 zeigt, dass der EBITDA-Multiplikator des Zielunternehmens mit 2,6 verhältnismäßig sehr gering ist. Eine Berechnung des Unternehmenswertes anhand der Multiplikatoren der Vergleichsunternehmen weist hingegen die Bewertungsspanne von 840 (Mul-

216 Earnings before Interest, Taxes, Depreciation and Amortization. Vgl. Copeland/Koller/Murrin (2002), S. 574; Schalast/Daynes (2005), S. 31. Weitere Ansatzpunkte können z.B. Umsatz, Anzahl Kunden oder Anlagevermögen sein.

217 Durch den Einfluss von Zinszahlungen, Abschreibungen sowie die Besteuerung auf das Ergebnis ist die Vergleichbarkeit zwischen zwei Unternehmen nicht mehr gegeben. Auch z.B. die steuerliche Anerkennung von Vorjahresverlusten verhindert eine sinnvolle Gegenüberstellung der Ergebnisse.

218 Getätigte Investitionen im Anlagevermögen sowie Working Capital Veränderungen werden nicht berücksichtigt.

219 Vgl. Moyer (2004), S. 97ff.

220 In der Annahme, dass die Unternehmen börsennotiert sind kann der Unternehmenswert aus Marktkapitalisierung plus Fremdkapital minus liquide Mittel errechnet werden.

221 Eigene Darstellung in Anlehnung an Moyer (2004), S. 113.

tiplikator von 5,6) bis 1.245 (8,3) auf. Während das Fremdkapital derzeit zu 44% gehandelt wird, ergibt sich durch die Bewertungsspanne ein möglicher Preis von 93-100%. Bei einem Multiplikator von 8,3 erreicht sogar das Eigenkapital wieder einen positiven Wert.[222]

Auch der hohe Verschuldungsgrad des Unternehmens mit einem Multiplikator von 6 muss berücksichtigt werden. Nimmt man das EBITDA vereinfacht als jährlichen Cash Flow, stellt man fest, dass der Schuldner zur Rückzahlung der Verbindlichkeiten mindestens 6 Jahre benötigt.[223] Das Verhältnis von Cash Flow zu Kreditvolumen, also der Multiplikator des Verschuldungsgrades, wird als "Leverage" (Hebel) bezeichnet und gibt verbunden mit weiteren Faktoren Auskunft über die Zahlungsfähigkeit des Unternehmens.[224]
Unter der Annahme von Investitionen, Zinszahlungen und EBITDA-Entwicklungen kann gefolgert werden, wie viel Prozent des Nominalvolumens der Schuldner in einem bestimmten Zeitraum zurückzahlen kann. Für die Beispielunternehmen ergeben sich folgende Rückzahlungsquoten bei einem Betrachtungszeitraum von fünf Jahren, wobei die EBITDA-Entwicklung durch einen Wachstumsfaktor abgebildet wird:

Rückzahlungsquote in %	Wachstumsfaktor				
	0%	2%	4%	6%	8%
Unternehmen 1	31	36	41	46	52
Peer Group					
Unternehmen 2	52	58	65	72	79
Zielunternehmen	7	11	14	18	23

Annahmen:
- Investitionen betragen 1/3 des Cash Flows aus dem ersten Jahr
- Zinssatz von 10% auf Restverbindlichkeiten
- Betrachtungszeitraum von fünf Jahren
- Tilgung = EBITDA – Investition – Zinszahlung
- Keine Berücksichtigung von Steuern

Tabelle 7: Rückzahlungsquote nach 5 Jahren in Abhängigkeit vom Wachstumsfaktor[225]

Bei der Interpretation der Ergebnisse aus Tabelle 7 muss beachtet werden, dass ein wesentlicher Einfluss durch die Höhe der Investitionen der Unternehmen entstehen kann und sie nicht die vorgeschriebenen Zahlungsmodalitäten aus den Kreditverträgen oder Anleihebedingungen abbildet.

222 Vorgehensweise unterstellt die Anwendung der Absolute Priority Rule.
223 Die Betrachtung vernachlässigt dabei unter anderem Investitionen, Zinszahlungen, Steuern und unterstellt die Stabilität der Zahlungsströme.
224 Vgl. Moyer (2004), S. 125f. Zu unterscheiden ist hier zwischen Anleihen, die meist Endfällig sind und Bankkrediten die häufig eine regelmäßige Tilgung vorsehen. Bei endfälligen Anleihen steht die Fähigkeit einer neuen Kapitalaufnahme des Unternehmens im Vordergrund, um die Anleihen abzulösen.
225 Eigene Darstellung in Anlehnung an Moyer (2004), S. 125f.

Während die Kritik an der Verwendung von Multiplikatoren im Sinne einer komparativen Analyse an der Voraussetzung der Vergleichbarkeit ansetzt (Identität aller Parameter bei Vergleichs- und Bewertungsobjekt), kann das Multiplikatorverfahren aber auch ohne Vergleichsmaßstab auf die Zahlungsströme des Unternehmens in Anlehnung an die DCF-Methodik verwendet werden.[226] Hierfür wird ein Multiplikator aus einer Kombination von Diskontrate und Wachstumsfaktor berechnet und ergibt in Verbindung mit dem Cash Flow den Unternehmenswert. Damit entfällt zwar die Genauigkeit (Vernachlässigung der Volatilität) der einzelnen Cash Flows gegenüber der DCF-Bewertung, aber der Investor kann das Risiko und die Entwicklung der Cash Flows leichter berücksichtigen. Eine mit hohem Risiko verbundene Investition ergibt einen geringen Multiplikator:

	Wachstumsfaktor				
Diskontrate	0%	2%	4%	6%	8%
10%	9,1x	10,6x	12,6x	15,1x	18,4x
12%	7,8x	9,0x	10,5x	12,4x	14,9x
15%	6,5x	7,3x	8,3x	9,7x	11,3x
18%	5,5x	6,1x	6,8x	7,8x	8,9x
20%	4,9x	5,5x	6,1x	6,8x	7,7x
25%	4,0x	4,3x	4,7x	5,2x	5,7x
30%	3,3x	3,6x	3,8x	4,1x	4,5x

Tabelle 8: Cash-Flow-Multiplikatoren zur Bestimmung des Unternehmenswertes[227]

Auf Grund der Renditeerwartungen der Investoren und der konservativen Annahmen von Wachstumsprognosen sind Multiplikatoren zwischen 3,3 und 6,8 wahrscheinlich. In Abhängigkeit von der Unternehmenssituation sind auch höhere Faktoren möglich.

226 Vgl. Coenenberg/Schultze (2002), S. 702.

227 Eigene Darstellung in Anlehnung an Moyer (2004), S. 104. Die Berechnung erfolgt anhand der DCF Methode, mit einem fixen Zeitraum von 25 Jahren sowie einem nicht unternehmensspezifisch errechneten WACC, sondern einer variablen Diskontrate

$$\text{Multiplikator} = \sum_{1}^{25}\left[(1+g)^n * \frac{1}{(1+DCR)^n})\right]$$ mit g = Wachstumsrate des Cash Flows in Prozent, n= Jahr und DCR = Diskontrate.

c) **Liquidationswert**

Im Gegensatz zu der beschriebenen Vorgehensweise bei der DCF-Methode und beim Multiplikatorverfahren wird bei der Liquidationswertermittlung im Rahmen der Due Diligence nicht mehr von der Fortführung des Unternehmens ausgegangen. Die Wertermittlung orientiert sich am Erlös aus der Veräußerung der einzelnen Vermögensgegenstände des Unternehmens unter Berücksichtigung der Verwertungskosten. Dieser so errechnete Unternehmenswert wird mit dem Fremdkapital verglichen und gibt Aufschluss über die Werthaltigkeit der Verbindlichkeiten. Der Erlös aus der Veräußerung wird von den Faktoren der Spezifität und Zeit wesentlich beeinflusst. Je spezieller die Vermögensgegenstände des Unternehmens und je kürzer die Zeit zum Verkauf, desto geringer ist der zu erwartende Unternehmenswert. Einflussfaktoren der Spezifität bilden z.B. die Anzahl der Nutzungsmöglichkeiten und interessierten Nutzer, rechtliche Restriktionen bei der Veräußerung oder die wirtschaftliche Lage der jeweiligen Industrie. Der ermittelte Wert liegt meist weit unter dem bei Unternehmensfortführung und dient dem Investor als Wertuntergrenze. Dieses Worst-Case-Szenario im Sinne einer Liquidation stellt für den Investor den maximal zu erwartenden Verlust dar und kann auch als Argumentationshilfe zur Preissenkung bei direkten Verhandlungen verwendet werden.[228]

Bisher ist auf die Unternehmensbewertung und die Wertermittlung der gesamten Verbindlichkeiten eingegangen worden. Im Folgenden werden nun die Besonderheiten bei der Bewertung einzelner Rangklassen betrachtet. Anhand der Priorität der einzelnen Forderungen wird ermittelt, an welcher Stelle ein Anspruch auf den Unternehmenswert besteht. Je nach Einschätzung über den Unternehmenswert sowie in Abhängigkeit der Strategie muss sich der Distressed-Debt-Investor für eine Rangklasse entscheiden. Der Unternehmenswert dient ihm dabei als Ausgangspunkt. Durch Bedienung der einzelnen Rangklassen nach der Absolute Priority Rule kann er feststellen, ab welcher Rangklasse nicht mehr mit einer vollen Befriedigung zu rechnen ist und welcher Preis gerechtfertigt wäre.

[228] Vgl. Schleifer/Vishny (1992), S. 1343f.

Existiert ein Preis für eine Rangklasse am Markt, kann der Investor auf diese Weise auch den implizierten Unternehmenswert errechnen.[229]

	NV[1)]	Bewertung Investor[2)]			Bewertung Markt[2)]		
Unternehmenswert		**400**	**850**	**1.250**			
Senior Secured	50	100%	100%	100%	100%	100%	100%
Senior Unsecured	60	100%	100%	100%	**85%**	100%	100%
Senior Subordinated	190	100%	100%	100%	0%	**60%**	100%
Subordinated	200	**50%**	100%	100%	0%	0%	100%
Junior Subordinated	400	0%	**88%**	100%	0%	0%	100%
Wert des Fremdkapitals	**900**	**400**	**850**	**900**	**101**	**224**	**900**
Wert des Eigenkapitals		0	0	350	0	0	500
Unternehmenswert					**101**	**224**	**1.400**

1) Nominalvolumen
2) Wert der Fremdkapitalklassen in % des Nominalvolumens

Tabelle 9: Wirkung der Unternehmensbewertung auf den Wert der Fremdkapitalklassen und Einfluss der Marktbewertung auf den Unternehmenswert[230]

Bei der Übertragung des Unternehmenswertes von 400 auf die Fremdkapitalklassen im Beispiel der Tabelle 9 ergibt sich für die Klasse "Subordinated", nach voller Befriedigung der oberen Rangklassen, ein Preis von 50%. Nachfolgende Klassen sowie das Eigenkapital erhalten keinen Anspruch. Der Marktpreis (Bewertung Markt) von 85% für die Kategorie "Senior Unsecured" unterstellt einen Unternehmenswert von 101. Glaubt der Investor an eine Bewertung von 400, bedeutet dieser Marktpreis somit eine Unterbewertung.[231] Zudem erfährt der Investor aus der Analyse, ab welcher Rangklasse eine Umwandlung in Eigenkapital wahrscheinlich wird. Diese Vorgehensweise eignet sich nur zur ungefähren Abschätzung von Preisen, weil Abweichungen von der Absolute Priority Rule eintreten können und mit einbezogen werden müssen. Das erklärt auch, dass das Eigenkapital eines Unternehmens in Form von Aktien mit einem positiven Wert gehandelt wird, obwohl der Marktpreis für das Fremdkapital mit einem Abschlag auf den Nennwert angegeben ist. Hier stellt der Wert der Aktie eine Option auf einen Anspruch z.B. im Rahmen einer Missachtung der Absolute Priority Rule dar.

Eine weitere Analyse auf Einzelebene ergibt sich aus der Begutachtung der hinterlegten Sicherheiten. Bei Kenntnis der Kreditverträge oder Anleihebedingungen kann so eine Liquidationsrechnung speziell für eine Forderung erstellt werden. Diese Vorgehensweise eignet sich

229 Die Berechnung erfolgt unter der Annahme, dass höhere Klassen zu 100% bedient werden.
230 Eigene Darstellung.
231 Die Aussage gilt für Unternehmenswerte größer 101, dementsprechend auch für die Bewertungen von 850 und 1250.

besonders bei Immobilien, deren Wert auch von Dritten ermittelt werden kann und für die in der Regel Marktpreise existieren. Weitere Aspekte im Rahmen der Analyse der Verbindlichkeiten sind:

- Bei Unternehmen mit Holding und Tochterunternehmen ist zu klären, in welchem Unternehmen sich die operativen Einheiten bzw. die Werte befinden und gegenüber welchem Unternehmen die Forderung besteht.[232]

- Neben den bilanziellen Verbindlichkeiten sind auch die "nicht sichtbaren" Verbindlichkeiten zu berücksichtigen, die sich aus Schadensersatzklagen ergeben können. Sie stellen einen Unsicherheitsfaktor dar und gefährden die Rückgewinnungsquote.[233]

- Um das Risiko einer Änderung der Rangklasse oder die Gefahr einer weiteren Kreditaufnahme durch das Unternehmen zu ermitteln, sind Einschränkungen durch die bereits erwähnten Covenants zu prüfen.[234]

- Die Berücksichtigung der Zeit in Bezug auf Tilgungsverpflichtungen bzw. Rückzahlungsmodalitäten bei Krisenunternehmen, die sich noch nicht in der Insolvenz befinden, kann bei der Bewertung eine große Bedeutung haben. Je weiter der Moment der Rückzahlung des Kredites in der Zukunft liegt, desto geringer ist die Vorhersehbarkeit und auch die Sicherheit der Zahlungen. Zudem ist es nicht im Interesse des Investors, dass durch die Rückzahlung von vorher fälligen, untergeordneten Verbindlichkeiten die Rückzahlung der eigenen Kredite gefährdet wird.[235]

Als Ergebnis der Due Diligence erhält der Investor ein Verständnis für die Werthaltigkeit der einzelnen Anspruchsgruppen sowie Informationen zur Unternehmenssituation. Im folgenden Schritt gilt es nun, die Umsetzung zu planen.

---

[232] Im Rahmen der Insolvenz eines Tochterunternehmens werden zunächst deren Gläubiger bedient. Kreditgeber der Holding können in diesem Fall leer ausgehen.

[233] Soweit sie noch nicht in den Rückstellungen berücksichtigt wurden Vgl. Moyer (2004), S. 198f.

[234] Siehe Abschnitt 2.1.1.

[235] So kann z.B. ein untergeordneter Kredit noch zurückgezahlt werden, die danach anstehende Bedienung eines anderen Kredites führt aber zur Insolvenz.

2.1.5.5 Dealstrukturierung und -realisierung

Unter der "Dealstrukturierung" versteht man die Bestimmung der Investitionshöhe und Rangklasse in Abhängigkeit von der gewählten Strategie.[236] Wird eine spätere Übernahme angestrebt, kommen vor allem die unteren Rangklassen in Betracht, die mit Eigenkapital bedient werden. Ist der Investor eher an einem passiven Investment interessiert, wird er sich auf eine höhere Rangklasse konzentrieren, die seiner Ansicht nach einer Unterbewertung unterliegt. Weiterhin ist die Höhe des zu erwerbenden Anteils einer Fremdkapitalklasse zu bestimmen. Bei einer aktiven, kontrollorientierten Strategie ist schließlich der Einfluss sowohl im Chapter 11-Verfahren als auch bei außergerichtlichen Restrukturierungen (z.B. für den Anteil am Eigenkapital im Rahmen einer Exchange Offer) sicherzustellen. Auch die rechtliche Ausgestaltung der Transaktion spielt eine Rolle. Die Gründung einer Zwischengesellschaft bei der Akquisition der Forderungen verhindert z.B., dass die eigene Strategie durch Free Rider gestört wird. Verbunden mit der Wahl der Rangklasse muss der Investor auch die Bezugsquellen berücksichtigen. So ist bei der Akquisition von Krediten oder Anleihen die Veräußerungsbereitschaft von Banken und Gläubigern sowie deren Fragmentierung zu überprüfen. Dazu gehört eventuell auch die Wahl von Händlern, die mit dem Kauf von Anleihen beauftragt werden.[237] Gleichzeitig analysiert der Investor die Exitmöglichkeiten entsprechend seiner Strategie zwecks Gewinnrealisierung; mögliche Käufer sollten bereits bekannt sein.[238] Der Exit wird umso einfacher, je liquider der Markt ist oder je mehr das Unternehmen einen strategischen Vorteil für Wettbewerber bietet.

2.1.5.6 Controlling/Sanierung/Exit

Die zeitliche Begrenzung der Investition wurde bei der Begriffsdefinition aufgezeigt und im Rahmen der Festlegung der Anlagestrategie groben Zeitfenstern zugeordnet. Die Investition ist durch den Exit gekennzeichnet, der sich in Abhängigkeit von der Unternehmenssituation und der Verbindlichkeit ergibt. Wesentliche Exitmöglichkeiten für den Investor sind:

- Debt-Equity Swap
- Teilverzicht mit Restschuldzahlung
- Weiterverkauf der Forderung
- Liquidation
- Ausbuchung der Forderung
- (Vollständige Rückzahlung der Forderung)

---

236 Ungefähre Vorstellungen über Investitionshöhe und Rangklasse müssen bereits im Vorfeld bestehen, damit die Due Diligence zielorientiert erfolgt.

237 Bezüglich weiterer Strategien beim Erwerb von Distressed Debt, z.B. zur Erreichung des gewünschten Volumens zu einem bestimmten Preis siehe Moyer (2004), 296ff.

238 Vgl. von Daniels (2004), S. 44.

Die Optionen finden sowohl innerhalb des Konkurses als auch außergerichtlich Anwendung und bedürfen hierzu nicht zwingend einer operativen Restrukturierung.[239] Eine bilanzielle Restrukturierung der Unternehmen wird lediglich durch den Teilverzicht mit Restschuldzahlung und den Debt-Equity Swap erreicht.[240] Der Debt-Equity Swap unterstellt als Exitoption im weiteren Verlauf den Verkauf der Eigenkapitalanteile. Hier kommen als Käufer besonders strategische Investoren in Frage, während der Verkauf der Forderung vorrangig an Finanzinvestoren erfolgt. Die Optionen des Teilverzichts, der Liquidation sowie der Ausbuchung als letzte Möglichkeit werden weiterhin als Abwicklung bezeichnet. Die vollständige Rückzahlung der Forderung ist nicht direkt als Exitoption, sondern vielmehr als Resultat einer erfolgreichen Restrukturierung des Unternehmens zu sehen.

Die vorgestellte Wertschöpfungskette des Distressed Debt Investing dient dem Zweck, das Verständnis für den Prozess der Investition und der Bewertung zu gewinnen. Der Fokus lag daher nicht auf der quantitativen Wertberechnung, sondern auf der Darstellung der Möglichkeiten und der Komplexität bei der Wertermittlung, die sich oft nur durch die Kenntnis der Kreditverträge oder Anleihebedingungen erschließt. Dabei wurden den Anlagestrategien bereits unterschiedliche Prozessmerkmale z.B. in Bezug auf den Zeitraum oder die Exitstrategie zugeordnet. Im Weiteren soll nun auf die Charakteristika für die Rahmenbedingungen am Markt eingegangen werden.

---

239 Eine detaillierte Beschreibung der Inhalte und Stufen der operativen Restrukturierung siehe Moldenhauer (2004) und Kraus/Blatz/Evertz (2004).

240 Soweit ein gerechtfertigter Forderungsanspruch besteht, wird die Ausbuchung der Forderung mit der Liquidation des Unternehmens verbunden.

2.2 Marktcharakteristika

Zur Gliederung der Marktcharakteristika eines Distressed-Debt-Marktes wird zunächst auf die Eigenschaften von Distressed Securities als Oberkategorie zurückgegriffen, die anhand des US-amerikanischen Marktes analysiert werden:[241]

- Hohe Risiken
- Hohes Ertragspotenzial
- Geringe Korrelation zu traditionellen Anlageklassen
- Ausgeprägte Marktunvollkommenheiten

2.2.1 Risiken

Im Hinblick auf die erwartete Rendite des Investors ist es wichtig, das Spektrum der mit der Investition verbundenen Risiken zu identifizieren.[242] Bestimmungsfaktoren der Rendite sind neben dem Kaufpreis die Investitionsdauer und der Exiterlös. Die Investitionsdauer wird auch als "Risiko der Zeit" bezeichnet und ergibt sich aus der Zeitspanne zwischen Investition und Exit. Der Exiterlös wird als Verkaufspreis oder Rückgewinnungsquote abzüglich der entstandenen Kosten verstanden. Kauft der Investor z.B. einen Kredit zu 50% des Nominalvolumens, so erzielt er bei einem Exiterlös von 80% nach einem Jahr eine Rendite von 60% – nach zwei Jahren eine Rendite von 30% p.a.:

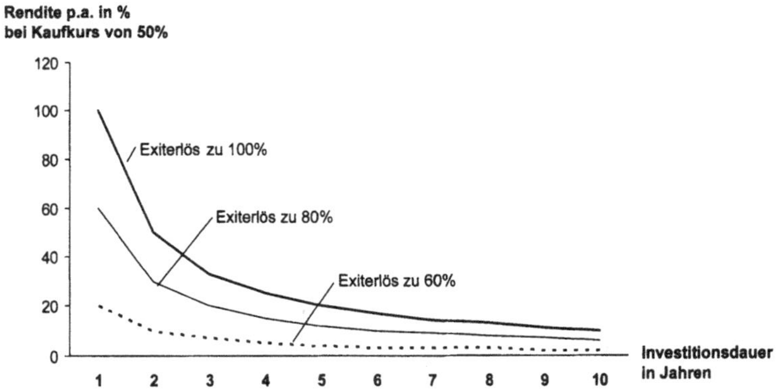

Abbildung 8: Rendite in Abhängigkeit von Investitionsdauer und Exiterlös[243]

[241] In Anlehnung an Kraft (2001), S. 75f. und die dort angegebene Literatur.

[242] Risiko versteht sich in diesem Zusammenhang als die unerwartete Abweichung von einem erwarteten Wert. Vgl. Hager (2004), S. 9.

[243] Eigene Darstellung in Anlehnung an Gilson (1995), S. 17, ohne Berücksichtigung der Effekte aus der Veränderung administrativer Kosten und Veränderungen des Unternehmenswertes im Zeitverlauf sowie ohne Berücksichtigung von Zinseszinseffekten.

Abbildung 8 zeigt die Abhängigkeit der Rendite von den beiden Faktoren und damit verbunden die ex ante Unsicherheit des Investors. Je länger eine Anlage gehalten wird, desto geringer ist bei gleichem Ergebnis die erzielte Jahresrendite. Berücksichtigt man, dass der Wert eines Unternehmens negativ mit der Zeit einer Restrukturierung korreliert, wird dieser Effekt noch durch die Verschlechterung der Exiterlöses verstärkt. Auch erhöhte administrative Kosten auf Grund einer längeren Haltedauer der Anlage oder der Koordination von komplexen Gläubigerstrukturen ergeben weitere Ertragsschmälerungen.[244]

Die Höhe des Erlöses bestimmt sich neben den Kosten zur Realisierung des Exits im Wesentlichen aus dem Wert der Forderung, der so genannten Rückgewinnungsquote. Ist die Forderung noch in der Kategorie Sub-Performing, ist auch die Ausfallwahrscheinlichkeit zu berücksichtigen.[245] Diese Simulation erfolgt in Kreditrisikomodellen. Im Vordergrund steht hier die ex ante Ermittlung des zu erwartenden Verlustes, der gleichzeitig im Rahmen der Rückgewinnungsquote den Wert der Forderung beschreibt. Unerwartete Verluste können mit Hilfe von Value at Risk Modellen unter Berücksichtigung eines Zeithorizonts und Konfidenzniveaus bestimmt werden.[246] Der erwartete Verlust beinhaltet die folgenden Komponenten:[247]

Bestimmung des Kreditrisikos	**Erklärung der Variablen**
EL = PD x (1-RR) x EAD	Expected Loss (EL): Der zu erwartende Verlust
bzw.	Probability of Default (PD): Ausfallwahrscheinlichkeit
	Recovery Rate (RR): Rückgewinnungsrate (RR)
EL = PD x LGD x EAD	Loss Given Default (LGD=1-RR): Verlust bei Ausfall
↓ ↓ a b	Exposure at Default (EAD): Engagement zum Zeitpunkt des Ausfalls

Abbildung 9: Bestimmung des Kreditrisikos[248]

---

244 Mehrere Studien zeigen, dass die direkten Kosten in einem Prepack Verfahren geringer sind als im normalen Chapter 11-Verfahren (2,85% des gesamten Vermögens vs. 3,93% im Chapter 11-Verfahren). Wesentlicher Treiber ist der Aufwand zur Koordination der Gläubiger. Kann eine schnelle Einigung erreicht werden, so ist die Wahl eines Prepack sehr wahrscheinlich, und die Kosten fallen demnach gering aus. Weitere Indikatoren für niedrige Kosten beim Chapter 11-Verfahren sind die geringe Anzahl von Gläubigern bzw. Gläubigerklassen, die Insolvenz eines großen Unternehmens und ein hoher Fremdkapitalanteil. Weiter wird angemerkt, dass Distressed-Debt-Investoren den Prozess eher begünstigen als behindern. Vgl. Gertner/Scharfstein (1991), S. 1189ff; Betker (1997), S. 56ff; Feder/Lagrange (2002), S. 40.

245 Die Ausfallwahrscheinlichkeit bezeichnet die Gefahr, dass ein Schuldner seiner Verpflichtung zur Leistung von Tilgungs- bzw. Zinszahlungen nicht oder nur teilweise nachkommt. Vgl. Hüls (1995), S. 9; Scheule (2003), S. 5 u. 9.

246 Zur ausführlichen Vorgehensweise der Bestimmung des Value at Risk für einzelne Kredite sowie für Portfolien s. Heidorn (1999).

247 Während in Banken spezielle Kreditrisikomodelle bei Portfolios Anwendung finden, wird hier anstelle einer Beschreibung der Modelle auf die wesentlichen Risiken bzw. Einflussfaktoren der Komponenten eingegangen. Für eine Übersicht der Modelle siehe Scheule (2003), S. 10ff; Altman/Resti/Sironi (2004), S. 183ff.

248 Eigene Darstellung in Anlehnung an Altman/Resti/Sironi (2004), S. 183f.

Nachfolgend werden das Risiko des Ausfalls (PD) sowie der Verlust bei Ausfall (LGD) betrachtet, weil sich das Engagement (EAD) aus der Entscheidung des Investors ergibt:

a) Ausfallwahrscheinlichkeit (PD)

Während der Ausfall bei Non-Performing-Debt bereits eingetreten ist, wurde mit dem Z-Score bzw. dem ZETA Modell eine diskriminanzanalytische Vorgehensweise als Indikator für die Ausfallwahrscheinlichkeit vorgestellt. Allerdings weist der Z-Score keinen expliziten Wert für die Wahrscheinlichkeit auf. Diesen Mehrwert liefert das Rating Konzept, das die Ausfallrate einer bestimmten Risikokategorie zuordnet und auch deren Veränderung in eine andere Klasse quantifiziert, wie sie in Tabelle 4 dargestellt wurde. Ein Nachteil dieser Darstellung ist jedoch die vergangenheitsbezogene Ausrichtung sowie die Vernachlässigung der Laufzeit der Verbindlichkeit.[249] Letztere wird durch das "Mortality-Konzept" aufgefangen, das die Wahrscheinlichkeit des Ausfalls mit der Zeit nach der Emission verbindet:

Rating / Jahr	1	2	3	4	5	6	7	8
AAA	0,00	0,00	0,00	0,00	0,00	0,00	0,00	0,00
AA	0,00	0,00	0,06	0,12	0,12	0,12	0,12	0,12
A	0,00	0,04	0,05	0,09	0,11	0,17	0,19	0,23
BBB	0,28	2,81	3,93	4,83	5,45	5,80	6,24	6,38
BB	0,73	2,23	5,40	6,78	8,08	8,78	9,68	9,93
B	2,13	7,07	12,38	17,54	21,30	23,38	25,00	26,23
CCC/C	5,48	16,52	29,35	36,22	38,26	43,37	46,05	47,41

Tabelle 10: Kumulierte Ausfallwahrscheinlichkeiten in Abhängigkeit vom urprünglichen Rating nach S&P und von Jahren nach Emission (1971-2003)[250]

Die Wahrscheinlichkeit ermittelt sich dabei sowohl beim ZETA-Modell als auch beim Rating aus der Bestimmung der Unternehmensrisiken, die in betriebliche und finanzielle Risiken kategorisiert werden können:[251]

- **Betriebliche Risiken:** z.B. Absatzrisiken, Beschaffungsrisiken, Produktionsrisiken, Personalrisiken, EDV-Risiken, Technologierisiken oder Vertragsrisiken

249 Vgl. Altman (1999), S. 133ff.
250 Vgl. Altman/Fanjul (2004), Figure 19.
251 In Anlehnung an Gilson (1995), S. 14ff; Eilenberger (1997b), S. 105ff; Anson (2002), S. 15ff; Hager (2004), S. 12.

- **Finanzielle Risiken:** Liquiditätsrisiken (Zahlungsfähigkeit) und Erfolgsrisiken im Sinne von Marktpreisrisiken und Ausfallrisiken (Sachwert- und Adressenausfallrisiken)

Bei der Analyse der Ursachen/Einflussvariablen für Unternehmensrisiken erfolgt eine Trennung zwischen internen und externen Faktoren. Das Absatzrisiko in der Ausgestaltung eines Umsatzeinbruchs kann sowohl durch eine verfehlte Produktpolitik des Managements (intern) als auch durch eine Verschlechterung der konjunkturellen Lage verbunden mit geringerem Volkseinkommen (extern) ausgelöst werden. Ursachen interner Risiken sind durch die Möglichkeit von Fehlplanungen und Fehlentscheidungen des Managements sowie von deren Ausführungsorganen gekennzeichnet, während bei externen Risiken die Ursache aus einer Umweltstörung resultiert.

b) **Verlust bei Ausfall (LGD bzw. (1-RR)**

Bzgl. der Höhe des Verlusts beim Ausfall von Forderungen (LGD) bzw. der Höhe der Rückgewinnungsquote (RR) aus einer Distressed Debt Investition wurde bereits auf den Zusammenhang mit Rangklassen und hinterlegten Sicherheiten hingewiesen. Weitere Korrelationen werden in der Literatur mit der allgemeinen wirtschaftlichen Lage und der wirtschaftlichen Lage des Unternehmens gesehen.[252] Beispiel dafür ist die Berechnung von *Moody's LossCalc*, die sich auf neun Faktoren aus fünf Bereichen bezieht:[253]

- **Sicherheiten & Deckung:** Anlagevermögen (Grundstücke, Gebäude), Kassenguthaben und Deckung durch Tochtergesellschaften
- **Art der Verbindlichkeit und Rangklasse:** Anleihen oder Kredite und die jeweilige Rangklasse
- **Firmenstatus:** Stellung der Verbindlichkeit innerhalb der Kapitalstruktur des Unternehmens und Leverage in Abhängigkeit vom Kreditzyklus
- **Industrie:** Historische Rückgewinnungsquoten und Ausfallraten der Industrie
- **Makroökonomie und Geographische Lage:** Länderspezifische Ausfallrate, Bond Index, Veränderungen in wesentlichen Konjunkturindikatoren

Letzterer Bereich wird auch von Altman bei der Untersuchung von Kreditrisikomodellen hervorgehoben. Er sieht eine negative Korrelation der LGD mit der PD mit der Begründung, dass sich bei Verschlechterung der wirtschaftlichen Lage die Wahrscheinlichkeit des Ausfalls erhöht und zugleich auf Grund schlechterer Verkaufserlöse die Rückgewinnungsquote sinkt.

---

252 Sie finden sich in den Kennzahlen zum Unternehmen wieder. Vgl. Altman/Resti/Sironi (2004), S. 185ff.

253 Alle Faktoren weisen laut Moody's eine Signifikanz für die Wertermittlung der Rückgewinnungsquote auf. Vgl. Gupton/Stein (2005), S. 8ff.

Gerade diese Verbindung wird von den meisten Kreditrisikomodellen als unabhängig behandelt:

Modell	Berechnung der RR	Korrelation zwischen RR u. DP
Merton (1974)	Endogene Variable	RR und PD sind negativ miteinander korreliert
CreditMetrics	Stochastische Variable	RR und PD sind unabhängig voneinander
CreditRisk⁺	Stochastische Variable	RR und PD sind unabhängig voneinander
KMV (Credit Manager)	Konstant	RR und PD sind unabhängig voneinander
CreditPortfolioView	Stochastische Variable	RR und PD sind unabhängig voneinander

Tabelle 11: Zusammenhang zwischen Rückgewinnungsquote (RR) und Ausfallrate (DR) in Kreditrisikomodellen[254]

In der Literatur werden als Einflussfaktoren der Rückgewinnungsrate weitere Zusammenhänge mit folgenden Faktoren diskutiert:

- Ursprüngliches Rating der Forderung oder Rating vor dem Ausfall
- Gesamtvolumen der Anleihe
- Zeit zwischen Emission und Ausfall
- Struktur der Rangklassen
- Kosten des Konkurses
- Variablen, die die Ursachen des Ausfalls beinhalten[255]

Unsicherheit bezüglich der Höhe der Rückgewinnungsquote ergibt sich auch aus dem Prozess des Distressed Debt Investing:

- **Unternehmenswert und Abweichung von der Absolute Priority Rule**
  Die Rückgewinnungsquote orientiert sich am Wert des Unternehmens bzw. an dessen Vermögen. Dabei kann es im Rahmen eines Chapter 11-Verfahrens bei der Erstellung eines Reorganisationsplans zu unterschiedlichen Wertvorstellungen kommen. Vor allem schlecht besicherte Gläubiger oder Aktionäre haben ein großes Interesse daran, einen hohen Unternehmenswert festzulegen, damit ihre Klasse (ausreichend) berücksichtigt wird.[256] Umgekehrt erhoffen sich gut besicherte Gläubiger, durch einen nied-

254 Vgl. Altman/Resti/Sironi (2004), S. 199f.

255 Vgl. Altman/Kishore (1999); Varma/Cantor/Hamilton (2003); Altman/Fanjul (2004); Covitz/Han (2004) sowie für eine ausführliche Behandlung von Ansätzen siehe Altman/Resti/Sironi (2004); Schuermann (2004).

256 Zu den einzelnen Zielsetzungen der Interessensgruppen im Bewertungsprozess siehe auch Moyer (2004), S. 337f.

rigeren Wert einen erhöhten Anteil zu erhalten und so die nachrangigen Klassen zu verdrängen.[257] Weiterhin existiert wie bereits erwähnt das Bestreben von unteren Rangstufen, eine Abweichung von der Absolute Priority Rule herbeizuführen. Auch im Rahmen von außergerichtlichen Veräußerungen stellen unterschiedliche Bewertungsvorstellungen des Verkäufers ein Risiko dar.

- **Festlegung der Anspruchshöhe**
  Ist die Höhe der Ansprüche anderer Gläubiger gegen den Schuldner nicht verifizierbar, kann der Investor seine Rückgewinnungsquote auf Grund des angenommenen Unternehmenswertes entsprechend seiner Rangklasse und Sicherheit nicht bestimmen. Im Rahmen des Konkurses gilt das solange, bis alle Ansprüche in ihrer Höhe oder ihrer Besicherung bekannt und durch das Gericht bestätigt wurden. In außergerichtlichen Verfahren muss sich der Investor auf die eigenen Informationen verlassen. Dieses Risiko betrifft besonders Verbindlichkeiten, die in der gleichen oder einer höheren Rangklasse sind. Ein solcher Faktor kann sich im Konkurs aber auch positiv auswirken, wenn Gläubiger ihre Forderungen mehrfach oder unbegründet angemeldet haben.

- **"J"-Faktor**[258]
  Der "J"-Faktor bezieht sich auf das Insolvenzverfahren, bei dem die Entscheidungen des Richters sowohl den zeitlichen Ablauf als auch die Verteilungen im Rahmen des Reorganisationsplans beeinflussen können.[259] "J" steht dabei für das englische Wort Judge (Richter). Der Richter hat besonderen Einfluss bei der Annahme eines Reorganisationsplans und kann auch das Stimmrecht einzelner Ansprüche ablehnen.[260] Auch wenn Investoren schon bei der Analyse der Investition die Haltung des Richters aus vorherigen Verfahren mit einbeziehen, bleibt die endgültige Entscheidung ungewiss.

---

257 Gilson (1995), S. 19ff, führt folgendes Beispiel an: Es existieren zwei Fremdkapitalklassen in Höhe von 300 mit besicherten (200) und unbesicherten (100) Forderungen. Der Unternehmenswert beträgt 260. In der Annahme, dass auch im Plan die 260 als Unternehmenswert maßgeblich sind, erhalten nach der Absolute Priority Rule die besicherten Gläubiger 200, die unbesicherten erhalten 60 und die Aktionäre gehen leer aus. Daher sind die unteren Interessensgruppen an der Bestimmung eines höheren Unternehmenswertes im Plan interessiert. Fällt der Wert im Plan beispielsweise auf 180, werden die besicherten Gläubiger mit neuen Forderungen, Eigenkapital sowie ggf. Bargeld bedient. Da der Wert des Unternehmens 260 beträgt fällt dieser Gruppe somit ein zusätzlicher Gewinn von 80 zu. S. hierzu auch die Ausführungen von Gilson/Hotchkiss/Ruback (1998). Sie zeigen, dass Abweichungen vom Marktwert des Unternehmens neben anderen Faktoren im wesentlichen von der Verhandlungsmacht einzelner Gläubigergruppen abhängen.

258 Vgl. Deibert/Schellenberger (1998), S. 435.

259 Es werden Zusammenhänge zwischen Zeit der Restrukturierung, Verletzung der Absolute Priority Rule und Kosten des Verfahrens gesehen. Vgl. Bris/Welch/Zhu (2004), S. 29.

260 Vgl. Betker (1995), S. 168; Gilson (1995), S. 15; Terhart (1996), S. 129.

- **Transfer- bzw. Transaktionsrisiken**
  Bei der Übertragung von Distressed Debt bei nicht verbrieften Forderungen wie Krediten können Fehler unterlaufen, die den juristisch korrekten Forderungsübergang verhindern. Im US Bankruptcy Code müssen zudem bestimmte Bedingungen erfüllt sein, wie z.B. die ordnungsgemäße Meldung der Transaktion beim Insolvenzgericht.[261] Auch treten Risiken auf, die an die Forderung gekoppelt sind (Anspruchsverbindlichkeiten), etwa Forderungen für die Beseitigung von Umweltschäden auf einem Grundstück im Zusammenhang mit dem Erwerb von grundpfandrechtlich besicherten Verbindlichkeiten.

- **Liquidationsrisiko**[262]
  Scheitert die Annahme eines Reorganisationsplans bzw. besteht keine Möglichkeit der Unternehmensfortführung, erfolgt eine Auflösung bzw. Liquidation des Unternehmens.[263] Wie in Abschnitt 2.1.5.4 (Bewertung) erwähnt, liegt der erreichte Wert meist weit unter dem Unternehmenswert bei Fortführung und hat damit in Abhängigkeit von der Besicherung der Ansprüche einen wesentlichen Einfluss auf die Rückgewinnungsquote.

Die Risikobetrachtung hat gezeigt, dass eine Reihe von Einflussfaktoren auf den Exiterlös sowie die Investitionsdauer wirken können. Während der Kaufpreis bekannt ist, stellen diese Determinanten der Rendite eine ex ante Unsicherheit für den Investor dar, und je nach Status der Forderung muss auch die Ausfallwahrscheinlichkeit berücksichtigt werden.[264] Für die Risikoübernahme erhält er, wie in Abbildung 8 gezeigt wurde, aber auch die Chance einer überdurchschnittlichen Rendite. Auf die Wertentwicklung von Distressed Debt wird im nächsten Abschnitt eingegangen.

---

261 Die Übertragung von Ansprüchen im Rahmen des Chapter 11-Verfahrens wird durch den Paragraph 3001 (e) geregelt. Zur ausführlichen Behandlung dieser Regelungen siehe auch Gilson (1995), S. 14f.

262 Das Liquidationsrisiko ist sehr eng verbunden mit den unternehmerischen Risiken. Vgl. Anson (2002), S. 16.

263 Gut besicherte Gläubiger bevorzugen eher eine Liquidation, solange sich ihre Sicherheit auf verwertbare Vermögensgegenstände und nicht auf Eigenkapitaltitel des operativen Unternehmens beziehen. Vgl. Chu (1992), S. 55.

264 Weitere Risiken wie z.B. das Veräußerungsrisiko der Schuldtitel durch die Illiquidität des Marktes, nehmen Bezug auf Marktunvollkommenheiten und werden in Abschnitt 2.2.4 näher erläutert.

2.2.2 Wertentwicklung von Distressed Debt[265]

Sehr guten Distressed-Debt-Investoren wird eine konstante Rendite zwischen 20% und 25% zugesprochen.[266] Die Besonderheit ist, dass dies unabhängig von der Entwicklung anderer Märkte und über einen längeren Zeitraum erfolgen soll. Eine solche Grundhaltung zeigt sich auch in einer Umfrage von Investoren, die überwiegend eine Minimalrendite von 20-25% und eine Zielrendite von ca. 25-30% anstreben:[267]

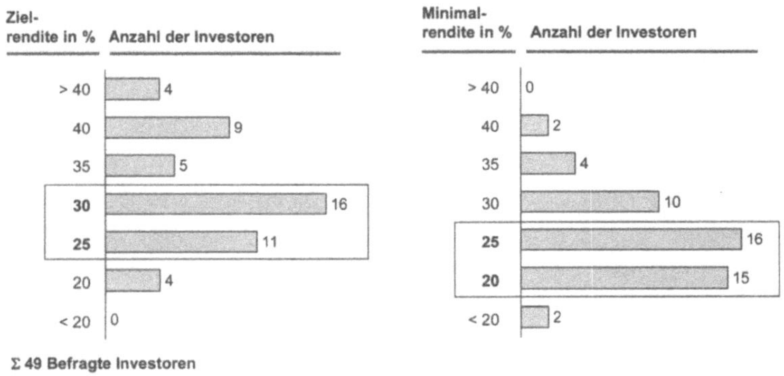

Abbildung 10: Ziel- und Minimalrenditeanforderungen im Distressed Debt Investing[268]

Zur genaueren Analyse dieser Performancewerte bietet sich eine Untersuchung der Wertentwicklung bzw. Rendite von Distressed Debt in der Vergangenheit an. Die Entwicklung wurde historisch vor allem vom Altman-NYU Salomon Center Defaulted Bond Index (A-NYU Bond Index) verfolgt.[269]

2.2.2.1 A-NYU Index [270]

Der von Altman im Jahr 1990 begründete A-NYU Bond Index misst und überwacht die Rendite von ausgefallenen Anleihen. Zum Jahresende 2003 waren 124 Emissionen von 63 Firmen mit einen Nominalwert von 44,2 Mrd. USD und einem Marktwert von 21,1 Mrd. USD im

[265] Unter Wertentwicklung wird in diesem Zusammenhang die Rendite der Anlage verstanden (Wertentwicklung in % = (aktueller Preis – Kaufpreis) / Kaufpreis x 100. Dabei ist die jeweilige Anlagedauer zu berücksichtigen.

[266] Vgl. Braunschweig (2002), S. 10; Kestler/Striegel/Jesch (2005), S. 418.

[267] S. hierzu auch die Untersuchung von Cadwalader Wickersham & Taft LLP (2004). 44% der Investoren gaben für 2004 eine Zielrendite von 10% bis 15% an und 22% der Investoren hatte Zielvorstellungen von 16% bis 20%. Eine Zielrendite von 21% bis 30% wurde von 14% der befragten Investoren angestrebt.

[268] Eigene Darstellung in Anlehnung an Altman (1999), S. 57.

[269] Andere Indizes sind z.B. der Moody's Bankrupt Bond Index oder High-Yield Indizes der Citigroup (ehemals Lehman Brothers) oder der Credit Suisse First Boston. Vgl. Liebler/Schiereck/Schmid (2004), S. 653.

[270] Vgl. Altman/Kumar (2004), S. 5ff. Der Index wird monatlich vom NYU Salomon Center der Leonard N. Stern School of Business aktualisiert und veröffentlicht.

Index. Davon ausgegliedert ist der Markt für Bankkredite, dessen Entwicklung seit 1996 im Altman-NYU Salomon Center Index of Defaulted Bank Loans (A-NYU Loan Index) beobachtet wird.[271] Die verwendeten Daten des Index beziehen sich auf den Zeitraum zwischen Ausfall der Anleihe bis zum Zeitpunkt, zu dem das Unternehmen entweder aus der Insolvenz entlassen, liquidiert, oder der Ausfall anderweitig geheilt wird.[272] Sub-Performing-Forderungen, Wandelschuldverschreibungen oder internationale Unternehmensanleihen werden nicht berücksichtigt. Auf Grund der Bedeutung von Rangklassen sind alle Klassen vertreten. Analysiert man die Entwicklung des A-NYU Bond Index im Vergleich zum S&P 500 Stock Index, stellt man jedoch fest, dass die Wertentwicklung des Defaulted Bond Index lediglich in 9 von 17 Jahren über der des Aktienindex liegt und in der Gesamtbetrachtung mit 7,42% eine sehr viel geringere Jahresrendite bei höherer Volatilität aufweist.

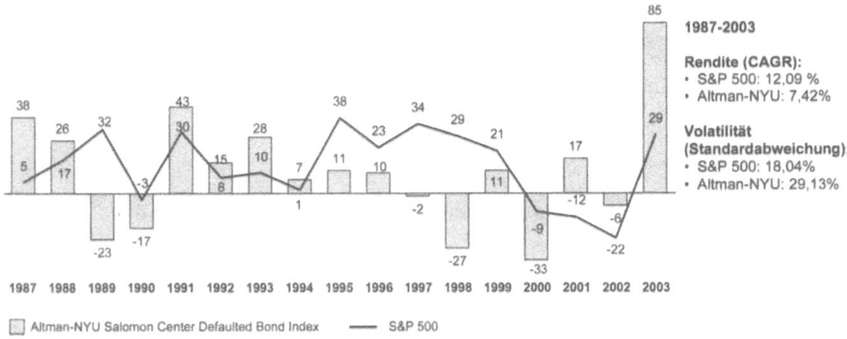

Abbildung 11: Vergleichende Analyse der Renditen des A-NYU Bond Index und des S&P 500[273]

Auch der Bank Loan Index zeigt im Betrachtungszeitraum von 1996 bis 2003 eine geringere Rendite als der S&P 500.[274] Anhand dieser beiden Indizes kann die angedeutete Performance der Investoren von über zwanzig Prozent zumindest für Non-Performing Debt nur in einzelnen Jahren erklärt werden. Zur Erläuterung der stetigen Renditeerreichung ist die bewusste Auswahl zu berücksichtigen.[275] Hierzu gehört neben der Auswahl des Unternehmens auch die Auswahl des Investitionszeitpunktes.

271 Der Index bestand per 31.12.2003 aus 76 Einträgen von 43 Schuldnern, welche ein Nominalvolumen von 39 Mrd. USD und ein Marktwert von 23,9 Mrd. USD hatten. Vgl. Altman/Kumar (2004), S. 6.

272 Z.B. durch erfolgreiche Restrukturierung außerhalb des Insolvenzrechts oder durch einen Debt Exchange, bei dem alte Verbindlichkeiten gegen neue Wertpapiere umgetauscht werden. Die Aufnahme oder der Ausschluss aus dem Index erfolgt jeweils zum Monatsende.

273 Eigene Darstellung in Anlehnung an Altman/Kumar (2004), Abbildung Nr. 4.

274 Jährliche Rendite von durchschnittlich 6,33% im Vergleich zu 10,91% des S&P 500. Vgl. Altman/Kumar (2004), Figure 6.

275 Vgl. Fridson/Garman/Okashima (2000), S. 7. Siehe auch Abschnitt 2.1.5.3 ("Deal Flow" und Auswahl).

2.2.2.2 Einfluss der bewussten Auswahl bei der Renditemessung

Im A-NYU Bond Index wird nur die Gesamtperiode nach dem Ausfall betrachtet und Aspekte der bewussten Auswahl nicht abgebildet. Eine Studie von *Hradsky/Long* zeigt jedoch, dass eine Investition in den Monaten 6-24 nach dem Ausfall eine höhere Rendite verspricht als direkt danach.[276] Aus der Betrachtung der Wertentwicklung einzelner Monate nach dem Ausfall ergeben sich folglich wesentliche Unterschiede. Während die Investition direkt nach dem Ausfall in Anlehnung an den Index in der Studie eine Rendite von 7,5% erzeugt, resultiert die Berücksichtigung des Investitionszeitpunktes (6-24 Monate nach Ausfall) in einer Rendite von 16%.

Dieser Aspekt wurde von *Altman* aufgegriffen und um das Element der Unternehmensauswahl verfeinert.[277] Er unterscheidet zwischen sieben Strategien, die eine Kombination aus Zeitpunkt und Unternehmensauswahl darstellen und neben Non-Performing- auch Sub-Performing Debt berücksichtigt. *Altman* benutzt zur Identifikation von Sub-Performing Bonds den Ansatz der um 10% höheren Rendite im Vergleich zu einer mittelfristigen US-Staatsanleihe. Für das Auswahlkriterium der Unternehmen wird hier das ZETA-Modell angewendet. Folgende Strategien werden unterschieden:

1. Investition in alle Distressed-Debt-Titel (Sub-Performing und Non-Performing)
2. Investition in alle Sub-Performing-Titel
3. Investition in alle Distressed-Debt-Titel sechs Monate nach Ausfall
4. Investition in alle Distressed Debt-Titel mit einem positiven Wertzuwachs nach den ersten sechs Monaten
5. Investition in Distressed-Debt-Titel mit einem positiven ZETA-Wert
6. Investition in Distressed-Debt-Titel mit einem ZETA-Wert von > -1
7. Investition in Distressed-Debt-Titel mit einem ZETA-Wert von > -2

Die Studie zeigt für eine Investition in alle Distressed-Debt-Titel ohne Selektionskriterium, wie sie in Strategie 1 verfolgt wurde, eine sehr schlechte Wertentwicklung. Im Verhältnis zu dem gewählten Vergleichsindex[278] wird eine um 18,1% schlechtere Rendite erzielt. Dieser Effekt geht im Wesentlichen darauf zurück, dass 178 (57,4%) der insgesamt 310 betrachteten Titel ausgefallen sind. Bei Eliminierung dieses Effekts durch die Wahl der Strategie 2 (Investition in 132 nicht ausgefallene Titel), zeigt sich nach 36 Monaten eine Performance von 26,8% gegenüber dem Vergleichsindex. Das entspricht einem Gewinn von 90,3% bzw. einer jährlichen Rendite von 24%.

---

276 Die Studie betrachtet einen Zeitraum von zwei Jahren vor dem Ausfall bis zwei Jahre nach dem Ausfall Vgl. Hradsky/Long (1989).

277 Vgl. Altman (1999), S. 63ff.

278 Blume-Keim Index von 1978-1988 und der Durchschnitt der Merrill Lynch und Salomon Brothers High-Yield Indizes für 1989.

Während die Auswahl und erzielte Rendite der Strategie 2 im Rahmen einer Ex-Post Analyse realisiert wurde, modelliert *Altman* mit dem ZETA-Modell die Ausfallwahrscheinlichkeit und nähert sich – durch bewusste Negativauswahl von hohen Wahrscheinlichkeiten – der Rendite der Strategie 2 an. So erreicht er im Rahmen von Strategie 5, welche nur Unternehmensanleihen mit einem positiven ZETA-Wert beinhaltet, einen Gewinn von 79,1% nach 36 Monaten, was einer Rendite von ca. 21% p.a. entspricht. Die Übersicht zeigt den Gewinn der Strategien nach 6 und 36 Monaten:

	Anzahl der Titel zu Beginn der Studie	Gewinn nach 6 Monaten in %	Gewinn nach 32 Monaten in %
• Strategie 1	310	-7,2	35,2
• **Strategie 2**	**132**	**7,1**	**90,3**
• Strategie 3	251	6,0	35,4
• Strategie 4	96	5,5	33,9
• **Strategie 5**	**10**	**15,4**	**79,1**
• Strategie 6	31	17,6	72,9
• Strategie 7	46	2,0	52,2

Tabelle 12: Gewinn in Abhängigkeit von Auswahlstrategie und Zeithorizont[279]

Die Untersuchungen verdeutlichen, dass die gezielte Selektion zu einer enormen Ertragssteigerung und einer Rendite von über 20% p.a. führen kann. Bei Investoren in Distressed Debt kommt dieser Prozess durch die Anwendung von Auswahlkriterien zum Ausdruck. Die Selektion drückt sich auch im Vergleich der Jahresrenditen von Distressed (Hedge) Fonds aus, die im Zeitraum von 1996-2004 eine durchschnittliche jährliche Rendite von 14,32% erwirtschafteten und die Perfomance des S&P 500 überbieten konnten.[280]

In der Praxis wird als weiterer wesentlicher Aspekt der Rendite die Abhängigkeit vom Distressed-Debt-Angebot gesehen. Geringes Angebot wird hier mit hohen Kaufpreisen in Verbindung gebracht. Das Angebot weist dabei eine negative Korrelation zur konjunkturellen Entwicklung einer Volkswirtschaft auf und besitzt dadurch erheblichen Einfluss auf Preis und Auswahl der Investitionsmöglichkeiten.[281] Während in der Phase vor Mitte der neunziger

279 Eigene Darstellung in Anlehnung an Altman (1999), S. 64f.

280 Der HEDG Distressed Index weist auch das beste Risiko-Rendite Profil auf. In der Betrachtung waren der Altman Loan Index, der S&P 500, der MSCI World Index sowie der Citigroup High-Yield Bond Index. Vgl. Schalast/Daynes (2005), S. 13.

281 Ein hohes Distressed-Debt-Volumen wird weiterhin in Verbindung mit einem vorausgegangenen hohen Emissionsvolumen von Anleihen niedriger Qualität gesehen. Vgl. Chillemi (2005), S. 3f.

Jahre Renditen von ca. 30% üblich waren, lagen diese Ende der neunziger Jahre eher zwischen 10-20%.[282]

Die Rendite des Distressed Debt Investing kann folglich nicht mittels eines Indixes abgelesen werden. Der Einfluss von Strategie und Angebot stellt einen wesentlichen Hebel für außerordentliche Gewinne dar. Angebot und Rendite gelten dabei als antizyklisch zu der Gesamtstärke einer Volkswirtschaft.[283]

2.2.3 Korrelation mit anderen Anlageklassen

Ein Grund, weshalb Investoren Kapital für die Investition in Distressed Debt zur Verfügung gestellt wird, ist die geringe Korrelation mit anderen Anlageklassen verbunden mit einer hohen Rendite.[284] Die geringe Korrelation erklärt sich durch die Spezifität der Anlage, bei der die Entwicklung weniger von allgemeinen Markttrends und eher von der spezifischen Unternehmenssituation abhängt. Weil die Volatilität im Portfolio auf Grund der geringen Korrelation nahezu unverändert bleibt, kann ein Kapitalgeber das Rendite-Risiko-Profil in seinem Portfolio erheblich verbessern. Das veranschaulichen der Altman-NYU Bond Index sowie der Loan Index im Vergleich zum S&P 500 und Citigroup High-Yield Bond Index:[285]

	Altman-NYU Loan Index	S&P 500 Stock Index	Citigroup High Yield Index	Altman-NYU Bond Index
• Altman-NYU Loan Index	100%	**-2,52%**	46,22%	61,02%
• S&P 500 Stock Index		100%	50,3%	**23,12%**
• Citigroup High Yield Index			100%	64,49%
• Altman-NYU Bond Index				100%

Tabelle 13: Korrelation der Altman-NYU-Indizes mit anderen Indizes auf Basis der monatlichen Gewinne (1996-2003)[286]

Die Wertentwicklung der Distressed-Debt-Indizes hängt nur in geringem Maße von der Entwicklung am Aktienmarkt (S&P 500) mit Korrelationen von -2,52% (Loan Index) und 23,12% (Bond Index) ab. Die Korrelation mit High-Yield Bonds ist verständlicherweise mit

282 Pacific Corporate Group LLC (2001), S. 1. Ähnliche Performancestrukturen in Abhängigkeit vom Angebot zeigen sich auch bei den Private Equity Fonds. Vgl. Kestler/Striegel/Jesch (2005), S. 418. Bezüglich weiterer Einflussfaktoren wie Zeit und Kosten s. Abschnitt 2.2.1.

283 Vgl. Liebler/Schiereck/Schmid (2004), S. 651 und die dort angegebene Literatur.

284 Dies basiert auf der Portfoliotheorie nach Markowitz. Durch die Hinzunahme von Distressed Debt mit einer geringen Korrelation erfolgt eine Effizienzverbesserung des Portfolios. Vgl. Markowitz (1952).

285 Ehemals Salomon Smith Barney High-Yield Index.

286 Vgl. Altman/Kumar (2004), Figure 8.

46,22% und 64,49% entsprechend höher.[287] Es wird daher geschätzt, dass bei Hinzunahme von Distressed Debt in Höhe von 1-2 Prozent des Portfoliowertes die Rendite um 10-20 Basispunkte erhöht werden kann, während die Volatilität nahezu unverändert bleibt.[288] Große amerikanische Pensionsfonds weisen daher einen Teil der Investments dem Segment des Distressed Debt zu.[289] Per Ende September 2003 waren insgesamt bereits 134 Mrd. USD in der Klasse von alternativen Anlagen in den USA, deren Großteil in Distressed Debt und Equity entweder direkt oder über Hedge Fonds, Private Equity oder Venture-Capital-Gesellschaften angelegt werden.[290]

2.2.4 Marktunvollkommenheit

Renditestarke Investments werden mit unvollkommenen Märkten in Verbindung gebracht. Die Marktunvollkommenheit des Marktes für Distressed Debt wird meist in Zusammenhang mit einer Intransparenz, mit Informationsasymmetrien und einer Illiquidität des Marktes erwähnt: [291]

- **Intransparenz**

  Die Marktintransparenz bezieht sich sowohl auf den Markt an sich als auch auf die Marktteilnehmer (Investoren/Verkäufer). Investoren sind wegen der Free-Rider-Problematik und der benötigten Vorsicht beim Erwerb von Distressed Debt nicht an einer Transparenz ihrer Aktivitäten interessiert. Aber auch aktuelle Gläubiger sind kaum bekannt, weshalb sich für den Investor mit Kenntnis von Gläubigern ein strategischer Vorteil ergibt. Bei größeren Engagements kann auch auf die Unterstützung von Händlern zurückgegriffen werden. Handelt es sich um Bankkredite, erhöht sich die Intransparenz, weil sie nicht öffentlich, sondern auf Grund der Vertraulichkeitserklärungen in bilateralen Transaktionen gehandelt werden. Es gibt auch meist keine öffentlichen Marktpreise, die als Anhaltspunkt für die Bewertung dienen können. Die Intransparenz erstreckt sich darüber hinaus auf die Identifikation von Krisenunternehmen, soweit diese nicht öffentlich gelistet sind.

---

287 Die Korrelation des Loan Index bleibt gegenüber dem High-Yield Index unter der signifikanten Abhängigkeit von 0,5 und zeigt auch, in der von *Altman* in 2004 durchgeführten Analyse, gegenüber zehnjährigen Staatsanleihen eine Korrelation von -19,64%. Vgl. Schalast/Daynes (2005), S. 12.

288 Vgl. Buehler/D'Silva/Wang (2003), S. 23.

289 Vgl. Braunschweig (2002), S. 10; Evans (2002a), S. 136f; Mosers (2004), S 1. S. auch Abschnitt 2.1.5.2.

290 Vgl. Jacobius (2004), S. 41. Die Analyse der Kapitalgeber von Hedge Fonds zeigt, dass ca. 14% des Kapitals von Pensionsfonds zur Verfügung gestellt wird, 20% von Dachfonds, Banken und Versicherungen, 53% von wohlhabenden Privatpersonen und 13% durch sonstige Kapitalgeber. Vgl. Schalast/Daynes (2005), S. 10f.

291 Vgl. Gilson (1995), S. 20ff; Altman (1999), S. 49ff.

- **Informationsasymmetrie**
  Die bestehende Informationsasymmetrie zwischen Gläubiger und Unternehmen (z.B. Wissen über Unternehmenswert, zukünftige Entwicklung etc.) vergrößert sich in der Krisensituation durch die restriktive Informationspolitik. Detaillierte Informationen, z.B. bzgl. des Reorganisationsplans, werden nur im Rahmen des Gläubigerkomitees erlangt. Insofern sind Verfügbarkeit und Kenntnis von Informationen von entscheidender Bedeutung, weil sie erheblichen Einfluss auf den Preis ausüben können.[292] So kann die Informationsasymmetrie im Rahmen einer Exchange Offer auch dazu führen, dass diese von den Gläubigern trotz ihrer Vorteilhaftigkeit gegenüber einem Chapter 11-Verfahren abgelehnt wird.[293]

- **Illiquidität**
  Die Illiquidität des Marktes kann den Erwerb einer Blocking Position für einen aktiven Investor unmöglich machen, oder es besteht die Gefahr, dass bereits durch vereinzelte Käufe der Preis in die Höhe getrieben wird.[294] Die Illiquidität gefährdet auch die Rendite des Investors, weil er zur Realisierung seines Gewinns einen Exitkanal benötigt. Auf Grund mangelnden Interesses an der Verbindlichkeit oder verursacht durch die Intransparenz des Marktes (geringe Marktfähigkeit) in Abhängigkeit vom Stadium der Forderung und der gewählten Exitstrategie kann es sehr schwierig sein, einen Käufer zu finden. Der Investor muss also im Vergleich zu liquiden Aktienmärkten mit einer längeren Haltedauer oder einem geringeren Preis auf Grund der Iliquidität rechnen.

Die Aussagen zur Marktunvollkommenheit gelten im Wesentlichen für die nicht-börslichen Sekundärmärkte des Distressed Debt Investing, auf denen vorrangig Bankkredite gehandelt werden.[295]

---

292 Vgl. Feder/Lagrange (2002), S. 40. Das Chapter 11-Verfahren sieht zwar die Informationsbereitstellung für Gläubiger vor, bezieht dies aber überwiegend auf finanzielle Daten. Vgl. Eberhart/Moore/Roenfeldt (1990), S. 1459.

293 Verschiedene Situationen werden zugrunde gelegt. Zum einen will der Schuldner den Gläubiger von der Solvenz des Unternehmens überzeugen, zum anderen von der Insolvenz. Diese wird in Abhängigkeit von Reorganisationskosten und Höhe der Schulden untersucht. Vgl. Giammarina (1989), S. 40f; Chen (2003), S. 2f.

294 Moyer spricht hier von einer relativen Illiquidität, welche die Relation von ausstehendem Marktvolumen und Angebot sowie von Marktvolumen und der Spanne zwischen Kauf und Verkaufspreis ausdrückt. Das Liquiditätsproblem beim Kauf der Ansprüche (insbesondere Bankkrediten) führt dazu, dass das Ziel nicht notwendigerweise sein muss das Papier an dem Zeitpunkt des niedrigsten Wertes zu kaufen, sondern eine Forderung zu erwerben, die weniger kostet als sie wert ist. Vgl. Moyer (2004), S. 72 u. S. 241 u. S. 296f.

295 So spricht Altman bzgl. Ineffizienz vom privaten Handel mit Distressed Debt, wobei Bloomenthal aber auch schon auf die zunehmende Effizienz des Zweitmarktes für Bankkredite hinweist. Vgl. Bloomenthal (1996), S. 80 u. S. 86; Altman (1999), S. 49. Händler im Bereich des Zweitmarktes für Anleihen in den USA sind die Banc of America Securities, Banc One Securities, Bear Stearns, CIBC, Credit Suisse First Boston, Deutsche Bank, Citigroup securities, Dresdner Kleinwort Wasserstein, Goldman Sachs, Jefferies, JP Morgan Chase, Merrill Lynch, Morgan Stanley, TD Securities, UBS Securities und Wachovia Securities zu nennen. Vgl. Moyer (2004), S. 399.

Bezüglich der Effizienz von ausgefallenen, öffentlich gehandelten Anleihen bzw. High-Yield Bonds wurden wesentliche Studien durchgeführt von:[296]

- *Altman und Eberhart (1994)* untersuchen 232 Anleihen von 91 Unternehmen zum Zeitpunkt des Ausfalls bzw. bei Beantragung des Konkursverfahrens unter Berücksichtigung der verschiedenen Rangklassen.

- *Eberhart und Sweeney (1992)* analysieren die Informationseffizienz des Marktes im Monat der Konkursbeantragung mit Schwerpunkt auf der Antizipation des Marktes bei einer Abweichung von der Absolute Priority Rule und anderen Einflussfaktoren bei der Bepreisung von Anleihen.

- *Ma und Weed (1986)* untersuchen die Bewertungseffizienz bei High-Yield Bonds. Sie fanden keine signifikanten Ergebnisse für eine ineffiziente Bewertung. Aus der höheren risikoadjustierten Rendite gegenüber anderen Anleihen folgerten sie vielmehr eine zu niedrige Bewertung bei der Ausgabe der Anleihen durch eine starke Zurückhaltung der Investoren.

Die Ergebnisse der drei Studien bestätigen in wesentlichen Teilen die Bewertungs- und Informationseffizienz des Marktes für die Kategorie der Non-Performing Bonds in den USA. Auf die Illiquidität des Marktes sowie seine Intransparenz wurde nicht gezielt eingegangen. Auch fehlt die gezielte Berücksichtigung von Sub-Performing Bonds.

Eine weitere Studie von *Altman*, *Gande* und *Saunders* untersucht die Informationseffizienz von Bankkrediten gegenüber Anleihen vor und während eines Ausfalls oder Konkurses. Sie kommt zu dem Ergebnis, dass der Sekundärmarkt für Kredite eine höhere Informationseffizienz aufweist als der Anleihemarkt, was auf den Informationsvorsprung der Gläubiger zurückgeführt wird.[297] Daraus können aber keine Aussagen zu der allgemeinen Markteffizienz und auch nicht zur Effizienz der Distressed-Debt-Märkte getroffen werden. Bezüglich der Illiquidität und der Intransparenz bleibt die Marktunvollkommenheit somit bestehen.

---

296 Vgl. Ma/Weed (1986), S. 36; Russel/Branch/Torbey (1999), S. 59.
297 Vgl. Altman/Gande/Saunders (2004), S. 23.

2.3 Marktstrukturen in USA und Deutschland

2.3.1 USA

2.3.1.1 Historische Entwicklung

Die Geschichte des Distressed Corporate Debt Investing beginnt in der Zeit der großen Depression 1929, als *Heine* die Diskrepanz zwischen dem Preis der Wertpapiere von Unternehmen im Konkursverfahren und dem Wert ihrer Wirtschaftsgüter ausnutzte. Die steigende Zahl von Insolvenzen lockte nach der Depression weitere Investoren an, die zunehmend auch aktive Strategien verfolgten.[298] Investitionsziele waren die Verbindlichkeiten von Eisenbahnunternehmen (70er Jahre), Immobilientrusts[299] (Mitte der 70er und 80er Jahre), Energie- und Stahlunternehmen (80er und 90er Jahre) sowie seit der Jahrtausendwende die Verbindlichkeiten von Telekommunikationsunternehmen.[300]

Wesentlichen Einfluss auf die Strategie der Investoren hatte die Überarbeitung des US Bankruptcy Code im Jahre 1987, die den Unternehmen die Durchführung eines Reorganisationsverfahrens erleichterte und einen höheren Anreiz bot, Unternehmen fortzuführen.[301] Damit nahm die aktive kontrollorientierte Investitionsstrategie zu, welche zwar mehr Engagement, aber auch höhere Erträge versprach. Dies wurde insoweit begünstigt, als die verstärkte Konkurrenz auf dem Markt zu einem Rückgang der Gewinne bei passiven Investments führte.[302] Einen weiteren Impuls für die Zunahme aktiver Strategien und Ausnutzung der Reorganisation gab die vermehrte Anwendung von Leveraged Buyouts (LBOs) in den 80er Jahren.[303] Hier wurden Unternehmenskäufe teilweise bis zu 60% durch die Ausgabe von "Junk Bonds" finanziert, die vom Unternehmen selbst ausgegeben wurden.[304] Junk Bonds im Rahmen von LBOs verfügten bereits zum Zeitpunkt der Emission über ein geringes Rating und eine hohe Verzinsung. In der Erwartung hoher Cash Flows sollte dann das Unternehmen die Kredite zurückzahlen. Im Jahr 1987 erschütterte ein Kurssturz die Aktienbörse und viele Unternehmen konnten die hohen Zahlungserwartungen in der folgenden Rezession nicht mehr erfüllen. Als Resultat kollabierte 1989 der Junk-Bond-Markt und es eröffnete sich ein breites Anlage-

298 Vgl. Rosenberg (2000), S. 7.

299 So genannte REITs: Real Estate Investment Trusts, die nach dem Einbruch des Immobilienmarktes im Jahr 1974 in eine Krise gerieten.

300 Vgl. Braham (2001), S. 108.

301 Einführung der Beibehaltung der Unternehmenskontrolle durch das Management und Erleichterung der Zustimmung der Gläubigerklassen (nicht mehr 100% in allen Klassen).

302 Rückgang der Renditen durch Rückgang der Unterbewertungen und somit Zunahme der Effizienz. Vgl. Rosenberg (2000), S. 14.

303 Vgl. Buehler/D'Silva/Wang (2003), S. 24; Fitzgerald (2003), S. 6; Keenan (2003), S. 94. Leveraged Buyouts hatten zwischen 1986 und 1989 ein aggregiertes Transaktionsvolumen in Höhe von 225 Mrd. USD. Vgl. Moyer (2004), S. 368.

304 Vgl. Hakim/Shimko (1995), S. 47.

feld für Distressed-Debt-Investoren.[305] Das besondere an diesen Unternehmen war, dass sie positive Cash Flows erwirtschafteten, aber die außerordentliche Zinslast der ausgegebenen Anleihen nicht mehr bedienen konnten. Es bedurfte daher keiner operativen, sondern lediglich einer bilanziellen Restrukturierung, in deren Verlauf Fremdkapital in Eigenkapital umgewandelt wurde. Die Zunahme von Distressed Debt und der Erfolg einiger Investoren führte zu einer leichteren Kapitalsuche und ermöglichte auch die Übernahmen einer Blocking Position bei größeren Unternehmen. So ereichten die Fonds bereits Volumina von einer Milliarde USD.[306] Nach diesem Boom Anfang der 90er Jahre entwickelte sich der Markt immer mehr zu einer organisierten Plattform, wovon vor allem der Bankenzweitmarkt profitierte. Während Anfang der 90er Jahre der Verkauf eines Kredites persönlich mit der Bank verhandelt werden musste, war Ende der 90er Jahre in den USA ein Kauf über spezielle Händler in Banken oder Brokerhäusern möglich.[307] Damit verbunden vergrößerte sich die Akzeptanz, dass sich Banken ihrer Sub- und Non-Performing Loans mit einem Discount entledigten, anstatt auf einen langwierigen Restrukturierungsprozess einzugehen. Gläubiger waren eher bereit, ihre Forderungen in Eigenkapital umzuwandeln und Prepacks durchzuführen. Die Unternehmen verbrachten dadurch eine kürzere Zeit im Chapter 11-Verfahren und konnten wieder schneller zur Normalität übergehen.[308]

Die Entwicklung wurde begleitet durch die Savings & Loan-Krise Anfang der 90er Jahre. Der Anstieg von Sparkasseninsolvenzen führte 1989 zur Insolvenz der Federal Savings and Loan Insurance Corporation (FSLIC), der Versicherung des Sparkassensektors. Als Reaktion wurde mit staatlicher Unterstützung die Resolution Trust Corporation (RTC) gegründet, um zukünftige Insolvenzen finanziell abzufangen und deren Vermögen abzuwickeln bzw. im Rahmen von Auktionen und Verbriefungen zu veräußern. Im Zeitraum von 1986-1995 wurden von beiden Gesellschaften insgesamt 1.043 Sparkasseninsolvenzen mit einem Vermögen von 519 Mrd. USD bearbeitet.[309] Dabei hat es sich nur zu einem Teil um den Verkauf von Distressed Debt gehandelt, weil lediglich die Banken in einer Krisensituation waren. Die Abarbeitung von Sub-Performing- und Non-Performing-Aktiva in Höhe von ca. 48 Mrd. USD wurde an private Banken oder Servicer übertragen. Weiterhin wurden überwiegend gewerbliche und private Immobilienkredite in Höhe von ca. 6,3 Mrd. USD im Rahmen von Joint Ventures und ca. 10 Mrd. USD im Rahmen von öffentlichen und privaten Auktionen veräußert.[310] Neben

305 Vgl. Rosenberg (2000), S. 16f. Weitere Gründe für die Phase von 1998-1991 liegen in der strikten monetären Politik des Staates zur Abwendung der Inflation, welche in hohe Zinsen mündete. Vgl. Moyer (2004), S. 15.

306 Vgl. Rosenberg (2000), S. 17.

307 Vgl. Altman/Kumar (2004), S. 10.

308 Vgl. Rosenberg (2000), S. 19.

309 Davon 296 Sparkassen mit einem Vermögen von 125 Mrd. USD im Rahmen der FSLIC und 747 Sparkassen mit einem Vermögen von 394 Mrd. USD im Rahmen des RTC. Vgl. Curry/Shibut (2000), S. 26ff.

310 Dazu gehören die N-Series, S-Series, SN-Series sowie die MIF-Series, welche als Treuhandfond (Trust) gestaltet wurden und verschiedene Ausprägungen hinsichtlich des Fondvolumens und der Zielgruppe hatten. Vgl. Federal Deposit Insurance Corporation (1998), S. 35 u. S. 450.

der zunehmenden Marktreife auf dem Bankenzweitmarkt für Distressed Debt hat sich in den 90er Jahren auch die Struktur der Krisenunternehmen gewandelt. Während Ende der 80er Jahren die bilanzielle Restrukturierung der LBOs ("good companies with bad balance sheets") im Vordergrund stand, nahm in den 90er Jahren der Anteil der "schlechten" Unternehmen zu, denen durch operative und bilanzielle Restrukturierung geholfen werden musste.[311] Da es zunächst galt, das Unternehmen operativ zu restrukturieren, wurde die Arbeit der Investoren riskanter und aufwändiger.[312]

Der letzte Höhepunkt des Distressed-Debt-Marktes 2002 beruhte auf einer offeneren Kreditpolitik Ende der 90er Jahre, in der viele Kredite an Non-Investment-Grade-Schuldner gegeben wurden. Zwischen 1997 und 1999 betrug die Emission von High-Yield Bonds jährlich über 100 Mrd. USD. Wegen des verlangsamten Wirtschaftswachstums 2001 konnten sie nicht mehr bedient werden und es kam zu einem erhöhten Ausfall der Anleihen.[313]

2.3.1.2 Derzeitige Marktgröße

Distressed-Debt-Marktvolumen

Das Angebot von Distressed Debt ist in starkem Maße abhängig von der Entwicklung der Unternehmen bzw. der konjunkturellen Lage einer Volkswirtschaft. Als Indikator in diesem Zusammenhang wird häufig die Anzahl von Unternehmensinsolvenzen verwendet. 2004 gab es in den USA 34.317 Unternehmensinsolvenzen, wobei ungefähr jede vierte Insolvenz nach einem Reorganisationsverfahren des Chapter 11 durchgeführt wurde. Der Großteil der Unternehmen wurde im Chapter 7 liquidiert. Die verbleibenden Unternehmen wurden im Chapter 12 (Insolvenzverfahren für landwirtschaftliche Betriebe) und im Chapter 13 (Insolvenzverfahren u.a. für Selbständige) abgewickelt.

---

311 Vgl. Keenan (2003), S. 94.
312 Vgl. Rosenberg (2000), S. 20.
313 Vgl. Pacific Corporate Group LLC (2001), S. 1. Der Höhepunkt war im Jahr 1999 mit 320 Mrd. USD Nominalvolumen neuer High-Yield-Bond nach ca. 145 Mrd. USD im Jahr 1989. Vgl. Buehler/D'Silva/Wang (2003), S. 22.

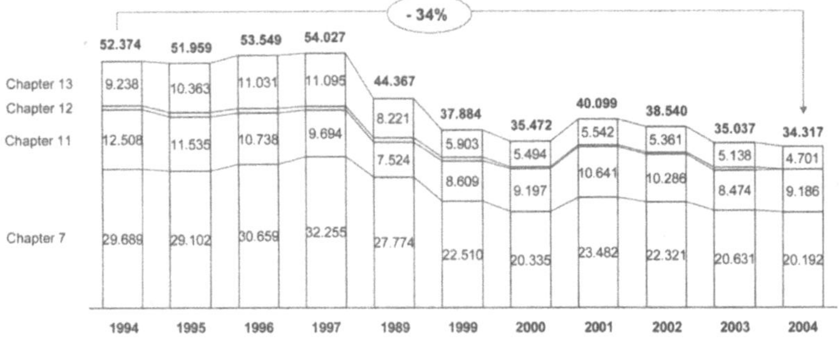

Abbildung 12: Entwicklung der Unternehmensinsolvenzen nach dem US-amerikanischen Konkursrecht[314]

Die Entwicklung der Unternehmensinsolvenzen ist sowohl insgesamt als auch im Chapter 11-Verfahren seit 2001 zurückgegangen. Da keine Angaben zu den Verbindlichkeiten der Unternehmen existieren, können keine Aussagen über die absolute Höhe der ausgefallenen Kredite oder Anleihen gemacht werden. Als Bestimmungsgröße dient daher die Analyse von *Altman.*[315] *Altman* unterscheidet zwischen Unternehmensanleihen (Distressed Corporate Bonds bzw. Public Debt) und Unternehmenskrediten (Distressed Corporate Loans bzw. Private Debt). Innerhalb dieser Klassen differenziert er zwischen "Non-Performing" (Default) und "Sub-Performing" (Distress):

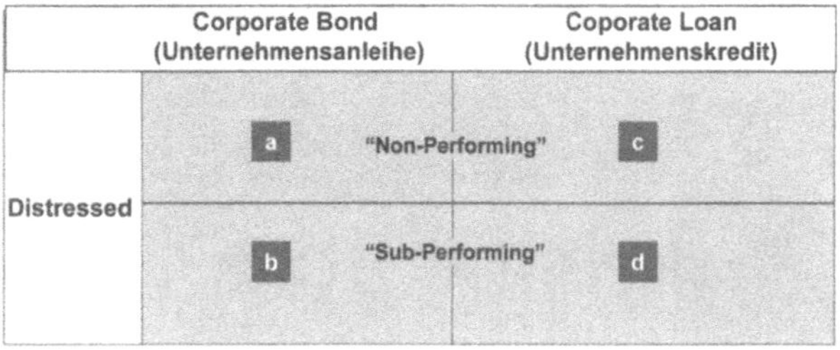

Abbildung 13: Vorgehensweise bei der Marktbetrachtung[316]

Das Marktvolumen soll anhand dieser Struktur analysiert werden. Daher werden zunächst die Unternehmensanleihen und anschließend die Unternehmenskredite betrachtet.

314 Eigene Darstellung auf Basis der Bankruptcy Statistics mit Kalenderjahresendwerten. Vgl. US Court (2005).

315 Vgl. im folgenden Altman/Bana (2003); Altman/Fanjul (2004); Altman/Kumar (2004); Altman (2005).

316 Eigene Darstellung.

a) Non-Performing Corporate Bonds

Im Jahr 2004 wurden Anleihen im Nominalvolumen von 11,7 Mrd. USD Non-Performing. Das ergab eine Ausfallrate am US-amerikanischen High-Yield-Bond-Markt von nur 1,2%. Im Vergleich fielen 2003 Emissionen mit einem Gesamtnominalvolumen von 38,5 Mrd. USD (Ausfallrate von 4,66%) und 2002 Anleihen im Volumen von 96 Mrd. USD (Ausfallrate von 12,8%) aus. Es zeigt sich ein deutlicher Rückgang der Ausfallrate unter dem gewichteten Durchschnittswert von 1978-2003 (5,38%), wobei für 2005 und 2006 wieder mit einem Anstieg gerechnet wird:

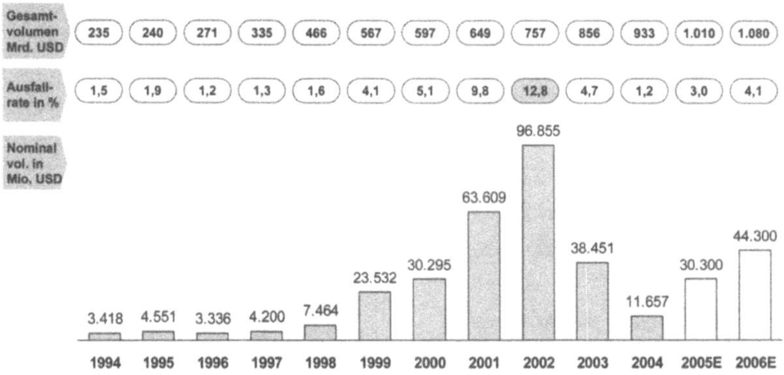

Abbildung 14: Ausfall von Unternehmensanleihen sowie Ausfallraten bezogen auf den High-Yield-Bond-Markt[317]

Im Vergleich zum Vorjahr reduzierte sich in 2004 auch die Zahl der "Fallen Angels" von 14 auf 2 Unternehmen. Der Begriff "Fallen Angels" bezeichnet Unternehmen, die vor dem Ausfall ein Rating von BBB- oder höher (Investment-Grade-Rating) besaßen.[318] Sie hatten öffentliche Anleihen in Höhe von 1,7 Mrd. USD (Vorjahr: 17,8 Mrd. USD) emittiert und waren nur noch für ca. 15% (Vorjahr: 46%) des Ausfallvolumens verantwortlich. Das besondere an dieser Gruppe ist ihre hohe Rückgewinnungsrate bei einem Ausfall.[319] Im Durchschnitt der Jahre von 1982-2004 lag diese bei 73% (67% in 2004), während sie für Senior-besicherte Forderungen der ausgefallenen Anleihen ca. 64% (54% in 2003) betrug. Trotz des geringeren Anteils von "Fallen Angels" ging die Rückgewinnungsquote nicht zurück, sondern erhöhte sich in allen Rangklassen gegenüber dem Vorjahr. Dieser Effekt kann im Zusammenhang mit der gesunkenen Ausfallrate gesehen werden.[320] Die kontinuierliche Abnahme des Ausfallvolumens seit 2003 und der Anstieg der Rückgewinnungs-

---

317 Eigene Darstellung in Anlehnung an Altman (2005), S. 3 u. S. 38.

318 Fallen Angels, welche ausgefallen sind, werden auch als "Dead Angels" bezeichnet. Vgl. Moyer (2004), S. 18.

319 Die Ausfallwahrscheinlichkeit von High-Yield Fallen Angels ist vergleichbar mit der von ursprünglich ausgegebenen High-Yield Bonds. Vgl. Altman/Fanjul (2004), S. 6.

320 Vgl. Altman et al. (2003), S. 23f; Altman (2005), S. 7. Siehe Abschnitt 2.2.1 für den Zusammenhang zwischen Ausfallwahrscheinlichkeit und Rückgewinnungsquote.

quote entspricht dem konjunkturellen Wachstum nach dem Ende der Rezession in 2001.[321] So fiel das Gesamtvolumen von Non-Performing Corporate Bonds gegenüber 2003 von 193,6 Mrd. USD um 41,6 Mrd. USD auf 152 Mrd. USD 2004. Dies entspricht einem Marktwert von 87,1 Mrd. USD.[322]

b) Sub-Performing Corporate Bonds

Zweiter Baustein des Distressed-Corporate-Bond-Marktes sind die Sub-Performing Bonds. Gegenüber dem Hoch des Jahres 2002 zeigt sich auch hier ein deutlicher Rückgang. Der Anteil dieser Kategorie am Gesamtvolumen der High-Yield Bonds hat von 21% 2002 auf 4% 2004 abgenommen und erreichte nur noch ein Nominalvolumen in Höhe von 36,6 Mrd. USD (2002: 204,7 Mrd. USD). Die Rückgewinnungsquote lag um 15% über der des Jahres 2002 bei 65%, so dass sich ein Marktwert von 23,8 Mrd. USD ergibt.

Der Markt für Distressed Corporate Bonds in Amerika besaß Ende 2004 somit ein Gesamtnominalvolumen in Höhe von 188,6 Mrd. USD (Vorjahr: 244,1 Mrd. USD) und einen Marktwert von 99,8 Mrd. USD (Vorjahr: 119,9 Mrd.).

c) Non-Performing Corporate Loans

Die Bestimmung der Volumina von Unternehmenskrediten ist auf Grund der beschränkten Informationsbasis sehr schwierig. Daher wird versucht, durch einen Faktor die Relation zwischen Anleihen und Krediten zu ermitteln. Als Ausgangspunkt werden die zuletzt verfügbaren Bilanzen ausgefallener Unternehmen analysiert und zum Anteil der addierten Verbindlichkeitsklassen ins Verhältnis gesetzt. Für 2004 ergibt sich aus einer Analyse von 150 Unternehmen der Faktor 2,2. D.h., ausgehend von den 152 Mrd. USD wird ein Nominalvolumen der Non-Performing Corporate Loans von 334,4 Mrd. USD (Vorjahr: 425,9 Mrd. USD) angenommen. Bei einer Rückgewinnungsquote von 0,7 resultiert dies in einem Marktwert von 234,1 Mrd. USD (Vorjahr 298,1 Mrd. USD).

d) Sub-Performing Corporate Loans

Entsprechend der Vorgehensweise bei den Non-Performing Loans wird die Berechnung der Sub-Performing-Unternehmenskredite mit einem Faktor auf das Anleihevolumen übertragen. Daraus resultiert ein Nominalvolumen in Höhe von 80,6 Mrd. USD (Vorjahr: 111,1 Mrd. USD), das bei einer Rückgewinnungsquote von 0,85% einem Marktwert von 68,5 Mrd. USD (Vorjahr: 94,4 Mrd. USD) entspricht.

321 Vgl. Altman (2005), S. 7.

322 Bewertet mit einer Rückgewinnungsquote von 45% über alle Rangklassen sowie bezogen auf das Gesamtvolumen ausgefallener Anleihen.

Für 2004 wurde für die USA ein Distressed-Corporate-Debt-Gesamtnominalvolumen in Höhe von 603,6 Mrd. USD ermittelt, ein Rückgang von ca. 178 Mrd. USD gegenüber dem Vorjahr. Bezogen auf Marktwerte beträgt die Differenz 110,1 Mrd. USD. Somit scheint das Distressed-Debt-Volumen in den USA rückläufig zu sein, wobei die Berechnungen für den Ausfall von Anleihen für 2005 und 2006 bereits wieder einen Anstieg prognostizieren.

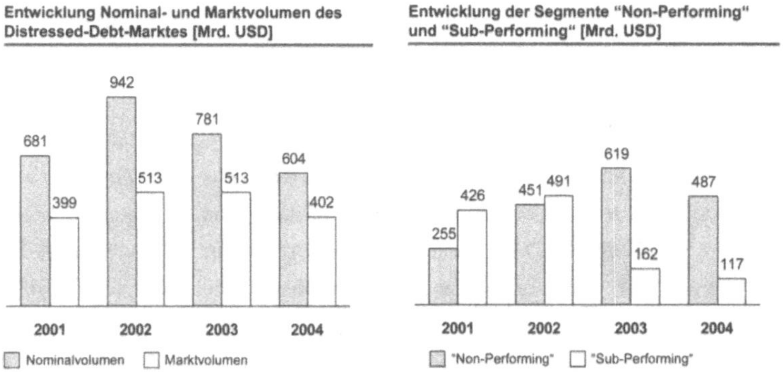

Abbildung 15: Entwicklung des US-amerikanischen Distressed-Corporate-Debt-Marktes 2001-2004[323]

Es fällt auf, dass das Volumen von Distressed Debt den Höhepunkt im Jahr 2002 bzw. das Segment der Non-Performing Loans in 2003 erreicht, während die Insolvenzen in diesen Jahren gegenüber 2001 zurückgegangen sind. Wenn von einem Zusammenhang dieser Größen ausgegangen wird, bedeutet dies, dass zwar weniger Unternehmensinsolvenzen, aber mit höheren Verbindlichkeiten stattgefunden haben. Dieser Trend zeigt sich in der Entwicklung der Unternehmen mit ausgefallenen Verbindlichkeiten von über 1 Mrd. USD:

Aktiva in USD	1996	1997	1998	1999	2000	2001	2002
> 10 Mrd.	-	-	-	-	-	5	7
5 - 10 Mrd.	-	-	1	-	4	3	3
2,5 - 5 Mrd.	-	1	0	4	5	9	10
1 - 2,5 Mrd.	3	3	3	16	13	27	14

Tabelle 14: Anzahl von Unternehmensinsolvenzen nach Höhe der Aktiva in den USA (1996-2002)[324]

Bekannte Beispiele hierfür sind z.B. WorldCom in 2002 mit 32 Mrd. USD Verbindlichkeiten,

323 Eigene Darstellung in Anlehnung an Altman/Bana (2003), Figure 28; Altman (2005), S. 9. Bezüglich der Werte für 2003 wurde der Faktor von 2004 in Höhe von 2,2 übernommen (Vorjahr 1,4). Dadurch erhöht sich der Anteil der Kreditverbindlichkeiten, welches insbesondere Einfluss auf den Marktwert in 2003 hat.

324 Eigene Darstellung in Anlehnung an Moyer (2004), S. 21.

Enron (keine Angaben zum Nominalvolumen) sowie Adelphia mit 18 Mrd. USD.[325]

Neben der Gesamtbetrachtung des US-amerikanischen Distressed-Debt-Marktes von *Altman* werden Bewertungen der Non-Performing Bonds z.B. von Standard & Poors und von Moody's durchgeführt. Erstere ermitteln eine, auf die Anzahl der ausgefallenen Emissionen bezogene, Default-Rate, während Moody's zusätzlich das ausstehende Nominalvolumen berechnet.[326]

Distressed-Debt-Handelsvolumen

Das berechnete Marktvolumen in den USA lässt keine Aussagen über den tatsächlichen Handel bzw. Angebot und Nachfrage auf dem Markt für Distressed Debt zu.[327] Für den Kreditzweitmarkt sind Angaben der Loan Pricing Corporation verfügbar. So wurden 2003 Distressed Loans in Höhe von 57 Mrd. USD gehandelt, was einen Anstieg in Höhe von ca. 10 Mrd. USD gegenüber dem Vorjahr bedeutet.[328] Dies entspricht einer Handelsquote von 10,6% des Marktvolumens.[329] Allerdings beinhalten die Handelsvolumina auch Mehrfachverkäufe und Interbankenhandel. Bei Unternehmensanleihen kann lediglich auf das Handelsvoluminen des gesamten Marktes zurückgegriffen werden. Es beträgt durchschnittlich ca. 23 Mrd. USD am Tag bei einem Gesamtvolumen von 4,9 Billionen USD.[330] Bei Übertragung dieser Relation auf den Distressed-Bond-Markt bedeutet es ein jährliches Handelsvolumen i.H.v. ca. 287 Mrd. USD Nominalvolumen bzw. einen Marktpreis von 187 Mrd. USD.[331]

Da die Handelsvolumina auch den Handel anderer Marktteilnehmer beinhalten, soll auf die Nachfrage der Distressed-Debt-Investoren als konstante Einheit eingegangen werden, die nur einen Teil des Marktvolumens abdeckt.[332] Die Aussagen zu den Volumina bewegen sich zwischen 20-45 Mrd. USD für das Jahr 2001 und bei 60-65 Mrd. USD für 2002.[333] So entsprach die Nachfrage nach Distressed Debt in den Jahren 2000-2002 ungefähr 1/10 des Marktvolumens.[334] Mit Blick auf 2003 und einem starken Rückgang des Distressed-Debt-Volumens hat sich dieses Verhältnis relativiert. Bei einem Markwert von ca. 512 Mrd. USD für 2003 wird die Nachfrage nun auf ca. 70-80 Mrd. USD geschätzt, was einem Verhältnis von Nachfrage

---

325 Vgl. Bary (2002), S. 21.

326 Moody's berechnet jedoch einen rollierenden 12 Monats Durchschnitt.

327 Das Marktvolumen bezeichnet das bestehende Volumen an Distressed Debt, während das Handelsvolumen auf den Kauf bzw. Verkauf von Distressed Debt abzielt (Transaktionsvolumen).

328 Vgl. Loan Pricing Corporation (2005). Es werden keine Angaben über die Art der Kredite gemacht. Auch geht aus der Aufstellung nicht hervor, welche Definition für die Einstufung in Distressed verwendet wurde, und ob es sich bei den gehandelten Beträgen um Nominalvolumina oder Marktpreise handelt.

329 Bezogen auf das Nominalvolumen der Sub- und Non-Performing Corporate Loans in 2003.

330 www.Bondmarkets.com (2005).

331 Ausgehend von 250 Handelstagen sowie der Marktpreiskorrelation von 2004.

332 Vgl. Altman/Bana (2003), S. 15.

333 Vgl. Bary (2002), S. 21; Altman et al. (2003), S. 10. Genaue Aussagen zu den Investitionsvolumina sind auf Grund der eingeschränkten Berichts- und Offenlegungspflichten der Investoren nicht möglich.

334 Basis für die Berechnung ist das Volumen von Distressed Debt. Vgl. Altman et al. (2003), S. 11.

und Angebot von ungefähr 1:7 entspricht.[335] Für 2004 wurde mit einem weiteren Rückgang auf ein Verhältnis von ungefähr 1:4 gerechnet.[336] Hierbei muss berücksichtigt werden, dass das Marktvolumen nicht gesamthaft den Distressed-Debt-Investoren zur Investition zur Verfügung steht, sondern auch von den Altgläubigern gehalten wird. Dadurch entsteht eine derzeit hohe Nachfrage nach Distressed Debt und erklärt das Bestreben US-amerikanischer Investoren, andere Distressed-Debt-Märkte insbesondere in Asien und Europa zu erschließen.

2.3.1.3 Marktteilnehmer

Im Gegensatz zur unüberschaubaren Anzahl der Verkäufer von Distressed Debt, nämlich sämtlichen Anleihe- und Kreditgläubigern, ist die Gruppe der Investoren beschränkt. Die Zahl der relevanten Käufer am amerikanischen Markt wird von Altman auf 124 beziffert. Hierin vereinen sich sowohl Einzelinvestoren, Hedge Fonds als auch auf Distressed Debt spezialisierte Fonds.[337] Ihre Investitionsvolumina zeigen ein sehr heterogenes Bild. So schreiben Buehler/D'Silva/Wang, dass 2000 die zehn größten Investoren für 61% des Nachfragevolumens verantwortlich waren.[338] Neben Oaktree Capital Management, Cerberus Partners und Angelo Gordon werden aber keine weiteren Namen genannt und keine Zuordnung von Volumina und Investoren vorgenommen. Für die betreuten Volumina gibt es auch von anderen Autoren nur selten Daten. Es wurde daher versucht, anhand verfügbarer Informationen aus der Literatur eine Übersicht über die wesentlichen Investoren und deren Größe zu erstellen.[339] Auf Grund der geringen Informationsbasis wurden teilweise auch ältere Daten verwendet. Es kann weiterhin nicht ausgeschlossen werden, dass in den angegeben Distressed-Debt-Volumina ein Teil für Eigenkapitalinvestitionen inbegriffen ist oder Investments außerhalb der USA getätigt werden. Große Investoren auf dem US-amerikanischen Markt für Distressed Debt sind in der Literatur:[340]

- *Angelo Gordon:* ca. 2,4 Mrd.USD (Distressed Debt)[341]
- *Apollo Advisors:* ca. 3,5 Mrd. USD (Distressed Debt)[342]
- *Appaloosa Management:* ca. 3,0 Mrd. USD (Gesamtvolumen)[343]
- *Cerberus Partners:* ca. 8,4 Mrd. USD (Gesamtvolumen für Distressed Investments)[344]

---

335 Vgl. Altman/Kumar (2004), S. 2.

336 Schätzungen gehen für 2004 von einem Investitionsvolumen in Höhe von ca. 100-150 Mrd. USD aus. Vgl. Gleumes (2005), S. 357.

337 Vgl. Altman/Kumar (2004), Appendix.

338 Vgl. Buehler/D'Silva/Wang (2003), S. 24.

339 Zu den Problemen bei der Erhebung von Daten über die Investitionsvolumina von Investoren siehe auch ausführlich Knips/Dunst/Stalmann (2005), S. 23.

340 Vgl. Rosenberg (2000), S. 24; Bary (2002), S. 21; Evans (2002b), S. 83f; Buehler/D'Silva/Wang (2003), S. 24.

341 Gegründet 1988. Vgl. Thornton (2001), S. 109ff.

342 Gegründet unter anderem von Leon Black. 1990. Vgl. o.V. (2001).

343 Gegründet von C. Tepper. Vgl. Bary (2004).

344 Gegründet 1992 von S. Feinberg und Richter. Vgl. Cerberus Group (2003), S. 4.

- *DDJ Capital Management:* ca. 2 Mrd. USD (Distressed Debt)[345]
- *Ewing Management Group:* ca. 1 Mrd. USD (Distressed Debt)[346]
- *Franklin Mutual Series (gehört zur Franklin Templeton Gruppe):* ca. 3,1 Mrd. in Distressed Securities[347]
- *MD Sass Investors Service:* ca. 1,4 Mrd. USD (Distressed Debt)[348]
- *MatlinPatterson Global Opportunities Hedge Fund:* ca. 2,2 Mrd. USD (Distressed Debt)[349]
- *Oaktree Capital Management:* ca. 4,4 Mrd. USD (Distressed Debt)[350]
- *Tennenbaum Capital Partners:* ca. 2 Mrd. (Distressed Debt)[351]
- *Third Avenue Value Fund:* ca. 400 Mio. EUR in Distressed Debt (insgesamt 3,3 Mrd. USD Gesamtvolumen)[352]

Wichtige Einzelinvestoren des Distressed Debt Investing sind:

- *Phillip Anschutz:* Vermögen in Höhe von ca. 5 Mrd. USD mit Investmentfokus auf Medien (Filmbranche/Kinos) sowie Sportclubs[353]
- *Leon Black:* Gründer des Apollo Advisors Fonds
- *Eddie Lampert:* Insbesondere bekannt durch sein Engagement bei Kmart und der anschließenden Fusion mit Sears; investiert über seine Firma ESL[354]
- *Carl Icahn:* Generierte 1 Mrd. USD Gewinn in der Zeit von 1996 bis 2004 mit Investments in Distressed Debt[355]
- *Wilbur Ross:* "The King of bankruptcy" ca. 1,6 Mrd. USD (Distressed Debt)[356]
- *Martin Whitman:* Seit 15 Jahren Manager des "Third Avenue Value Fund"; ist selber mit 63 Mio. USD am Fond beteiligt[357]
- *Sam Zell:* "The Grave Dancer"; keine Angaben zu derzeitigen Investments; Privatvermögen von ca. 2 Mrd. USD

345 Gegründet 1996.Vgl.DDJ Capital (2004), S. 1.
346 Gegründet 2004 von ehemaligen Carlyle Mitarbeitern, insbesondere Edward Ewing. Vgl. Bhaktavatsalam (2004), S. 1; Primack (2004), S. 1.
347 Gegründet von Max Heine als Mutual Series Fund und später von Michael Price geführt. 1995 Verkauf an Franklin Templeton Funds und derzeit unter der Leitung von David Winters. Vgl. Rosenberg (2000), S. 21; Kruger (2004), S. 72.
348 Gegründet von Sass 1989. Vgl. Evans (2002b), S. 78.
349 Gegründet von D. Matlin und M. Patterson in 2001. Vgl. Singer (2003).
350 Gegründet 1995 von Marks, Karsh, Stone, Keele, Masson, Kaplan and Bernard. Vgl. DDJ Capital (2004), S. 1.
351 Vgl. Bhaktavatsalam (2004), S. 1; Primack (2004), S. 1.
352 Vgl. Kruger (2004), S. 72.
353 Vgl. Mann (2004), S. 1.
354 Vgl. Drummond (2005), S. 8.
355 Vgl. o.V. (2004d).
356 Vgl. o.V. (2003b), S. 10A.
357 Vgl. Graja (2004).

Die Aufzählung verdeutlicht, dass der Markt durch einige große Investoren geprägt ist, auch wenn auf Grund des gestiegenen Nachfragevolumens gegenüber 2000 die zehn größten Investoren nicht mehr 61% der Nachfrage abdecken. Dabei sind die Investorengruppen meist Intermediäre zwischen Privatanlegern oder Fonds auf der einen und Krisenunternehmen auf der anderen Seite.[358]

2.3.2 Deutschland

2.3.2.1 Historische Entwicklung

Erste Entwicklungen des Distressed Debt Investing fanden sich in den frühen neunziger Jahren, als Banken ihr Risiko aus ausfallgefährdeten Krediten vereinzelt im Wege der Unterbeteiligung (Sub Participation), als eine Weitergabe des Risikos im Innenverhältnis, auf Dritte übertrugen.[359] Die Übertragung bzw. der Verkauf erfolgte dabei zu 80% an andere Banken und zu 20% an strategische Investoren.[360] Ein Forderungsverkauf im Sinne des Distressed Debt Investing an Finanzinvestoren findet seit dem Jahr 2003 statt, in dem erste öffentliche Verkaufstransaktionen durchgeführt wurden.[361]

Bei der Entwicklung des Marktes in Deutschland soll aber nicht nur auf die Unternehmenskredite Bezug genommen werden, weil im Rahmen der Transaktionen auch eine Mischung mit gewerblichen oder privaten Immobilienkrediten (Real-Estate Loans) sowie Konsumentenkrediten (Consumer Loans) erfolgt. Bei den Transaktionsformen in Deutschland unterscheidet man Single Name-, Basket- und Portfolio-Transaktionen:[362]

- Unter **Single Name** versteht man den Erwerb von Forderungen gegenüber einem Schuldner. Das kann sich sowohl auf Anleihen als auch auf Kredite beziehen.
- Bei einer Bündelung mehrer Kredite einer Kreditart gegenüber unterschiedlichen Schuldnern wird die Bezeichnung **Basket** verwendet.
- Bei mehreren Krediten unterschiedlicher Art und gegenüber unterschiedlichen Schuldnern in einer Transaktion wird die Transaktionsform als **Portfolio** bezeichnet.

---

358 Vgl. Braunschweig (2002), S. 10.
359 Vgl. Anders (2004), S. 8.
360 Vgl. Experteninterviews.
361 "Öffentlich" bezeichnet in diesem Zusammenhang, dass der Autor von diesen Transaktionen durch Recherche Kenntnis erlangt hat. Verkauf von Distressed Loans zwischen Banken im Rahmen von Poolverträgen wird nicht als Distressed Debt Investing verstanden.
362 Vgl. Anders (2004), S. 9.

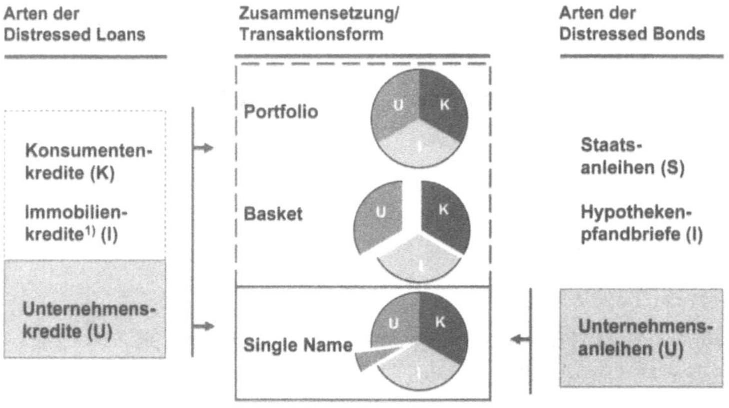

1) Sowohl private als auch gewerbliche Immobilienkredite

Abbildung 16: Untersuchungsfelder des deutschen Distressed-Debt-Marktes[363]

Unterschiede zwischen Basket- und Portfoliotransaktionen lassen sich bei den Transaktionen ohne detaillierte Kenntnis nicht erkennen, weil häufig nur die Angabe erfolgt, dass mehrere Kredite verkauft wurden. Sie werden daher im Folgenden zusammen betrachtet und es wird, soweit nicht für das Verständnis erforderlich, nur noch zwischen Portfolio- und Single-Name-Transaktionen unterschieden.

2003 wurden fünf wesentliche Verkäufe mit einem Gesamtvolumen von ca. 1,6 Mrd. EUR öffentlich bekannt:[364]

- *Gontard & Metallbank*[365] *(Portfolio):* Lone Star kaufte ein Kreditportfolio der insolventen Gontard & Metallbank in Höhe von 225 Mio. EUR Nominalvolumen. Unklar ist, inwieweit das Kreditportfolio höhere Volumina an Distressed Debt beinhaltet hat, weil hier der Gläubiger in der Krise war.

- *Hypo Real Estate (Immobilienkredite/Basket)*[366]*:* Lone Star kaufte zusammen mit JP Morgan Chase risikobehaftete Immobilienkredite in Höhe von 490 Mio. EUR Nominalvolumen.

---

[363] Eigene Darstellung.
[364] Aufgeführt werden hier nur Ersthandelsvolumina.
[365] Vgl. o.V. (2004e), S. 21.
[366] Vgl. Dougherty (2004), S. 15; o.V. (2004e), S. 21.

- *Stuttgarter BW Bank (Gewerblicher Immobilienkredit/Single Name)*[367]*:* Goldman Sachs kaufte Kredite in Höhe von ca. 100 Mio. EUR gegenüber der angeschlagenen Immobiliengesellschaft WCM. Goldman Sachs übernahm bei diesem Geschäft nur das rechtliche Risiko als Mittler für Fortress, während der Investor Fortress wirtschaftlich involviert war.

- *Bankenkonsortium (Unternehmen/Single Name)*[368]*:* JP Morgan Chase und Apollo kauften Kredite in Höhe von 375 Mio. EUR gegenüber der hoch verschuldeten Primacom.

- *Unbekannt (Immobilienkredite/ Basket)*[369]*:* Lone Star kaufte Immobilienkredite in Höhe von 395 Mio. EUR. Verkäufer wurde öffentlich nicht bekannt gegeben.

Während die einzelnen Verkäufe 2003 noch unterhalb der Milliardengrenze lagen, wurden 2004 drei Transaktionen mit einem Volumen von über einer Milliarde bekannt:[370]

- *Hypo Real Estate (Immobilien/Basket):* Lone Star kaufte 4.200 Immobiliendarlehen gegenüber 1.700 Kunden (überwiegend gewerblich 56%) mit einem Gesamtnominalvolumen in Höhe von 3,6 Mrd. EUR. Davon waren 460 Mio. EUR Sub-Performing, 2,48 Mrd. EUR Non-Performing sowie Zahlungsrückstände und Kredite unter Beobachtung in Höhe von 660 Mio. EUR.

- *Eurohypo (Immobilien/Basket):* Citigroup und General Motors Acceptance (GMAC) gründeten zusammen mit der Eurohypo ein Joint Venture durch Gründung der Servicegesellschaft OPUS. Diese wurde mit der Abarbeitung von insgesamt 14.000 Privatkundenkrediten mit einem Gesamtnominalvolumen in Höhe von 2,4 Mrd. EUR beauftragt.

- *Dresdner Bank (Portfolio):* Lone Star kaufte 1.300 Kreditforderungen gegenüber 300 Kunden in Höhe von 1,2 Mrd. EUR. Überwiegend Unternehmenskredite mit rund 40% gewerblichen Immobilienkrediten.

---

367 Vgl. Jenskins (2003), S. 19; Clausen/Maier/Schmid (2004), S. 19.
368 Vgl. o.V. (2003a), S. 24.
369 Vgl. Esfandi/Kohlbeck (2004), S. 17.
370 Dresdner Bank AG (2004); o.V. (2004c), S. 25; o.V. (2004b), S. 15.

Insgesamt wurden 2004 14 Verkäufe mit einem Gesamtvolumen von ca. 9,4 Mrd. EUR öffentlich bekannt, wobei Schätzungen davon ausgehen, dass weitere Transaktionen in Höhe von ca. 3 Mrd. EUR nicht öffentlich durchgeführt wurden.[371]

Verkäufer	Käufer	Nominalvolumen (Mio. EUR)	Transaktionsform	Kreditart/ Unternehmen
Hypo Real Estate	Lone Star	3.600	Basket	Immobilien
Eurohypo	Citigroup/GMAC	2.400	Basket	I (Joint Venture)
Dresdner Bank	Lone Star	1.200	Portfolio	U/I
Dresdner Bank	Deutsche Bank London	511	Basket	Unternehmen
Hypo Real Estate	Morgan Stanley/ Citigroup	394	Basket	Immobilien
ING-BHF Bank	Lone Star/JP Morgan	350	n.a.	n.a.
Niederschl. Spark.	Lone Star	180	Portfolio	U/I/K
ING-BHF Bank	Goldman Sachs	175	n.a.	n.a.
Bankenpool	Deutsche Bank London	164	Single Name	Senator AG
DEKA	Deutsche Bank London	110	Basket	Unternehmen
Mehrere Banken	DBL/GS u. andere	ca. 100	Single Name	Ihr Platz
Banken/Anleihegl.	GS/MS/BS	ca. 100	Single Name	VDN AG
Anleihegläubiger	Deutsche Bank London	ca. 75	Single Name	Augusta AG
Banken/Gläubiger	Highbridge/Zwirn	56	Single Name	Rinol AG
Summe		**9.415**		

DBL: Deutsche Bank London; GS: Goldman Sachs; MS: Morgan Stanley; BS: Bear Stearns
U: Unternehmen; I: Immobilien; K: Konsumenten

Tabelle 15: Öffentliche Distressed Debt Transaktionen 2004[372]

Der Anteil deutscher Unternehmensforderungen am gesamten öffentlichen Distressed-Debt-Handel betrug 2004 ca. 20,2%. Unternehmenskredite in Höhe von 1,4 Mrd. EUR wurden im Rahmen von Portfolio-Transaktionen verkauft und weitere 0,5 Mrd. EUR an Single Names. Die größere Marktbedeutung hatten die gewerblichen und privaten Immobilienkredite mit einem Gesamtvolumen von fast 7,5 Mrd. EUR. Der Anteil von Konsumentenkrediten war sehr gering, weil Non-Performing-Konsumentenforderungen auf Grund zu geringer Volumina für große Investoren nicht interessant sind und auch eher an Inkassounternehmen übergeben werden.[373]

---

371 Für 2003 beträgt das nicht veröffentlichte Transaktionsvolumen ca. 1,4 Mrd. EUR und entspricht einem Gesamtvolumen von ca. 3 Mrd. EUR. Vgl. Kroll/Mercer Oliver Wyman (2005), S. 5.

372 Eigene Darstellung in Anlehnung an Beck (2004), S. 12; Becker (2004), S. 11; Burgmaier/von Haake/Ruess (2004), S. 46; Clausen/Hegman (2004), S. 26; Dougherty (2004), S. 15; Lebert (2004b), S. 21; o.V. (2004g), S. 19; o.V. (2004c), S. 1f; Ronke (2004), S. 6; Schwaldt (2004), S. 14; Voss (2004), S. 41; Bowman (2005), S. 22; Knips/Dunst/Stalmann (2005), S. 16; o.V. (2005c), S. 19; Schalast (2005), S. 34.

373 Für den Sparkassensektor treten z.B. die *S-Inkasso* (Joint Venture zwischen der Abit AG, dem Ostdeutschen Sparkassen und Giro Verband (OSGV) und der SVG Hessen Thüringen), die *West-Forderungsmanagement* (Joint Venture der Abit AG, Sparkasse Dortmund, Sparkasse Bielefeld, Sparkasse Hagen), *Hansen+Schucht* (Tochter der Abit AG) sowie die Bad Homburger Inkasso (im Auftrag der Landesbank Baden-Würtemberg) als Dienstleister auf und managen ein Kreditvolumen von ca. 800 Mio. EUR (jedoch nur Management, keine Risikoübernahme). Die Commerzbank wickelt ihre ca. 10.000 Konsumentenforderungsausfälle über das Service Center Inkasso ab. Für den Genossenschaftssektor existiert die GenoRecht Treuhandgesellschaft GmbH mit Sitz in Kassel. Vgl. Kullrich (2004), S. 4; Commerzbank AG (2005), S. 76; Landesbank Baden Würtemberg (2005), S. 93; Steinbarth et al. (2005), S. 5. Weitere Marktteilnehmer sind z.B. Creditreform sowie die Hoist AG, die auch am Ankauf von Krediten interessiert sind. Vgl. Hingst (2004), S. 24ff; Köhler/Kort (2004), S. 21; Sahm/Ulbricht (2005), S. 634.

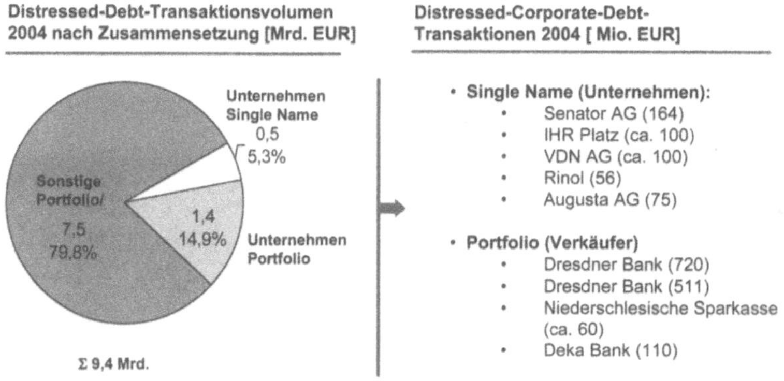

Abbildung 17: Anteil Distressed-Corporate-Debt-Transaktionen am Transaktionsvolumen in 2004[374]

Die größte Transaktion mit Unternehmenskrediten 2004 war der Verkauf der Dresdner Bank. Die Bank nimmt im deutschen Umfeld des Distressed Debt Investing auch eine Vorreiterrolle ein, weil sie bereits im Januar 2003 eine Abteilung zur Abwicklung bzw. Veräußerung von Distressed Debt und von nicht strategischen Engagements gründete. Die Abteilung mit dem Namen Institutional Restructuring Unit (IRU) sollte internationale Kreditlimite und Beteiligungen in Höhe von ca. 35,5 Mrd. EUR abarbeiten, wobei Deutschland mit einer Inanspruchnahme von 9,6 Mrd. EUR (März 2003) den Großteil ausmachte. Wegen der unterschiedlichen Zusammensetzung wurde aber keine feste Strategie gewählt. Vielmehr wurden alle Alternativen zum Exit von Verkauf bis Restrukturierung und Debt-Equity Swap genutzt.[375] Per April 2005 war bereits nur noch ein Volumen von 1 Mrd. EUR vorhanden.[376]

2.3.2.2 Derzeitige Marktgröße

Distressed-Debt-Volumen

Wie bei der Betrachtung des Distressed-Debt-Volumens in den USA wird auch für Deutschland zunächst die Anzahl der Insolvenzen als Indikator herangezogen. Wie in Abb.18 dargestellt, steigt die Anzahl der Unternehmensinsolvenzen seit 1999 an und ist im Jahr 2004 mit 39.213 Insolvenzen erstmalig leicht rückläufig.

---

374 Eigene Darstellung in Anlehnung an die dargestellten Transaktionen.
375 Vgl. Kvarnström (2003), S. 524 ff.
376 Vgl. Maier (2005), S. 20.

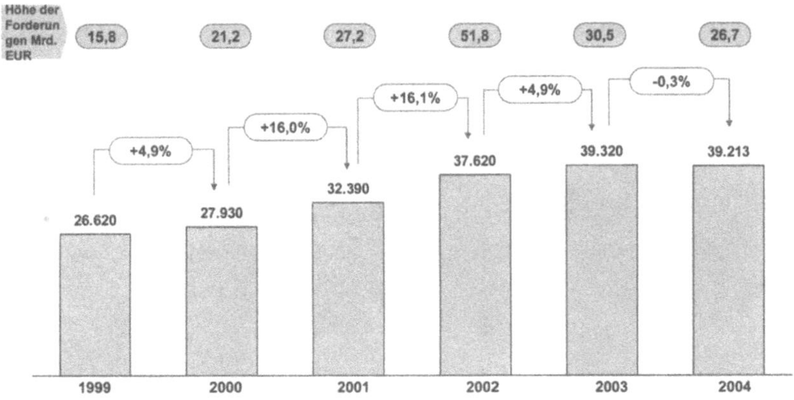

Abbildung 18: Anzahl der Unternehmensinsolvenzen und Höhe der damit verbundenen Forderungen in Deutschland[377]

Davon betroffen waren nach Schätzung der Creditreform überwiegend Unternehmen mit einem Umsatz zwischen 0,5 und 5 Mio. EUR (35%) und lediglich ca. 5% der Unternehmen mit einem Umsatz größer als 5 Mio. EUR.[378] Der prozentuale Anteil von Verfahren, die mangels Masse abgewiesen wurden, hat durch die Einführung des Insolvenzrechts seit 1999 abgenommen und liegt derzeit bei 39%. In Bezug auf die Höhe der Forderungsausfälle konnte 2004 auf Grund fehlender Großinsolvenzen ein weiterer Rückgang gegenüber 2003 und 2002 erreicht werden. In den Vorjahren kam es zu erheblichen Volumina durch Insolvenzen von z.B. Philipp Holzmann, Fairchild Dornier, Herlitz, Kirch Media, Babcock Borsig, Grundig, oder Aero Lloyd.[379] Das Volumen der offenen Forderungen von ca. 52 Mrd. EUR 2002 halbierte sich 2004 auf 27 Mrd. EUR. In den letzten Jahren ist daher von einem Rückgang ausgefallener Unternehmensverbindlichkeiten auszugehen. Aussagen zu Sub-Performing-Krediten und Anleihen sowie bestehenden Forderungsausfällen können jedoch nicht abgeleitet werden. Die Bestimmung der Gesamtvolumina wird in Analogie zum amerikanischen Markt wiederum in Bonds (Anleihen) und Loans (Kredite) differenziert.

a) Distressed Corporate Bonds

Im Jahr 2001 betrug der Anteil deutscher Emissionen am europäischen Gesamtmarkt, die von Moody's klassifiziert wurden, ca. 8,5%. Deutschland nimmt in dieser Aufstellung Rang Drei hinter den Niederlanden, mit einen Anteil von 21,9% und dem Vereinigten Königreich, mit 34% ein. In Bezug auf den Ausfall von Verbindlichkeiten, die für den Zeitraum von 1985 bis 2001 erhoben wurden, ist Deutschland mit 0,8% (187 Mio. EUR)

---

377 Eigene Darstellung auf Basis der Daten vom Statistisches Bundesamt (2005).
378 Vgl. Creditreform (2004), S. 11.
379 Vgl. Kudla (2005), S. 1.

an 13. Stelle in der Untersuchung und verdeutlicht die geringe Bedeutung des deutschen Anleihemarktes für das Distressed Debt Investing im europäischen Umfeld.[380] Seit 1995 wurden bisher fünf Ausfälle verzeichnet:[381]

• Bankhaus Fischer	1.11.1995	45 Mio. EUR
• Stella Musical AG	26.11.1999	23 Mio. EUR
• Brokat Technologies AG	23.11.2001	119 Mio. EUR
• Muehl Produkt & Service AG	10.3.2002	117 Mio. EUR
• Philipp Holzmann AG	21.3.2002	272 Mio. EUR

Als Distressed Corporate Bonds konnten per Juli 2005 die Anleihen von Brokat Technologies, Muehl Produkt & Service, Rinol, Deutsche Nickel sowie Schefenacker eingestuft werden. Dies resultiert in einem Nominalvolumen von 622 Mio. EUR, wobei Wandelschuldverschreibungen in der Zahl nicht enthalten sind.[382] Hier wurden per Juli 2005 die Anleihen der Unternehmen Augusta Technologie AG, Deutz AG, Gold-Zack AG, Deutsche Entertainment AG, Plambeck Neue Energien AG und der WAPME Systems AG weit unter Nennwert gehandelt.[383] Das Volumen und die Anzahl der Distressed Corporate Bonds deutscher Unternehmen ist im Verhältnis zu den USA somit vergleichsweise gering.

b) Distressed Corporate Loans

Über das Marktvolumen von Distressed Corporate Loans in Deutschland existieren nur wenige Aussagen. Viel häufiger werden in der Literatur Schätzungen zum Gesamtvolumen von Sub- und Non-Performing Loans abgegeben. Sie weisen eine Bandbreite von 100 Mrd. bis 320 Mrd. EUR auf und erfolgen meist ohne Berücksichtigung der verschiedenen Kreditarten.[384] Auch aus den Geschäftsberichten deutscher Banken lässt sich ein Gesamtbild des Marktes nicht erstellen, weil sie nicht zur ausführlichen öffentlichen Berichterstattung gezwungen sind und eine einheitliche Klassifizierung derzeit nicht existiert.[385]

---

380 Vgl. Hamilton/Cantor/Ou (2002), S. 7 u. 12.

381 Vgl. Hamilton/Cantor/Ou (2002), S. 19.

382 Eigene Recherche aus Angaben gemäß Onvista. Juni 2005. Vgl. Onvista (2005). S. auch Anhang 2. Hierbei handelt es sich um eine Momentaufnahme zum Stand der Untersuchung.

383 Vgl. Onvista (2005).

384 Morgan Stanley (2004): 100 Mrd. EUR; Fitch Ratings 155-160 Mrd. EUR: Kroll/Mercer Oliver Wyman: 160 Mrd. EUR; Cadwalder Wick & Taft (2004): 240 Mrd. EUR; IMF (2002): 250 Mrd. EUR; OSGV (2004): 300 Mrd. EUR; Ernst & Young (2004): 320 Mrd. EUR. Vgl. Bolder/Lehrbaß/Zimmer (2005), S. 15; Kroll/Mercer Oliver Wyman (2005), S. 8; Steinbarth et al. (2005), S. 3.

385 Zur Qualität der Risikoberichterstattung von Banken, insbesondere Kreditrisiko s. Timmermann (2004), S. 401ff. Zudem besteht keine einheitliche Abgrenzung. Vgl. Steinbarth et al. (2005), S. 3.

Eine Datenerhebung oder Vergleichbarkeit der Angaben mit Differenzierung nach Kreditarten auf Basis von Geschäftsberichten ist also nicht möglich.[386]

Ausgangsbasis zur Ermittlung des Volumens von Distressed Loans sollen daher die Aktiva deutscher Banken sein. Anhand des Kreditvolumens an Unternehmen und Personen im Inland lässt sich zunächst auf das Volumen des deutschen Gesamtmarktes schließen. Als Referenzgröße für die Berechnung des Anteils gehen Experten von 5-10% des Kreditvolumens aus.[387] Das ergibt per Ende 2004 ein Gesamtvolumen des Distressed-Loan-Marktes in Deutschland in Höhe von 124-248 Mrd. EUR.[388]

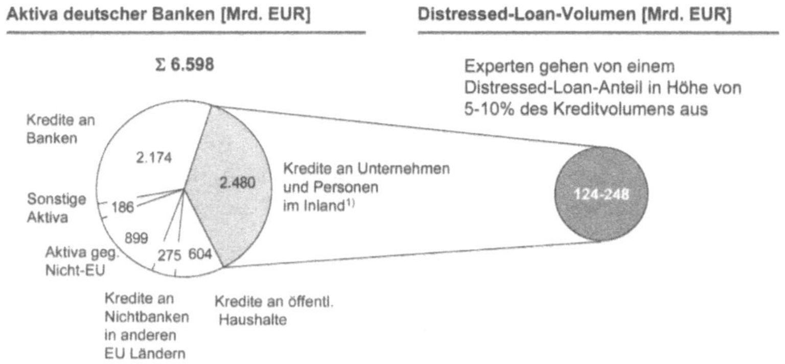

Abbildung 19: Distressed-Loan-Volumen in Deutschland per 31.12. 2004[389]

386 Z.B. gibt die Commerzbank das Gesamtvolumen von Non-Performing Loans in Höhe von 6,3 Mrd. EUR (4,7% der Gesamtforderungen gegenüber Kunden) bekannt, jedoch sind hieraus keine Angaben über die Verteilung in Deutschland, über Kreditarten oder über die Sub-Performing Loans möglich. Bei der Deutschen Bank wird unter der Bezeichnung "Problemkredite" ein Distressed-Loan-Volumen gegenüber inländischen Kunden in Höhe von ca. 3,5 Mrd. EUR (4,4% der Gesamtforderungen ggü. inländischen Kunden) angegeben. Auch hier ist eine Aufteilung nach Kreditarten nicht möglich. Im Geschäftsbericht der Postbank konnten keine Angaben zum derzeitigen Volumen gefunden werden (lediglich Angaben im Rahmen der Risikovorsorge zu erwartetem Verlust). Vgl. Commerzbank AG (2005), S. 74; Deutsche Bank AG (2005), S. 67 u. 144f; Deutsche Postbank AG (2005), S. 85 ff. S. hierzu auch die Analyse von Knips/Dunst/Stalmann (2005), S. 5 sowie die Anmerkungen zur Vergleichbarkeit.

387 Vgl. Klöckner/Wolter (2004), S. 27; von Petersdorff (2004), S. 53; Wulfken (2004), S. 6. Für die Einschätzung in diesem Spektrum spricht auch die Angabe der Bank für Internationalen Zahlungsausgleich, die in ihrem Jahresbericht einen Anteil von 9,5% der Gesamtausleihungen deutscher Banken als Non-Performing bezeichnet, sowie vom International Monetary Fund, der einen Anteil von 4,9% annimmt. Vgl. International Monetary Fund (2003), S. 14; Bank für Internationalen Zahlungsausgleich (2004), S. 138. S. auch Ausführung in Fußnote 386.

388 Dieser Ausgangspunkt ist verschieden von ähnlichen Berechnungen, die sich auch an den Gesamtaktiva deutscher Banken orientieren, weil bei der Ermittlung der relevanten Basis sowohl Kredite an den öffentlichen Sektor als auch Kredite zwischen Banken nicht betrachtet wurden. Auch beschränkt sich die Analyse auf Inlandskredite. Vgl. z.B. Klöckner/Wolter (2004), S. 27; Knips/Dunst/Stalmann (2005), S. 17; Köhler (2005), S. B8.

389 Eigene Darstellung. Vgl. Deutsche Bundesbank (2005a), Statistischer Teil S. 20f.

Die Betrachtung beinhaltet noch die Segmente der privaten und gewerblichen Immobilienkredite sowie der Kredite gegenüber Privatpersonen. Eine weitere Differenzierung unter Beibehaltung der Referenzgröße zeigt, dass das Volumen von Sub- und Non-Performing Loans an Unternehmen im Inland insgesamt ca. 57-115 Mrd. EUR beträgt. Dabei ist das Volumen von Kleinbetrieben für Investoren nicht interessant, so dass sich das relevante Distressed-Corporate-Loan-Volumen auf ca. 30-60 Mrd. EUR verringert. Diese Eingrenzung liegt im Rahmen anderer Expertenschätzungen, die den Unternehmensbereich gezielt ansprechen.[390]

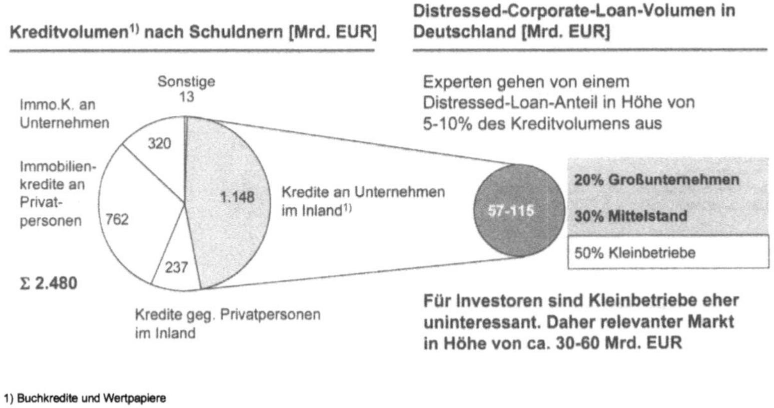

Abbildung 20: Distressed-Corporate-Loan-Volumen in Deutschland[391]

Das Spektrum des Marktvolumens wird so verstanden, dass der Wert der Untergrenze von ca. 30 Mrd. EUR für Corporate Loans, respektive ca. 120 Mrd. EUR für den Gesamtmarkt eher den Bereich der Non-Performing Loans bezeichnet, während die Obergrenze von 60 Mrd. EUR respektive ca. 250 Mrd. EUR auch die Sub-Performing Loans beinhaltet.[392] Es ist dabei zu beachten, dass die Werte sich an den Buchwerten der Kreditinstitute orientieren und somit nicht unbedingt einem Marktvolumen im Sinne einer Bewertung zu Verkaufspreisen entsprechen.[393]

Distressed Debt Handelsvolumen

In den Jahren 2003 und 2004 wurde bisher ein Nominalvolumen von insgesamt 15 Mrd. EUR gehandelt (3 Mrd. EUR 2003 und 12 Mrd. EUR 2004). Für 2005 wird mit einem Anstieg des

---

390 Eine Studie von Kroll/Mercer Oliver Wymann schätzt das Volumen ohne Kleinbetriebe auf 41 Mrd. EUR (mit Kleinbetrieben 82 Mrd. EUR); in den Experteninterviews wurde eine Spanne zwischen 40-60 Mrd. EUR genannt. Vgl. Kroll/Mercer Oliver Wyman (2005), S. 8.

391 Eigene Darstellung Vgl. Deutsche Bundesbank (2005a), Statistischer Teil S. 32f.

392 Limitierungen in der Aussagefähigkeit dieser Marktschätzung sind vor allem in Bezug auf die Referenzgröße von 5-10% zu sehen. Weiterhin stellen die Kreditforderungen in den Bilanzwerten Nettoforderungen nach Abzug von Wertberichtigungen dar und zeigen nicht das Nominalvolumen auf.

393 S. hierzu Abschnitt 2.1.5.4 (Bewertung) und 4.4.2 (Auswertung der Information).

jährlichen Volumens, basierend auf den bisher getätigten und zu erwartenden Transaktionen, gerechnet. Per Ende August 2005 wurden öffentliche Transaktionen in Höhe von ca. 6,5 Mrd. EUR durchgeführt und weitere Transaktionen in Höhe von ca. 5,5 Mrd. EUR waren ausstehend.

Verkäufer	Käufer	Nominalvolumen (Mio. EUR)	Transaktionsform	Kreditart/ Unternehmen
Delmora Bank	Goldman Sachs	2.300	Portfolio	U/I/K
Dresdner Bank	Lone Star/ Merrill Lynch	1.400	Basket	Unternehmen
Aareal Bank	Lone Star	690	Basket	Immobilien
Banken	GS/ Hedge Fonds[1)]	ca. 600	Single Name	Karstadt Quelle
Bayerische LB	Cerberus	400	Basket	Immobilien.
Commerzbank	Goldman Sachs	350	Portfolio	n.a.
Banken	DBL/ Hedge Fonds	300	Single Name	Walter Bau
Banken	DBL/Hedge Fonds	40	Single Name	Kunert AG
WestLB/NordLB	SGK	400	Basket	Immobilien
Zwischensumme durchgeführter Transaktionen		**6.480**		
Hypo Vereinbank	offen	ca. 5.000[2)]	Portfolio	Immobilien
DZ Bank	offen	500	Portfolio	Immobilien
Summe		**11.980**		

DBL: Deutsche Bank London; GS: Goldman Sachs; U: Unternehmen; I: Immobilien; K: Konsumenten SGK: Servicegesellschaft Kreditmanagement GmbH

1) Ursprünglicher Aufkauf von Goldman Sachs mit Handel an Hedge Fonds
2) Insgesamt ca. 15-18 Mrd. EUR Distressed Loans

Tabelle 16: Distressed-Loan-Transaktionen in Deutschland (2005)[394]

Unter Berücksichtigung nicht öffentlicher Transaktionen in Anlehnung an 2004 (20% des Transaktionsvolumens) erscheint ein Distressed-Debt-Transaktionsvolumen von ca. 15 Mrd. EUR für 2005 realistisch. Da der Markt für Distressed Debt derzeit als Verkäufermarkt bezeichnet wird, führt das Angebotsvolumen in der Regel auch zu Handelsvolumen.[395] Begründet wird die starke Nachfrage der Investoren mit der Tatsache, dass sie derzeit den Markteintritt suchen bzw. gesammelte Fondsvolumina investieren wollen. Ihnen geht es dabei auch um Kundenadressen und den Aufbau von Geschäftsbeziehungen, etwa zum deutschen Mittelstand.[396] Beim Verkauf von Distressed Corporate Loans konnte für 2005 kein neuer Marktteilnehmer auf Verkäuferseite für Portfolios identifiziert werden. Neben dem IRU-Verkauf der Dresdner Bank fand nur der Verkauf der Delmora Bank statt.[397] Darüber hinaus wurden nur Single-Name-Transaktionen bekannt.

---

394 Eigene Darstellung mit Informationen aus Lebert (2004b), S. 21; o.V. (2004g), S. 19; o.V. (2004c), S. 1f; Ronke (2004), S. 6; Knips/Dunst/Stalmann (2005), S.16; o.V. (2005c), S. 19; Schalast (2005), S. 34. Desweiteren wurden die Verbindlichkeiten folgender Unternehmen von Distressed-Debt-Investoren beobachtet (keine öffentlichen Angaben zu Transaktionen): Schefenacker AG, Garant Schuh+Mode AG, Treofan Holding GmbH. Vgl. Debtwire (2005), S. 3. Bei den Portfoliotransaktionen wurden auch Performing Loans zu einem geringen Anteil mitverkauft. Dem lagen strategische Überlegungen (Trennung von bestimmten Branchen) zu Grunde, wurde aber auch zur Steigerung des Verkaufspreises angedacht. Vgl. Schalast/Daynes (2005), S. 34.

395 Vgl. Klöckner/Wolter (2004), S. 31.

396 Vgl. Experteninterviews.

397 Die Delmora Bank war 2003 zur Ausgliederung von Teilen des Kreditengagements der Delbrück Bank vom Bundesverband deutscher Banken (BdB) gegründet worden und übernahm 2004 die Sub- und Non-Performimg Loans der Schmid-Bank. Das Portfolio beinhaltete Unternehmens- Immobilien und Konsumentenkredite. Vgl. Hönighaus (2005), S. 17; o.V. (2005g), S. 22.

2.3.2.3 Marktteilnehmer

Bedeutende Verkäufer auf dem deutschen Distressed-Debt-Markt waren bisher die Hypo Real Estate, die Dresdner Bank, und die Eurohypo mit Transaktionen über 1 Mrd. EUR. Als zukünftiger Marktteilnehmer gilt die HypoVereinsbank mit einem Volumen von ca. 24 Mrd. EUR.[398] Hierbei handelt es sich im Wesentlichen um einmalige Bilanzbereinigungen. Es ist daher nicht davon auszugehen, dass sich die Teilnehmer auch zukünftig in dieser Größenordnung am Markt für Distressed Loans engagieren werden. Weitere wesentliche Verkäufer mit einem Volumen über 200 Mio. EUR sind die WestLB, die NordLB, die BayernLB, die Commerzbank, die Aareal Bank sowie die ING-BHF Bank. Bestrebungen anderer großer Privatbanken, wie z.B. der Deutschen Bank oder der Post Bank, sind nicht bekannt. Auf Käuferseite sind in Deutschland folgende Investoren aktiv:

- *Lone Star*

  Lone Star ist der größte Investor auf dem deutschen Markt für Distressed Debt und hat seit 2003 ein Kreditnominalvolumen von über 8 Mrd. EUR erworben. Die Käufe werden zum Teil mit Fremdkapital und mit Kapital aus den eigenen Fonds finanziert, welche mehrere Milliarden USD verwalten. So erreichte der Lone Star Fund IV 2002 ein Volumen von 4,2 Mrd. USD und der Lone Star Fund V ein Volumen in Höhe von ca. 5 Milliarden USD.[399] Kapitalgeber des Lone Star Fund V sind z.B. das Washington State Investment Board (450 Mio. USD), Oregon Public Employees Retirement (200 Mio. USD) und vermutlich bisherige Kapitalgeber früherer Fonds, wie z.B. das New York State Teachers Retirements System[400] oder Wisconsin Investment.[401] Der Fonds soll überwiegend in Immobilienkredite investieren und sich zu einem Drittel in Deutschland engagieren.[402] Durch die zusätzliche Aufnahme von Fremdkapital wird ein größerer Hebel auf die Eigenkapitalrendite des Fonds erzielt. Der Anteil des Fremdkapitals kann dabei bis zu 75% betragen, wodurch ein potenzielles Investitionsvolumen von insgesamt 20 Mrd. USD entsteht.[403] Unter der Annahme, dass die Kredite zu 50% des Nominalvolumens gekauft werden, entspricht der für Deutschland designierte Fondsanteil einem Nominalvolumen von ca. 13 Mrd. EUR und erklärt das angestrebte weitere Volumen des Investors von 4-5 Milliarden EUR.

---

398 Davon wurden bereits 15,4 Mrd. EUR in die spezielle Restrukturierungseinheit RER (Real Estate Restructuring) ausgegliedert. Vgl. Voss (2004), S. 41; Knips/Dunst/Stalmann (2005), S. 2; Sydow (2005), S. 11ff.

399 Lone Star Fund II erreichte ein Volumen von 1,2 Mrd. USD und Lone Star Fund III von 2,2 Mrd. USD, wobei ca 75% jeweils in Japan und Südkorea investiert wurden. Vgl. Rubinstein et al. (2004), S. 11.

400 Investment in Lone Star Fund II ca. 10 Mio. USD, Lone Star Fund III 108 Mio. USD, Lone Star Fund IV ca. 130 Mio. USD. Vgl. http://www.nystrs.org. Gegründet wurde Lone Star durch John Grayken, der sich bereits Anfang der neunziger Jahre in der Savings & Loan Krise in den USA an Kreditkäufen beteiligte. Weiterhin ist Lone Star in Japan, Korea, Taiwan und der Türkei tätig. Vgl. o.V. (2005d), S. 16.

401 Vgl. o.V. (2004f), S. 1.

402 Vgl. Kilbinger (2004), S. A10.

403 Vgl. o.V. (2004f), S. 1; Köhler/Maisch (2005), S. 12.

Lone Star forciert eine aktive Abwicklungsstrategie, welche sich aus der Besonderheit der Immobilienkredite ergibt. Durch Rückzahlung der Kredite mit einem Teilverzicht oder Verwertung der Sicherheiten im Rahmen von Zwangsversteigerungen wird das Kreditvolumen abgearbeitet. In Bezug auf die erworbenen Unternehmenskredite sind noch keine Angaben bekannt. Da Lone Star selbst nach dem amerikanischen Recht nur als Vermögensverwalter auftreten darf, übernimmt die Bearbeitung der Kredite der Servicer Hudson Advisors mit ca. 270 Mitarbeitern.[404]

- *Deutsche Bank London*
  Während sich die Deutsche Bank aus dem Verkauf von Distressed Debt öffentlich zurückhält, hat die Londoner Niederlassung bereits einige Transaktionen im Single-Name-Bereich durchgeführt. So wurde mit Hilfe einer aktiven, kontrollorientierten Strategie z.B. Fremdkapital in Aktien der Senator Entertainment AG sowie der Augusta AG im Rahmen eines Debt-Equity Swap umgewandelt. Hierbei werden auch Hedge Fonds wie z.B. Trafalgar Asset Managers Limited beteiligt.[405] Weitere Engagements betrafen z.B. die Kredite von Ihr Platz, Walter Bau oder der Kunert AG.[406]

- *Goldman Sachs*[407]
  Innerhalb der Principle Business Group von Goldman Sachs beschäftigt sich eine Einheit mit dem Special Situations Investing (SSI). Dieser interne Investmentbereich engagiert sich im Wesentlichen in Distressed Debt, ist aber auch an dem Kauf von Eigenkapital oder Mezzanine-Kapital von Krisenunternehmen interessiert. Die Investments finden in Nord- und Südamerika sowie in Europa statt und umfassen sowohl die Weiterveräußerung (Handel) als auch die aktive Verhandlung der Restrukturierung. In Deutschland hat Goldman Sachs Einzeltransaktionen, wie z.B. bei Ihr Platz oder bei der VDN AG, und Portfolio-Transaktionen wie den Kauf der Delmora Bank durchgeführt. Dabei wird die Bearbeitung des Delmora-Portfolios der Archon Gruppe, einer 100% Tochter von Goldman Sachs, als Servicer übertragen, welche dieses als Plattform zur Kreditabwicklung nutzen wird.[408] Über die Höhe der zur Verfügung stehenden Mittel gibt es keine Angaben. Bemerkenswert ist in diesem Zusammenhang, dass Goldman Sachs schon Ende der 80er Jahre einen Distressed Debt Fund in den USA (Water Street Recovery Fund) in Höhe von 800 Mio. USD aufgelegt hatte. Dessen Ak-

---

404 Vgl. o.V. (2004a), S. 23; Köhler/Maisch (2005), S. 12. Sowie teilweise Ausgliederung an andere Servicer wie z.B. Aareal Hypotheken Management.

405 Siehe Investments bei der Augusta AG sowie der Kunert AG.

406 Siehe Transaktionen 2004/2005 (Tabelle 15 u. 16).

407 Vgl. Goldman Sachs (2005).

408 Archon selbst ist spezialisiert auf die Bearbeitung von Problemkrediten und betreut mit ca. 2.700 Mitarbeitern weltweit ein Portfolio von mehr als 30 Mrd. USD. Vgl. Hönighaus (2005), S. 17; o.V. (2005g), S. 22.

tivitäten wurden aber auf Grund von Interessenskonflikten zwischen Beratung und Investment beendet.[409]

- *Citigroup*
  Gemessen am Kernkapital ist die Citigroup mit einem Volumen von 66,9 Mrd. USD die größte Bank der Welt und hat das Ziel, den Nettogewinn von 17,9 Mrd. Dollar 2003 auf 50 Mrd. USD in fünf Jahren fast zu verdreifachen.[410] Diese Ziele lassen sich auf dem amerikanischen Heimatmarkt durch den bereits sehr hohen Marktanteil nicht erreichen und Deutschland rückt verstärkt in den Vordergrund. So wird neben Bestrebungen im Investmentbanking in Deutschland auch der Handel mit Distressed Debt forciert, der zur strategischen Ausrichtung des Fixed-Income-Bereichs gehört. Die Vorgehensweise der Marktbearbeitung in Deutschland entspricht einer aktiven Verwertungsstrategie, ähnlich der von Lone Star. Die erste große Transaktion wurde in Form eines Joint Ventures mit dem Verkäufer (Eurohypo) durchgeführt. Die Kredite werden daher von einem Special Purpose Vehicle (SPV)[411] mit dem Namen " Opus One" mit Sitz in den USA gekauft, welches mehrheitlich der Citigroup, Investoren sowie zu einem Drittel der Eurohypo gehört.[412] Opus One beauftragt als Servicer die Opus Servicing Advisers GmbH mit Sitz in Frankfurt, die sich dann um die Abwicklung der Kredite kümmert. An dieser sind die Citigroup sowie die Eurohypo je zur Hälfte beteiligt, so dass die Eurohypo auf die Abwicklung Einfluss nehmen kann und im Weiteren an eventuellen Erträgen partizipiert. Opus Advisers hat zur Abwicklung 140 Beschäftigte der Eurohypo übernommen. Hinter der Eurohypo stecken die Großaktionäre Commerzbank (32%), Allianz (28%) und Deutsche Bank (38%). Opus sieht sich als Plattform für den Ankauf und die Verwertung von Non-Performing- oder Sub-Performing-Immobilienkrediten aus dem privaten oder gewerblichen Bereich. Großvolumige Firmenkredite stehen nicht im Fokus.[413]

- *Shinsei Bank/Flowers*
  Eine weitere Kooperation ist das Joint Venture zwischen der WestLB (Beteiligungsquote: 33,3%) der NordLB (33,3%), dem US-Investor Flowers (9%) und der japani-

---

409 Vgl. Chu (1992), S. 57.

410 Vgl. Franke (2004), S. 31; Citigroup (2004), S. 12; Eigendorf/Panitz (2004), S. 15.

411 Special Purpose Vehicle bezeichnet eine Gesellschaft, die extra für den Zweck der Übertragung gegründet wird, aber keine sonstigen Funktionen wahrnimmt. Sie wird auch "Asset Holder" genannt.

412 Als weiterer Investor ist die General Motors Acceptance Corporation bekannt, die ihre Beteiligung nicht offen legt. Vgl. o.V. (2004b), S. 25. Da die Eurohypo nur Mindergesellschafter ist, muss die Beteiligung nicht konsolidiert werden. Der Sitz der Gesellschaft ist in Amerika.

413 Vgl. Lebert (2004b), S. 21; Lebert (2004a), S. 24.

schen Shinsei Bank (24,3%).[414] Dieses Unternehmen mit dem Namen Servicegesellschaft Kreditmanagement GmbH (SGK) existiert seit August 2005 und kauft zunächst den beiden Landesbanken gewerbliche Immobilienkredite in Höhe von jeweils 200 Mio. EUR ab. Im Anschluss sollen die Distressed-Debt-Engagements der 200 angeschlossenen sowie anderer interessierter Sparkassen erworben und das Joint Venture zum zentralen Institut für Problemkredite im Sparkassenverbund ausgebaut werden.[415]

- *BAG Hamm*
  Die Bankaktiengesellschaft (BAG) Hamm soll als bundesweit tätiges Kreditinstitut des genossenschaftlichen Finanzverbundes die Bearbeitung problembehafteter Risikoaktiva, die sie von den einzelnen Genossenschaftsbanken erwirbt, vornehmen. Sie dient dem Genossenschaftssektor mit ihren ca. 270 Mitarbeitern als Abwicklungsplattform mit einem derzeitigen Forderungsvolumen von ca. 3,5 Mrd. EUR. Seit dem 1. Juli 2005 hat sie ihr Aufgabenspektrum erweitert und übernimmt auch die gesamte Bearbeitung von Problemkreditportfolios. Dabei will die BAG das Servicing insbesondere außerhalb des genossenschaftlichen Verbundes ausweiten (Sparkassen und Großbanken) und als Käufer von Distressed Loans auftreten. Insofern steht die BAG Hamm in direktem Wettbewerb mit der SGK.[416]

Weitere Investoren sind die Investmentbanken JP Morgan, Morgan Stanley, sowie Credit Suisse First Boston, deren Engagement bei Unternehmensverbindlichkeiten eher im Single-Name-Bereich gesehen wird. Auch sind die Beteiligungsgesellschaften Fortress, Apollo Advisors, Highbridge/Zwirn sowie Cerberus als Nachfrager auf diesem Markt tätig.

Der Marktüberblick zeigt, dass Distressed Debt Investing in Deutschland erst seit 2003 von Finanzinvestoren verfolgt wird. Der Schwerpunkt der Portfoliotransaktionen liegt mit einem Anteil von ca. 74% auf Immobilienkrediten. Die restlichen 26% beziehen sich auf den Handel mit Unternehmenskrediten und sind überwiegend von der Bereinigung der Dresdner Bank und dem Verkauf der Delmora Bank geprägt (insgesamt 95% des Transaktionsvolumens). Auch die Anzahl der Verkäufe im Immobilienbereich ist doppelt so hoch. Für den Bereich des Distressed Corporate Debt sind hingegen 10 öffentliche Transaktionen im Single-Name-Bereich mit einem Volumen von 1,9 Mrd. EUR bekannt.

---

414 Vgl. o.V. (2005j), S. 16. Die Shinsei Bank (Shinsei bedeutet Wiedergeburt) ist aus der Long-Term Credit Bank of Japan (LTCB Bank) entstanden, die durch ein zu hohes Distressed-Debt-Volumen in Schwierigkeiten geraten war. Die Bank wurde vom japanischen Staat 1998 an Flowers und die Private Equity Gesellschaft Ripplewood verkauft und von ihnen nach einer Rekapitalisierung 2004 an die Börse gebracht. Die Erfahrung der Bank liegt im Wesentlichen auf der Abarbeitung des eigenen Distressed-Debt-Volumens von ca. 16 Mrd. EUR. Vgl. Dowideit (2005), S. 14; Köhler (2005), S. B 8; Schmid/Milne/Ibison (2005), S. 19.

415 Vgl. Dowideit (2005), S. 14.

416 Vgl. Bankaktiengesellschaft Hamm (2005), S. 2ff; o.V. (2005i), S. 4.

	Portfolio		Single Name	
	Unternehmen	Immobilien	Unternehmen	Immobilien
Anzahl Transaktionen	4	9	10	–
Nominalvolumen Mrd. EUR	3,6 (26%)	10,0 (74%)	1,9 (100%)	–
	Σ 13,6 Mrd. EUR[1)]		Σ 1,9 Mrd. EUR[1)]	

Abbildung 21: Öffentliche Distressed-Debt-Transaktionen Januar 2003-Juli 2005 in Deutschland nach Transaktionsform[417]

Der Großteil des gehandelten Distressed-Debt-Volumens entsteht aus dem Drang zur einmaligen Bilanzbereinigung im Rahmen von Portfolio- oder Basket-Transaktionen. Dabei hat sich das Joint Venture Opus als Abwicklungsplattform für Immobilienkredite der Eurohypo etabliert. Darüber hinaus existieren mit der SGK, der Delmora Bank und der BAG Hamm drei Plattformen, die Unternehmenskredite bearbeiten wollen. Inwieweit sie Neugeschäft im Sinne von Distressed Corporate Debt akquirieren können, ist ungewiss.

Der geringe Anteil von Unternehmensverbindlichkeiten am Handelsvolumen wird als Grund für die bisherige Zurückhaltung der Distressed-Debt-Investoren wie z.B. der Deutschen Bank London genannt.[418] Auch beim HVB-Portfolio handelt es sich insbesondere um Immobilienkredite. Des Weiteren sind die Kredite überwiegend Non-Performing. Größeres Potenzial der Kostenersparnis für die Banken liegt in den noch nicht ausgefallenen Sub-Performing Loans, weil sie mit mehr Arbeit, z.B. in der Überwachung, verbunden sind.[419] Für die Entwicklung des Marktes ist es daher von großem Interesse, inwieweit Barrieren die Marktentwicklung hemmen. Hierzu sollen nun unter Verwendung der bisherigen Erkenntnisse Kriterien für eine systematische Untersuchung des Marktes erarbeitet werden.

417 Eigene Darstellung; s. Transaktionen in Abschnitt 2.3.2.1 und 2.3.2.2.Ohne Transaktionen, die nicht zugeordnet werden konnten sowie Konsumentenkredite; Delmora-Portfolio sowie der Verkauf der Niederschlesischen Sparkasse wurden gleichmäßig auf die einzelnen Kreditsegmente verteilt.

418 Vgl. Maisch/Potthoff (2005), S. 26.

419 Vgl. o.V. (2004a), S. 23.

3 Kriterien für die Analyse des Distressed-Debt-Marktes

Nach der Vorstellung der grundlegenden Elemente des Distressed Debt Investing und der aktuellen Marktentwicklungen wird nun eine Struktur abgeleitet, anhand derer eine umfassende Analyse des Marktes für die Durchführung des Distressed Debt Investing möglich ist.

In Kapitel 3.1 erfolgt zunächst eine Darstellung des Kapitalmarktes sowie eine Einordnung des Distressed Debt Investing in Deutschland. Anhand der Vorgehensweise empirischer Untersuchungen von Kapitalmärkten in Kapitel 3.2 wird anschließend ein Bezugsrahmen für den Distressed-Debt-Markt erstellt (Kapitel 3.3.).

Auf eine ausführliche Darstellung der Existenz und Funktionsweise von Märkten als Koordinationsform anhand der klassischen und neoklassischen Theorie sowie der Neuen Institutionenökonomie (NIÖ) und ihren unterschiedlichen Annahmen wird in dieser Arbeit bewusst verzichtet. Hierzu wird auf die Literatur verwiesen, die den Zusammenhang der Theorien und deren Effizienzverständnis ausgiebig untersucht hat.[420]

3.1 Einordnung von Distressed Debt in den Kapitalmarkt

Das "Gut" des Kapitalmarktes wird in der Literatur mit Finanzierungsmitteln gleichgesetzt. Wesentliches Merkmal ist nach *Obst/Hinter* die Koordination von finanzieller Ersparnis aus laufendem Einkommen mit der Finanzierung von Investitionen.[421] Eine einheitliche Definition hat sich in der Literatur jedoch nicht etabliert.[422] Allgemein lässt sich der Kapitalmarkt aber folgendermaßen charakterisieren:

> "Der Kapitalmarkt ist die Gesamtheit der Möglichkeiten, frühere gegen spätere Zahlungen zu tauschen, wobei eine Zahlung heute den Preis für die zugehörige Gegenleistung in Form zukünftiger Zahlungen angibt."[423]

Die Frage, ob in diesem Zusammenhang, der Kreditmarkt als Teil des Kapitalmarktes zu betrachten ist, oder der Kreditmarkt ein weiterer Teil des Finanzmarktes darstellt wird in der

---

420 Ausführungen zur Koordinationsform finden sich bei Himberger (1994), S. 80f u. 134ff; Zbornik (1996), S. 45f; Lütz (2003), S. 12; von Daniels (2004), S. 57ff. Für Ausführungen zur klassischen und neoklassischen Theorie und deren Effizienzverständnis s. Loy (1995); Olten (1998); Tietze (2002); von Daniels (2004) sowie die dort angegebene Literatur. Zur Neuen Institutionenökonomie s. Jensen/Meckling (1976); Kress (1996); Martiensen (2000); Richter/Furubotn (2003).

421 Vgl. Obst/Hintner (1993), S. 1206.

422 Vgl. Tietze (2002), S. 45; von Daniels (2004), S. 78 und die dort angegebene Literatur. Weitere Definitionen existieren z.B. bei Tuchfeldt (1978), S. 433; Häuser (1995), Sp. 1124; Büschgen (1998), S. 111f. Der Kapitalmarkt wird in dieser Arbeit als Bestandteil des Finanzmarktes betrachtet und nicht mit diesem gleichgestellt.

423 Vgl. Schmidt/Terberger (1996), S. 88.

Literatur unterschiedlich behandelt.[424] Dies resultiert aus der Unterteilung des Finanzmarktes in einen Geld- und einen Kapitalmarkt mit der Fristigkeit als Differenzierungsmerkmal, wobei der Kreditmarkt außer acht gelassen wird. *Eilenberger* stellt hierzu fest, dass der Kreditmarkt als eigenständiger Markt im wesentlichen die Kreditbeziehungen (unverbriefte Forderungen) zwischen Bank- und Versicherungsbetrieben mit ihren jeweiligen Nachfragern oder Nachfragergruppen regelt.[425] Die Nachfrager können auch als Schuldner bezeichnet werden und sind auf dem Kreditmarkt der Bankbetriebe neben den Banken selbst (Interbankenmarkt), die privaten und öffentlichen Haushalte sowie die Gruppe der Unternehmen und Selbständigen. Sie gehen kurz-, mittel- und langfristige Kreditbeziehungen ein.[426]

Zur Systematisierung von Distressed Debt im Rahmen dieser Arbeit sollen die Merkmale des Kapitalmarktes um die Charakteristika des Kreditmarktes erweitert werden. Daher sollen die Aspekte der Handelbarkeit, der Fristigkeit sowie des Schuldners bei der Betrachtung als Eigenschaften hinzugefügt werden. Hinsichtlich der Einordnung werden daher sieben Merkmale herangezogen:[427]

a) **Grad der Organisation**
   Man unterscheidet bei der Organisationsform zwischen einem organisierten und einem nicht-organisierten Kapitalmarkt. Beim organisierten Kapitalmarkt handelt es sich um einen institutionalisierten, durch Publizität und dauerhafte Organisation charakterisierten Markt. Gemäß Wertpapierhandelsgesetz ist er ein Markt, "der von staatlich anerkannten Stellen geregelt und überwacht wird, regelmäßig stattfindet und für das Publikum unmittelbar oder mittelbar zugänglich ist."[428] Einen solchen Kapitalmarkt stellt die Börse dar. Der nicht-organisierte Kapitalmarkt umfasst hingegen die individuellen Beziehungen zwischen Anbieter und Nachfrager. Auf diesem gesetzlich nicht geregelten und daher auch als "freier" oder "grauer" bezeichneten Markt werden so genannte OTC-Geschäfte (Over The Counter) anonym und nicht öffentlich abgewickelt. Wesentlicher Kritikpunkt dieser Marktform ist, dass die Leistungsfähigkeit wegen fehlender Marktordnung und Treffpunkten für die Teilnehmer nur sehr gering sein kann.[429] Als Vorteil erweisen sich die geringeren Kosten im Hinblick auf eine ansonsten nötige Börsenzulassung (Prospekterstellung bei der Emission von Anleihen) oder der Durchführung eines externen Ratings als zwin-

424 Bei Unterteilung des Finanzmarktes nach Fristigkeit kann der Kreditmarkt weder dem Geld- noch dem Kapitalmarkt eindeutig zugeordnet werden. Da alle Märkte in Substitutionsbeziehungen zueinander stehen und neue Finanzierungsinstrumente nicht klar zugeordnet werden können, wird der Kapitalmarktbegriff auch synonym für die Gesamtheit aller Finanzmärkte verwendet Vgl. Cramer (1999), S. 1108.

425 Vgl. Eilenberger (1997a), S. 39.

426 Außer kurzfristige Interbankengeschäfte, die auf dem Geldmarkt stattfinden. Vgl. Eilenberger (1997a), S. 40.

427 Vgl. Büschgen (1998), S. 195ff; Kress (1996), S. 30; Loistl (1994), S. 15f.

428 Vgl. § 2 Abs. 5 WphG in der Fassung der Bekanntmachung vom 9. September 1998.

429 Vgl. Gerke/Philipp (1985), S. 36.

gende Voraussetzung zur Marktteilnahme an einem organisierten Markt.[430] Der Handel mit Distressed Debt erfolgt in Deutschland im Rahmen von OTC Geschäften und ist somit ein "nicht-organisierter" Markt.

b) **Funktion**

Nach der Funktion werden Kapitalmärkte in Primär- und Sekundärmärkte unterteilt. Der Primär- oder auch Emissionsmarkt zeichnet sich durch die Schaffung von Kapitalmarkttiteln aus. Unter Kapitalmarkttiteln versteht man z.B. Anleihen, Aktien oder Fondsanteile, die erstmalig emittiert bzw. platziert werden. Kapitalsuchende Anbieter treten also mit anlagewilligen Sparen erstmalig in Kontakt.[431] Die Emission erfolgt oft über Finanzintermediäre, wie Banken oder Investmentgesellschaften, die für den Emittenten die Abwicklung übernehmen. Der Sekundärmarkt schließt sich an den Primärmarkt an und befasst sich mit dem Angebot und der Nachfrage von bereits im Umlauf befindlichen Titeln, und wird auch "Zirkulationsmarkt" genannt. Er dient der Anlegersubstitution und nicht der Kapitalbeschaffung, obwohl er zumindest mittelbar auf diese Funktion Einfluss nimmt.[432] Diese Ausprägung entspricht dem Distressed Debt Investing, weil es sich um die Investition bereits im Umlauf befindlicher Verbindlichkeiten handelt.

c) **Handelsgegenstand**

Wie bereits erwähnt, werden auf Kapitalmärkten Finanzierungsmittel gehandelt. Sie können in wertpapierrechtlich verbriefter oder unverbriefter Form auftreten und schuld- (Fremdkapital im Sinne von Krediten oder Anleihen) oder beteiligungsrechtlichen (Eigenkapital im Sinne von Aktien oder Gesellschaftsanteilen) Charakter annehmen. Weiterhin existieren Mischformen, so genanntes Mezzanine-Kapital, das auf Grund der Rendite- und Risikoverteilung zwischen Eigen- und Fremdkapital angesiedelt wird. Hierunter fallen z.B. Wandel- oder Optionsanleihen und Genussscheine.[433] Da Distressed Debt als Fremdkapital einzuordnen ist, werden hier keine Eigenkapitalansprüche gehandelt, aber Investments in Wandelanleihen (Mezzanine-Kapital) können vorkommen.

d) **Erfüllungszeitpunkt**

Mit dem Merkmal der Fälligkeit der auszuführenden Transaktionen wird die Aufteilung in Kassa- und Terminmarkt vorgenommen. Während beim Kassamarkt die Erfüllung der abgeschlossenen Verträge sofort bzw. sehr kurzfristig erfolgt – was dem Charakter des

430 Vgl. Perridon/Steiner (2002), S. 172.
431 Vgl. Loistl (1994), S. 15.
432 Vgl. Kress (1996), S. 30.
433 Die Auffassung, dass Distressed Debt auf Grund der Krisensituation des Schuldners als eigenkapitalnah und somit als Mezzanine eingestuft wird, soll hier nicht vertreten werden. Das Verständnis von "Mezzanine-Kapital" soll sich vielmehr auf den Zeitpunkt der Emission beziehen.

Distressed Debt Handels entspricht –, werden beim Terminmarkt zukünftige Erfüllungszeitpunkte vereinbart.

e) **Fristigkeit**
Im Gegensatz zu der teilweise verwendeten Zweiteilung des Finanzmarktes in den kurz- und mittelfristigen Geldmarkt sowie langfristigen Kapitalmarkt werden hier sämtliche Fristigkeiten betrachtet. So kann Distressed Debt kurz, mittelfristig sowie auch langfristige Fremdkapital darstellen.

f) **Handelbarkeit**
Die Unterscheidung der Handelbarkeit dient zur Differenzierung zwischen dem Kreditmarkt, auf dem in bilateralen Verträgen zwischen Kreditnehmern und meist einem Kreditinstitut ein Darlehensvertrag abgeschlossen wird und dem Wertpapiermarkt, auf dem der Rechtsanspruch in einer Urkunde festgehalten wird. Kredite jedoch, die verbrieft sind (Securitization[434]), sollen in diesem Zusammenhang dem Wertpapiermarkt zugeordnet werden. Auf Distressed Debt Märkten findet sowohl der Handel mit Anleihen (Wertpapiere), verbrieften Krediten (Wertpapiere) und nicht verbrieften Krediten statt. Bei letzteren ist der Handel erschwert.

g) **Schuldner**
Der Schuldner von Forderungen kann bei Distressed Debt sowohl eine Bank als auch ein privater oder öffentlicher Haushalt sowie ein Unternehmen oder ein Selbstständiger sein. Während in Deutschland sowohl Kredite gegenüber privaten Haushalten als auch gegenüber der Gruppe der Unternehmen und Selbständigen gehandelt werden, steht im Rahmen dieser Arbeit Letztere im Fokus der Untersuchung.

Der deutsche Distressed-Debt-Markt wird daher als nicht-organisierter Sekundärmarkt verstanden auf dem sowohl verbriefte als auch nicht verbriefte Ansprüche gehandelt werden.[435] Handelsgegenstand im Rahmen der Untersuchung sind Fremdkapitaltitel in Form von Unternehmenskrediten und Unternehmensanleihen unabhängig von ihrer Fristigkeit.

---

434 Securitization bezeichnet die Verbriefung von Krediten in Wertpapierform.
435 Der Kauf von Anleihen wird nicht generell als organisierter Markt verstanden, weil er aus Sicht der Investoren im Wesentlichen über OTC-Geschäfte erfolgt.

Abbildung 22: Einordnung des deutschen Distressed-Debt-Marktes[436]

Weiterhin wird der Kapitalmarkt durch seine Aufgaben charakterisiert. Für diese Unterteilung existieren jedoch in der Literatur zahlreiche Systematiken und Bezeichnungen, sowohl auf Grund der unterschiedlichen Betrachtungsweise von Märkten, als auch wegen der Fokussierung auf Börsen als Untersuchungsgegenstand.[437] Die hier verwendeten Marktfunktionen konzentrieren sich auf die wesentlichen Charakteristika von Sekundärmärkten für das Distressed Debt Investing.[438]

In Kapitel 2.3 wurde auf die Risiken einer Distressed-Debt-Investition Bezug genommen. Durch den Verkauf von Distressed Debt kann ein Risiko transformiert werden (Transformationsfunktion). Der Markt unterstützt dadurch die kostenoptimale Allokation von Risiken auf jene Wirtschaftsteilnehmer, die bestimmte Risiken übernehmen wollen, bzw. erlaubt es anderen Wirtschaftsteilnehmern, Risiken abzutreten, die sie nicht oder nur in einem bestimmten Ausmaß tragen wollen.[439] Weitere Funktionen sind in den dargestellten Marktunvollkommenheiten zu sehen. So soll durch die Erfüllung der Liquidisierungsfunktion die Illiquidität des Marktes verhindert und die Möglichkeit des Verkaufs gegeben werden. Der Prozess erfordert eine Bewertung des Tauschgegenstandes. Mit der Bildung eines Marktpreises als Ergebnis von Angebot und Nachfrage wird diese Information erzeugt (Preisbildungs- und Bewertungsfunktion) und ermöglicht den Marktteilnehmern, auf die Eigenschaften des zugrunde liegen-

---

436 Eigene Darstellung in Anlehnung an Büschgen (1998), S. 195ff; Eilenberger (1997a), S. 32ff; Kress (1996), S. 30; Loistl (1994), S. 15f.

437 Vgl. Kress (1996), S. 33; Olten (1998), S. 17 ff sowie von Daniels (2004), S. 93f und die dort angegebene Literatur zur Funktionsdiskussion und die Aufzählung der unterschiedlichen Unterfunktionen.

438 Vgl. Tietze (2002), S. 46f. Dabei wird die Allokations- die Innovations- und die Finanzierungsfunktion dem Primärmarkt zugeordnet. Zur Überschneidung der Funktionen und der gegenseitigen Abhängigkeitsverhältnisses siehe von Daniels (2004), S. 95f.

439 Vgl. Bernet (2003), S. 11.

den Produktes zu schließen.[440] Preise sollen demnach dem Barwert der zukünftigen Zahlungen entsprechen, die der Besitz jener Anlage beinhaltet, d.h. die Höhe der zukünftigen Zahlungen, die Abzinsungsrate, welche die Unsicherheit der Zahlungen widerspiegelt und sonstige Einflussfaktoren wie z.B. Mitbestimmungs-, Kontroll- und Informationsrechte.[441] Eng verbunden damit ist die Informationsfunktion, die neben der Veröffentlichung von Marktpreisen auch andere Daten über die Vorgänge am Kapitalmarkt beinhaltet, um den Informationsstand der Marktteilnehmer zu erhöhen und die Intransparenz zu verringern. Der Distressed-Debt-Markt lässt sich somit in die Systematisierung des Kapitalmarktes unter Berücksichtigung der Charakteristika des Kreditmarktes eingliedern und anhand der Kapitalmarktfunktionen werden die sich ergebenen Möglichkeiten, z.B. des Risikotransfers oder der Liquidiserung deutlich. Zur Analyse des Distressed-Debt-Marktes gilt es nun einen Bezugsrahmen für die empirische Untersuchung des Marktes zu entwickeln.

3.2 Vorgehensweisen empirischer Kapitalmarktuntersuchungen

Empirische Kapitalmarktuntersuchungen analysieren die Effizienz der Märkte unter Verwendung unterschiedlicher Kriterien. Unter "Effizienz" im ursprünglichen Sinne wird ein hoher Zielerreichungsgrad bei gegebenem Input bzw. ein vorgegebener Zielerreichungsgrad bei geringem Input verstanden.[442] In der Literatur haben sich in Abhängigkeit vom Untersuchungsgegenstand unterschiedliche Effizienzbegriffe herausgebildet. In Anlehnung an *Tietze* wird eine Aktivität als "effizient" bezeichnet, wenn sie die ihr übertragenen Funktionen vollständig erfüllt.[443] Daher stehen die Voraussetzungen für eine vollständige Funktionserfüllung im Vordergrund. In Erweiterung der Definition von Effizienz versteht man unter Kapitalmarkteffizienz die optimale Erfüllung der dem Kapitalmarkt zugeschriebenen Funktionen.[444] Die Begriffe Funktionsfähigkeit oder Leistungsfähigkeit des Kapitalmarktes finden hier als Synonyme zur Kapitalmarkteffizienz Anwendung.[445] In Bezug auf die Operationalisierung von Kriterien für den Kapitalmarkt lassen sich vier Konzepte identifizieren.

Das Konzept von *Einzig* besteht aus 28 verschiedenen Bedingungen, wobei 20 generelle Anforderungen sich z.B. auf Kapitalangebot oder politische und ökonomische Verhältnisse beziehen, und aus acht zusätzlichen Anforderungen (z.B. stabile Währung, günstige Zahlungsbilanzsituation).[446] Die geringe Messbarkeit und die komplexe Umsetzung dieser Kriterien füh-

---

440 Vgl. Sapusek (1998), S. 9.

441 Die Vielzahl von Einflussfaktoren lässt eine absolut rationale Berechnung oft nicht zu. Man kann aber persönliche börsentechnische sowie wirtschaftliche Faktoren unterscheiden. Vgl. von Daniels (2004), S. 102f.

442 Vgl. Welge/Fessmann (1980), S. 577 ff.

443 Vgl. Tietze (2002), S. 72.

444 Vgl. Gehrmann (1978), S. 53f.

445 Vgl. Tietze (2002), S. 72 f.

446 Vgl. Einzig (1969), S. 25-27 u. S.37.

ren in der Literatur zu einer Ablehnung.[447] *Einzigs* Konzept wird daher als Aufzählung von Voraussetzungen verstanden, damit überhaupt Transaktionen auf einem Markt durchgeführt werden. Eine systematische Beurteilung der Funktionsfähigkeit des Marktes ist nicht möglich.

Der Kriterienkatalog *von Schimmöller* basiert auf den Vorstellungen der Theorie des funktionsfähigen Wettbewerbs (Workable Competition) in Anlehnung an die dynamische Effizienz und gliedert sich entsprechend des Marktprozesses in drei Bereiche: [448]

- **Marktstrukturkriterien:** Finanz- bzw. Bankensystem, Handelsvolumen an den Zirkulationsmärkten sowie die Publizität als Ausdruck der Markttransparenz
- **Marktverhaltenskriterien:** Staatliche Intervention in den Marktprozess, Marktverhalten der öffentlichen Hand als Kapitalnachfrager, Marktverhalten der institutionellen Investoren
- **Marktergebniskriterien:** Emissionsvolumen des organisierten Kapitalmarktes, die Höhe des Kapitalmarktzinses, die Stabilität des Kapitalmarktes und die Höhe der Transformationskosten

An diesem Ansatz wird vor allem die nicht eindeutig abgrenzbare Auswahl und Zuordnung der Kriterien zu der Dreiteilung des Marktprozesses beanstandet. Wesentliche Aspekte eines effizienten Kapitalmarktes bleiben unberücksichtigt.[449]

Zwei weitere Konzepte stellen die Systematisierungen von *Gerke* einerseits sowie der *Organisation for Economic Co-operation and Development* (OECD) in Verbindung mit *West* andererseits dar, wobei sich unterschiedliche Zielsetzungen erkennen lassen. Die Gliederung nach *Gerke* beruht auf der optimalen Funktionsfähigkeit von Wertpapierbörsen und stützt sich auf die Ausgestaltung von Märkten im Sinne der Marktmikrostruktur.[450] Die Gliederung der *OECD* verbunden mit den Aussagen von *West,* fokussiert hingegen die Analyse von Märkten und eignet sich auch für nicht-organisierte Kapitalmärkte sowie deren Darstellung im Vergleich zu anderen Märkten.[451] Letztere Vorgehensweise wird im Rahmen dieser Arbeit verwendet. Sie berücksichtigt die Kriterien der Transaktionskostentheorie und die Thematik der Informationsasymmetrie auf Märkten sowie weitere marktseitige Rahmenbedingungen. Ausgangspunkt des Konzeptes ist die Trennung von interner und externer Kapitalmarkteffizienz. Die interne Effizienz beschreibt den Organisationsprozess des Tauschs und betrifft sowohl die

---

447 Vgl. Gehrmann (1978), S. 56f.

448 Vgl. Schimmöller (1975), S. 169.

449 Vgl. Gehrmann (1978), S. 57; Schulte (1991), S. 36; Tietze (2002), S. 79.

450 Vgl. Gerke (1991), S. 4ff. Die Aufteilung wird in leicht angepasster Form von Bienert (1996), S. 32 und von Daniels (2004), S. 104ff. verwendet.

451 Vgl. OECD (1967), S. 217ff; West (1975), S. 30ff. Diese Struktur findet Anwendung bei Gehrmann (1978), S. 53ff; Schulte (1991), S. 33ff; Kress (1996), S. 33ff; Tietze (2002), S. 72ff.

Bedingungen des Marktes (institutionelle Effizienz) als auch die Effizienz des Prozesses (operationelle Effizienz) im Sinne geringer Transaktionskosten. Institutionelle und operationelle Effizienz bilden die Basis für die Informationseffizienz. Diese wiederum gehört zur externen Effizienz und beinhaltet die Informationsverarbeitung durch die Märkte.[452] Insoweit werden die Erkenntnisse der Neuen Institutionenökonomie bei der Beurteilung berücksichtigt. Die einzelnen Effizienzbegriffe werden schließlich in ein Abhängigkeitssystem gestellt, mit der Allokationseffizienz als oberstem Ziel. Die Unterordnung von Informationseffizienz unter die Allokationseffizienz wird nicht von allen Kapitalmarkttheoretikern vertreten.[453] Die Kritik ist für diese Arbeit aber nicht von Relevanz, da auf die Allokationseffizienz im Hinblick auf den Sekundärmarktcharakter nicht eingegangen wird.

Ein weiterer Schritt verbindet nun die interne Effizienz mit den Kriterien der *OECD* Studie zur Bestimmung der Effizienz von Kapitalmärkten.[454] In der Studie werden Beurteilungskriterien auf Basis von Einzelstudien erarbeitet, die sich mit der Struktur und Funktionsweise nationaler Kapitalmärkte beschäftigen.[455] Sie eignen sich als Kriterien für die institutionelle und operationelle Effizienz. In Bezug auf die Informationseffizienz (externe Effizienz), werden die Erkenntnisse von *Fama* angewendet und an den Untersuchungszweck angepasst. Die Betrachtung eines Sekundärmarktes für Distressed Debt Investing ergibt folgende Grundstruktur:[456]

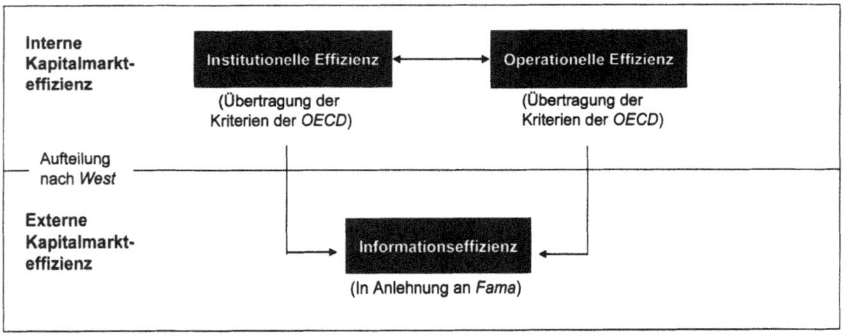

Abbildung 23: Systematisierung der Effizienzformen für die Marktuntersuchung[457]

[452] Vgl. Kress (1996), S. 39 u. S. 54.

[453] Vgl. Aulibauer (2002), S. 12f.

[454] Die Analysen wurden von drei Expertengruppen durchgeführt, die ihre Ergebnisse in einem eigenen Bericht veröffentlichten. Die Themen waren "The Formation of Saving", "The Functioning of Capital Markets" und "The Utilization of Savings". Vgl. OECD (1967).

[455] Vgl. Tietze (2002), S. 60.

[456] Bei der Analyse eines Marktes für Distressed Debt Investing als Sekundärmarkt wird die Allokationseffizienz als Primärfunktion im Folgenden nicht getrennt analysiert, sondern vielmehr im Rahmen des Zielsystems mitbetrachtet. Vgl. von Daniels (2004), S. 105.

[457] Eigene Darstellung in Anlehnung an Kress (1996), S. 30; Tietze (2002), S. 77.

3.3 Übertragung von Kriterien auf den Distressed-Debt-Markt

3.3.1 Institutionelle und operationelle Effizienz (interne Effizienz)

Kriterien der OECD-Studie sind die Begriffe Kapazität, Stabilität, Transaktionskosten und Elastizität.[458] Sie werden im Folgenden auf die Charakteristika des Marktes für Distressed Debt übertragen.

- **Kapazität (institutionelle Effizienz)**[459]

  Die Bestimmung der Kapazität eines Kapitalmarktes unterscheidet zwischen absoluter und relativer Kapazität.[460] Die absolute Kapazität spiegelt die Fähigkeit des Marktes wider, umfangreiche Transaktionen durchführen zu können, d.h. wie viel Kapital von den Anlegern zur Verfügung gestellt und wie viel Kapital von den Nachfragern aufgenommen wird (Leistungsfähigkeit des Marktes). Das auf den Emissionsmarkt bezogene Konzept kann ohne Probleme auf den Sekundärmarkt übertragen werden, denn die Bestimmungsfaktoren sind für beide Märkte nahezu identisch.[461] Für das Distressed Debt Investing interessieren in diesem Zusammenhang die potenziellen Ströme, weil der Markt in seiner Entstehung bzw. Existenz untersucht wird. Sie können aber nur an einem organisierten Markt abgelesen werden. Als Messkriterien dienen daher eine Abschätzung der derzeitigen Finanzströme und der möglichen Handelsvolumina in Anlehnung an die Marktvolumina. Die Ergiebigkeit des Marktes kommt dabei nicht zum Ausdruck.

  Schließlich muss die Höhe der Transaktionen im Hinblick auf die Größe des Marktes bzw. einer Volkswirtschaft gesehen werden. Dieser Vergleich wird durch die relative Kapazität ausgedrückt. Auch hier muss man das aktuelle Entwicklungsstadium des Marktes berücksichtigen und auf das jeweilige Potenzial hinweisen. Im Gegensatz zu *Kress* wird die Kapazität im Rahmen der Untersuchung unabhängig von der Stabilität betrachtet, weil sie als Determinante der Stabilität in der Marktuntersuchung erst erarbeitet werden muss. Die Kapazität wird weiterhin der institutionellen Effizienz zugeordnet, denn sie stellt eine Rahmenbedingung des Marktes dar.

- **Stabilität (institutionelle Effizienz)**[462]

  Die Stabilität eines Marktes hängt wesentlich von der Ausgestaltung des Finanzsystems ab. Neben der Zuverlässigkeit des Systems wird auch sein Einfluss auf den jeweiligen Markt betrachtet. So kann das System die Marktstabilität unterstützen oder durch erschwerten Marktzugang (z.B. rechtliche Rahmenbedingungen) behindern. Aspekte, die die zeitweisen Schwankungen des Marktes betreffen werden nicht erläutert, weil sie sich

---

458 Vgl. OECD (1967), S. 217.
459 Vgl. OECD (1967), S. 217ff.
460 Vgl. OECD (1967), S. 218; Gehrmann (1978), S. 60; Tietze (2002), S. 80f.
461 Vgl. Kress (1996), S. 61.
462 Vgl. OECD (1967), S. 228ff.

im Wesentlichen auf die Untersuchungen organisierter Kapitalmärkte im Sinne von Börsen beziehen.[463] Der Fokus im Rahmen des Distressed Debt Investing liegt daher auf der Ausgestaltung des Finanzsystems und auf rechtlichen Barrieren beim Marktzutritt und der Anwendung dieses Instruments. Als weiterer Untersuchungsgegenstand werden die kulturellen Rahmenbedingungen analysiert. Sie sind zwar nicht durch die Institution vorgegeben, üben aber erheblichen Einfluss auf die Stabilität des Marktes aus.

- **Transaktionskosten (operationelle Effizienz)**[464]
  Unter den Transaktionskosten werden hier die mit der Durchführung eines Vertragsabschlusses verbundenen Kosten verstanden. Bezogen auf den Markt geben sie die organisationsbedingten Kosten an und sind ein Maß für die operationelle Effizienz im Sinne einer prozessorientierten Betrachtungsweise. Dies beruht auf der Annahme, dass verringerte Kosten die Transaktionsbereitschaft der Marktteilnehmer erhöhen, respektive erhöhte Kosten die Kapitalbewegungen hemmen. In der Gliederung werden die Stufen der Such-, Anbahnungs- und Vereinbarungskosten – soweit sie noch nicht die Vertragsverhandlung betreffen – unter dem Oberbegriff der Transaktionsvorbereitung und -vermarktung betrachtet. Die Abwicklungs-, Durchsetzungs-, Kontroll- und Anpassungskosten werden unter dem Oberbegriff der Vertragsdurchführung behandelt. Anschließend werden die Exitkosten thematisiert, wobei der Vorteil des Distressed-Debt-Investors im Vordergrund steht. Als weiteres Kriterium für geringe Prozesskosten ist auf den Erfahrungs- und Spezialisierungsgrad der Marktteilnehmer einzugehen.

- **Elastizität**[465]
  Die Elastizität des Marktes wird auch als Flexibilität bezeichnet und gibt an unter welchen Bedingungen der Ausgleich von Angebot und Nachfrage zustande kommt. Dabei wird die Fähigkeit der Marktteilnehmer, Kapitalangebot und Kapitalnachfrage auszugleichen, durch die Bandbreite der verfügbaren Finanzinstrumente in den verschiedenen Segmenten des Kapitalmarktes determiniert.[466] Dieses Kriterium bezieht daher sich auf die Allokationseffizienz von Märkten und ist dem Primärmarkt zuzuordnen.[467] Die Flexibilität wird daher nicht explizit analysiert, aber im Zielsystem mitbetrachtet. So bilden eine hohe Kapazität und Stabilität eines Kapitalmarktes bereits gute Voraussetzungen für eine effiziente Kapitalallokation.

---

463 Vgl. Gehrmann (1978), S. 76.
464 Vgl. OECD (1967), S. 230ff.
465 Vgl. OECD (1967), S. 219ff.
466 Vgl. Tietze (2002), S. 86f.
467 Obwohl Gehrmann (1978), S. 66; Kress (1996), S. 60 die Elastizität nicht eindeutig der Allokationseffizienz zuweisen, wird aber aus ihrer Definition der Zusammenhang deutlich. So bringt Tietze (2002), S. 92 die OECD Kriterien erstmalig in einen direkten Zusammenhang mit den Effizienzbegriffen, wobei er die Informationseffizienz in seiner Analyse vernachlässigt.

3.3.2 Informationseffizienz (externe Effizienz)

Auch wenn sich in der Literatur das Kriterium der Informationseffizienz bei der Analyse von Kapitalmärkten hauptsächlich auf die Betrachtung von Preisen für Finanztitel an organisierten Kapitalmärkten bezieht, soll an diesem Kriterium festgehalten werden.[468] Wesentlicher Punkt ist die Informationsentdeckung, -verarbeitung und -verbreitung. Dabei geht es nicht darum, dass sich alle Informationen im Preis widerspiegeln, sondern, dass der Preis eine bestimmte Anzahl von Informationen reflektiert.[469] Dieses Konzept geht zurück auf *Fama*, der das Verhalten der Marktteilnehmer als rational ansieht, wenn alle verfügbaren Informationen aufgenommen werden. Die Verfügbarkeit ist folglich ausschlaggebend für die Effizienzermittlung und es können dadurch auch keine Spekulationsgewinne erzielt werden.[470] *Famas* Konzept wird als Markteffizienzhypothese für organisierte Märkte verwendet und unterliegt vier Bedingungen:[471]

- Alle allokationsrelevanten Informationen stehen jedem sofort und kostenlos zur Verfügung
- Die Investoren haben homogene Erwartungen
- Die Marktteilnehmer verhalten sich rational und kennen alle preisrelevanten Informationen
- Es gibt keine Transaktionskosten

Voraussetzung für einen effizienten Markt ist die Nichtexistenz von Transaktionskosten, ähnlich der des vollkommenen Marktes der Neoklassik. Seine Effizienz erscheint daher als nicht realisierbarer Idealzustand und kann nur als Vergleichsmaßstab für reale Märkte im Sinne einer relativen Effizienz dienen.[472] Fama wählt hier drei Abstufungen der Informationseffizienz, wobei der jeweils höhere den niedrigeren mit einschließt.

---

468 In der Literatur wird die bessere Eignung der institutionellen und operationellen Effizienz zur Bewertung von Kapitalmärkten hervorgehoben und auf die Analyse der Informationseffizienz verzichtet. Vgl. Tietze (2002), S. 78 und die dort angegebene Literatur. Zur ausführlichen Beschreibung der Informationseffizienz an organisierten Märkten s. auch Schulte (1991), S. 18ff.

469 Vgl. Fama/Miller (1972), S. 335.

470 Vgl. Sapusek (1998), S. 10; Mishkin/Eakins (2002), S. 275.

471 Vgl. Fama (1970), S. 387.

472 Zur weiteren Kritik siehe auch Schalast/Daynes (2005), S. 19f.

In Abhängigkeit von der Informationslage wird zwischen der schwachen, der mittelstrengen und der strengen Informationseffizienz unterschieden:[473]

- **Schwache Informationseffizienz:** Aktuelle Marktpreise reflektieren lediglich das Wissen historischer Daten, d.h. alle Informationen über vergangene Kursentwicklungen werden vollständig berücksichtigt, damit führt eine Analyse der Daten nicht zur Erzielung von Überrenditen.

- **Halbstrenge Informationseffizienz:** Marktpreise enthalten sämtliche öffentlich zugänglichen Daten, wodurch eine Analyse aller publizierten Informationen nicht zu Überrenditen führt.

- **Strenge Informationseffizienz:** In den Marktpreisen sind sämtliche bewertungsrelevanten Informationen verarbeitet, d.h. auch solche Informationen, die nur einem kleinen Kreis von Insidern zur Verfügung stehen. Daher kann selbst unter Zugang von monopolistischem Wissen keine Überrendite erzielt werden.

Die Annahmen und Formen strenger Informationseffizienz entsprechen nicht den Merkmalen realer Märkte.[474] Vielmehr erfolgt eine Abstraktion von den in der Realität anfallenden Informations- und Transaktionskosten, um die Art und Weise der Anpassung der Preise an unterschiedliche Informationen aufzeigen zu können.[475]

Aus dem dargestellten Konzept lassen sich aber zwei Kriterien für die Marktuntersuchung ableiten:

- **Informationsverbreitung**: Inwieweit sind die bestehenden Informationen den Marktteilnehmern zugänglich bzw. verfügbar?

- **Informationsverarbeitung**: Inwieweit werden die Informationen durch die Marktteilnehmer richtig interpretiert?

473 Vgl. Fama (1977), S. 41. Die Einteilung der Information in Mengenkategorien ist auf *Roberts* zurückzuführen und wird auch von *Malkiel* verwendet. Vgl. Aulibauer (2002), S. 28.

474 So steht die schwache Informationseffizienz im klaren Widerspruch zur technischen Analyse und die halbstrenge Informationseffizienz steht im Gegensatz zu den Versuchen der Fundamentanalytiker, Überrenditen aus der Auswertung von Informationen zu erzielen. Vgl. Kress (1996), S. 46.

475 *Aulibauer* fasst jedoch eine Reihe von Studien zusammen, die zeigen, dass Kapitalmärkte auch bei kostenpflichtigen Informationen effizient sein können, solange die Information einer ausreichenden Anzahl von Marktteilnehmern zur Verfügung steht und von diesen richtig interpretiert wird. Vgl. Aulibauer (2002), S. 29.

3.3.3 Leitgerüst der Marktuntersuchung

Die konzipierte Gliederung der institutionellen und operationellen Effizienz sowie der für die Informationseffizienz erarbeiteten Fragen werden abschließend in eine Struktur für die Marktuntersuchung übertragen. Folgende Limitierungen sind dabei zu beachten:

- Durch die selektive Verwendung von Kriterien kann nicht der Anspruch auf vollständige Berücksichtigung aller relevanten Aspekte erhoben werden. Der Fokus beleuchtet die drei wesentlichen Bereiche zur Beurteilung eines nicht-organisierten Sekundärmarktes.[476]

- Die Interdependenz zwischen den Faktoren muss bei der abschließenden Beurteilung bzw. der Zusammenfassung der Einzelurteile zu einer Gesamtsicht berücksichtigt werden, mit der Gefahr einer begrenzten Objektivität durch subjektive Aggregation.[477]

- Auf Grund der Charakterisierung des Distressed-Debt-Marktes als nicht-organisierter Markt sowie verursacht durch das geringe Entwicklungsstadium sind quantitative Daten kaum verfügbar. Im Vordergrund steht deswegen die Operationalisierung eines anwendbaren Kriterienkatalogs zur Beurteilung der Voraussetzungen mit eindeutigen Faktoren.[478]

- Bei Analysen der Kapitalmarkteffizienz gibt es kein Anspruchsniveau, ab welchem ein Markt als ineffizient zu bezeichnen ist.[479] Somit kann kein genauer Punkt definiert werden, ab dem es zur Ablehnung der Kapitalmarkteffizienz kommt. Dies ist für die Marktuntersuchung dieser Arbeit insofern irrelevant, weil das Ziel der Analyse nicht die Ermittlung eines Effizienzgrads darstellt, sondern eine qualitative Analyse des Marktes im Hinblick auf die Möglichkeiten und Grenzen.

---

476 Es wurde sichergestellt, dass die von der OECD als besonders einflussreich geltenden Aspekte bei der Analyse Berücksichtigung finden. Vgl. Kress (1996), S. 62 ff.

477 Vgl. Tietze (2002), S. 91 und die dort angegebene Literatur.

478 Vgl. Tietze (2002), S. 78. Die quantitative Messung einer Effizienz wird auch durch die Neue Institutionenökonomie in Frage gestellt und vielmehr eine qualitative Vorgehensweise vorgeschlagen. Vgl. Richter/Furubotn (2003), S. 570f.

479 Vgl. Fama (1970), S. 2; Tietze (2002), S. 92.

Abbildung 24 ordnet die einzelnen Kriterien den Begriffen der internen und externen Kapitalmarkteffizienz zu.

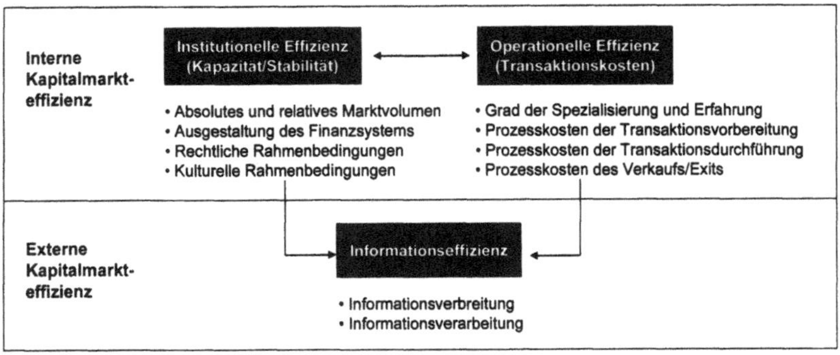

Abbildung 24: Kriterien für die Analyse des Distressed-Debt-Marktes[480]

Die Darstellung dient als Ausgangspunkt für die empirische Analyse in Kapitel 4, in der die Kriterien im Zusammenhang mit dem deutschen Markt untersucht werden. Dabei stellen die einzelnen Aspekte Oberbegriffe für eine Reihe von Untersuchungsfeldern dar, die durch die Durchführung von Experteninterviews und Analyse der Literatur erforscht werden. Die Beschreibung der Vorgehensweise erfolgt in den methodischen Vorbemerkungen des nächsten Kapitels.

480 Eigene Darstellung in Anlehnung an Kress (1996), S. 30; Tietze (2002), S. 77.

4 Distressed Debt Investing in Deutschland

Die bisherigen Ausführungen umfassen die wesentlichen Merkmale und den derzeitigen Stand des Distressed Debt Investing. In diesem Kapitel wird nun die vierte Forschungsfrage beantwortet: Welche Möglichkeiten bietet der deutsche Markt für die Etablierung des Distressed Debt Investing in Bezug auf Unternehmensverbindlichkeiten und welche Grenzen existieren? Basierend auf dem Kriterienkatalog in Kapitel 3 wird eine empirische Überprüfung der Voraussetzungen durchgeführt. Zunächst aber werden die Zielsetzung, die Konzeption und die Durchführung der Untersuchung erörtert.

4.1 Methodische Vorbemerkungen

In Anlehnung an die zentrale Fragestellung des Kapitels verfolgt die empirische Untersuchung drei Ziele:

1. **Marktverständnis** über öffentlich zugängliche Informationen hinaus (Kenntnisstand der Praxis)
2. **Problemverständnis** für die Umsetzung der Anlagestrategien im deutschen Markt (Auswirkungen von Markthemmnissen/Grenzen auf das Distressed Debt Investing)
3. **Verständnis bezüglich Lösungsalternativen und Entwicklungspotenzialen** im Markt (Marktchancen/Möglichkeiten)

Zur Durchführung wurde ein exploratives Vorgehen mit persönlichen Interviews gewählt. Dies beruht besonders auf dem aktuell unzureichenden Erkenntnisstand in der Literatur und der geringen Anzahl von Marktteilnehmern. Eine intensive Befragung und Diskussion mit den Interviewpartnern führt hier zu einem besseren Verständnis des Gesamtzusammenhangs und ermöglich die Erforschung bisher unberücksichtigter Elemente. Sie ist daher einem quantitativen Ansatz vorzuziehen. Bei den persönlichen Interviews handelt es sich um semi-standardisierte, problemzentrierte Befragungen, die auch als Leitfadeninterviews bezeichnet werden.

Die empirischen Untersuchung beinhaltet die Forschungsschritte drei bis fünf.

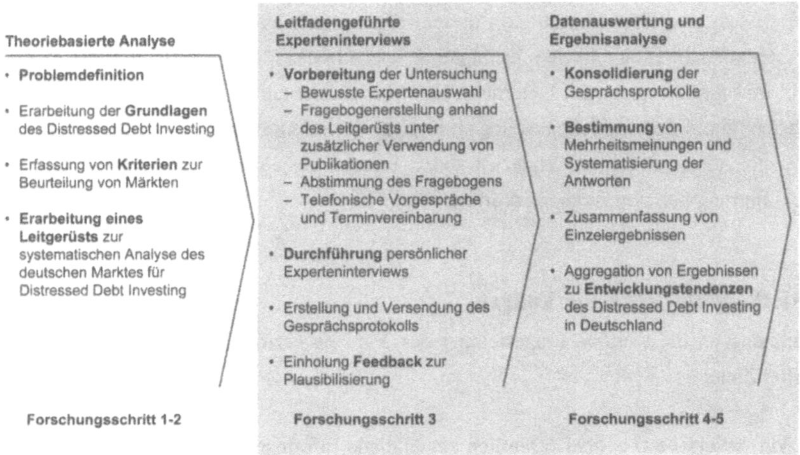

Abbildung 25: Vorgehensweise der empirischen Untersuchung[481]

Kritikpunkte an der Vorgehensweise sind in der Literatur die mangelnde

- Repräsentativität (nur Teilerhebung)
- Validität (Interviewer, Fragestellung und Ort können die Antworten beeinflussen)
- Objektivität (Interviewer könnte die Antworten fälschen oder selbst geben)
- Reliabilität (Wahrnehmung des Interviewers könnte beeinflusst sein)[482]

Die Repräsentativität wird dem Forschungsziel der detaillierten Erkenntnisgewinnung untergeordnet. Zwar wurde versucht, mit Fokus auf Distressed Corporate Debt anhand öffentlicher Transaktionen sowie Publikationen von Marktteilnehmern, eine umfassende Erhebung durchzuführen, auf Grund der Diskretion in diesem Markt, und der großen Anzahl potenzieller Verkäufer auf Bankenseite, basiert die Untersuchung aber auf einer Teilerhebung.

Bei der Auswahl von Marktteilnehmern mit Transaktionserfahrung in Deutschland war es wichtig, dass sich ihre Erfahrung auch auf die Behandlung von Unternehmensverbindlichkeiten bezog. Distressed-Debt-Investoren mit reinem Fokus auf Sub-Performing oder Non-Performing privaten oder gewerblichen Immobilienkrediten blieben unberücksichtigt (be-

481 Eigene Darstellung.

482 Vgl. Berekoven/Eckert/Ellenrieder (2001), S. 86ff; Bortz/Döring (2002), S. 201ff; Mayring (2002), S. 140ff; Mayring (2003), S. 109ff.

wusste Auswahl). Damit wurde die Validität weitestgehend sichergestellt.[483] Kriterien für die Selektion von Experten waren:

- **Distressed-Debt-Investoren** (mit Erfahrung im Kauf von Sub-Performing oder Non-Performing Debt deutscher Unternehmen)
- **Banken** (mit Erfahrung im Verkauf von Sub-Performing oder Non-Performing Debt deutscher Unternehmen)
- **Rechtsanwaltskanzleien** (mit Erfahrung in der Begleitung von Distressed-Debt-Transaktionen, vorrangig von Unternehmensverbindlichkeiten)
- **Wirtschaftsprüfungsgesellschaften** (mit Erfahrung in der Begleitung von Distressed-Debt-Transaktionen, vorrangig von Unternehmensverbindlichkeiten)
- **Servicer** (mit Erfahrung in der Begleitung oder Abwicklung von Distressed-Debt-Transaktionen, vorrangig von Unternehmensverbindlichkeiten)

Im Hinblick auf die Anzahl der befragten Distressed-Debt-Investoren, konnten von neun identifizierten Gesellschaften fünf befragt werden, drei lehnten eine Befragung ab und ein Investor wurde auf Grund des Investmentfokus bewusst von der Befragung ausgeschlossen. Auf Basis der öffentlichen Transaktionsvolumina ergab sich ein Marktanteil von 93,9%.

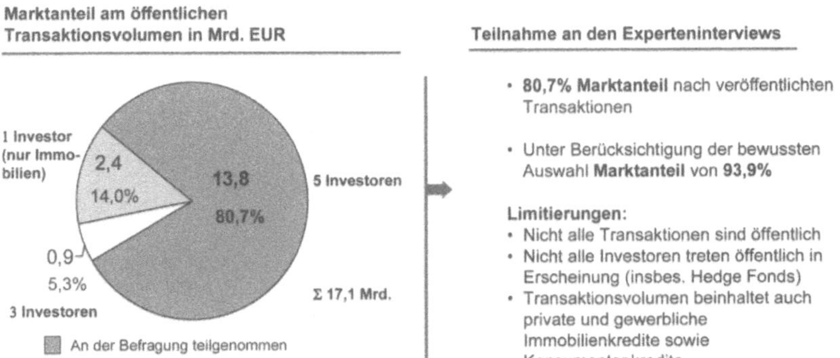

Abbildung 26: Anteil der teilnehmenden Distressed-Debt-Investoren[484]

Weiterhin wurden Experten mit Transaktionserfahrung in vier Banken, vier Rechtsanwaltskanzleien, zwei Wirtschaftsprüfungsgesellschaften und bei einem Servicer befragt, so dass

[483] Bei der bewussten Auswahl werden die Interviewpartner im Hinblick auf den Untersuchungsgegenstand gezielt und überlegt nach sachrelevanten Merkmalen selektiert. Vgl. Berekoven/Eckert/Ellenrieder (2001), S. 49.

[484] Eigene Darstellung. Öffentliche Transaktionen im Zeitraum von Januar 2003 bis Juni 2005.

von April bis Juni 2005 insgesamt 16 Gespräche geführt wurden.[485] Die Interviews waren von der Aktualität und Sensibilität des Themas gekennzeichnet. Einerseits bestand sehr großes Interesse, und die Terminvereinbahrung erfolgte innerhalb kurzer Zeit. Andererseits musste den Interviewpartnern Vertraulichkeit zugesichert werden, die sich sowohl auf die Verwendung der Aussagen als auch auf die Nennung von Namen der Experten und deren Unternehmen erstreckte. Nachstehend wird daher auf eine unternehmens-, bzw. personenbezogene Zuordnung verzichtet. Die Interviewdauer lag zwischen 1,5 und 3,5 Stunden.

Zur Sicherstellung von Objektivität und Vergleichbarkeit wurde aus den Kriterien ein Leitfaden mit den relevanten Themenkomplexen bereits vorformuliert und in eine Reihenfolge gebracht.[486] Anschließend wurden die Gespräche in Form eines Gesprächsprotokolls zusammengefasst und den Interviewpartnern zur Überprüfung zugesandt. Das Kriterium der Reliabilität kann auf Grund der fortwährenden Veränderung in diesem Bereich nur schwer erfüllt werden. Eine Anwendung bei qualitativen Forschungsmethoden erscheint aber auch nicht sinnvoll, weil durch den Wandel situativer Bedingungen sich keine gleich bleibenden Rahmenbedingungen ergeben können.[487] Dementsprechend sind die Erkenntnisse nicht als allgemeingültig zu verstehen, sondern die Ergebnisse werden induktiv aufgezeigt und in Kapitel 5 in "Tendenzaussagen" überführt. Dieses Vorgehen der Datenauswertung und Ergebnisanalyse resultiert aus einer strukturierenden qualitativen Inhaltsanalyse, in der sämtliche Antworten der Experten tabellarisch erfasst und nach inhaltlichen Aspekten kategorisiert werden.[488]

[485] Auch wenn die Untersuchung nicht den Anspruch auf Repräsentativität erhebt, kann von einer für den Markt hohen Teilnehmerzahl gesprochen werden. Bzgl. der Bestimmung von Stichprobengrößen bei qualitativen explorativen Untersuchungen s. besonders Bortz/Döring (2002), S. 74f u. S. 131.

[486] Vgl. Vogel (1995), S. 76; Bortz/Döring (2002), S. 289; Mayring (2002), S. 67ff.

[487] Vgl. Mayring (2002), S. 142.

[488] Zur detaillierten Vorgehensweise der qualitativen Inhaltsanalyse und der induktiven Kategorienbildung siehe Mayring (2002), S. 114ff.

Ausgangspunkt der Gliederung ist der Fragebogen, der aus dem Leitgerüst der Theorie, einer Analyse der Literatur sowie informellen Expertenvorgesprächen entstanden ist:

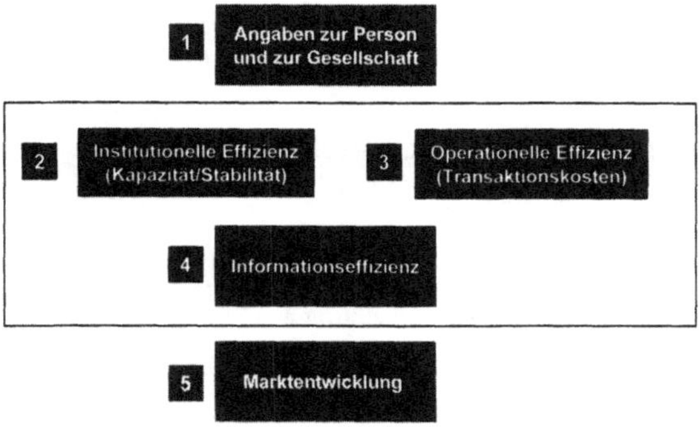

Abbildung 27: Fragebogenstruktur[489]

Die einzelnen Themenblöcke im Zusammenhang mit Distressed Debt Investing und die Ergebnissen der Befragung werden nun ausführlich behandelt. Dabei werden die Erkenntnisse aus den Expertengesprächen mit Erkenntnissen aus der Literatur (wissenschaftliche Beiträge in Fachzeitschriften sowie Presseberichte) verbunden und zum Teil ergänzt. Gemäß der Differenzierung der Märkte in Kapitel 2.3 wird der deutsche Markt für Distressed Debt in Unternehmensanleihen und Unternehmenskredite sowie in Sub-Performing und Non-Performing unterteilt. Weitere Differenzierungsmerkmale betreffen die Art der Transaktion im Sinne von Single Name oder Portfoliotransaktionen. Es ist demnach die Inhomogenität des Marktes zu berücksichtigen.

[489] Eigene Darstellung. Der detaillierte Fragebogen mit Einzelfragen befindet sich im Anhang der Arbeit. Vgl. Anhang 4.

4.2 Institutionelle Effizienz

Das erste Kriterium der Marktuntersuchung betrachtet die Institution Markt in ihrer Möglichkeit für Transaktionen sowie den dafür relevanten Rahmenbedingungen. Da es sich um einen nicht-organisierten Markt handelt, sind Marktmikrostrukturen nicht explizit berücksichtigt. Vielmehr werden die Ausgestaltung des Finanzsystems und die wesentlichen rechtlichen und kulturellen Aspekte mit ihren jeweiligen Auswirkungen auf das Distressed Debt Investing analysiert.

4.2.1 Absolutes und relatives Markt-/Transaktionsvolumen

Voraussetzung für die Anlage in Distressed Debt und Etablierung regelmäßiger Transaktionen ist neben der Durchführbarkeit ein ausreichendes Volumen. Letzterer Aspekt wird anhand der Marktvolumina betrachtet und es wird zwischen Unternehmensanleihen und Unternehmenskrediten unterschieden.

4.2.1.1 Unternehmensanleihen

Das Distressed-Volumen von Unternehmensanleihen deutscher Emittenten an den deutschen Wertpapierbörsen betrug per Ende 2004 lediglich ca. 622 Mio. EUR (ca. 1-2% des Distressed-Loan-Marktes) und entspricht damit auch im Vergleich zum Nominalvolumen deutscher Unternehmensanleihen in Höhe von 73,8 Mrd. EUR nur einem geringen Teil des Marktes (0,8%).[490] Auch die Anzahl der betroffenen Anleihen (fünf) und die bekannten Transaktionen (drei) in Höhe von ca. 0,2 Mrd. EUR lassen keinen Schluss auf eine ausreichende Kapazität bzw. ein Angebot im Sinne von Investitionspotenzialen für Investoren zu. Dies macht auch ein quantitativer internationaler Vergleich der Deutschen Bundesbank deutlich. Während der Anteil der Geldmarkt- und Rentenpapiere der Unternehmen im Verhältnis zum Bruttoinlandsprodukt (BIP) in Deutschland nur 6% beträgt, sind es in Italien bereits 12%, in Frankreich 23%, im Vereinigten Königreich sowie in den USA jeweils 26%.[491] Markt- und Transaktionsvolumen zeigen die geringe Bedeutung bei Unternehmensanleihen. Für das zukünftige Potenzial wird die Entwicklung des Gesamtmarktes für Unternehmensanleihen betrachtet.

490 Vgl. Deutsche Bundesbank (2005b).
491 Vgl. Deutsche Bundesbank (2004), S. 16.

Seit dem Jahr 2000 hat sich jährlich ein prozentuales Wachstum im zweistelligen Bereich ergeben und das Volumen hat sich von ca. 13,6 Mrd. EUR (2000) auf 73,8 Mrd. EUR bis Ende 2004 mehr als verfünffacht.

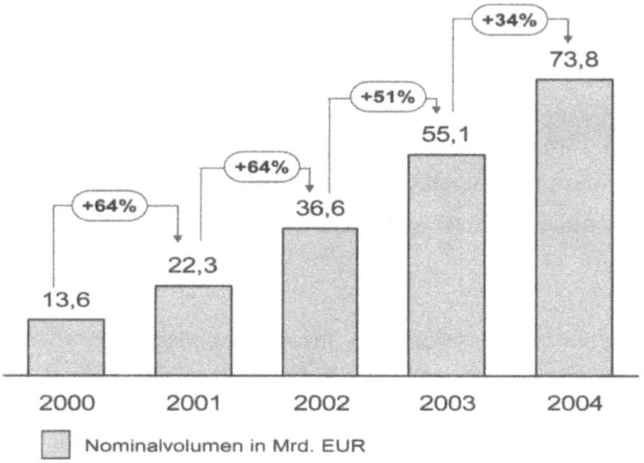

Abbildung 28: Umlauf inländischer Inhaberschuldverschreibungen/Industrieobligationen deutscher Emittenten 2000-2004[492]

Die steigende Bedeutung dieser Unternehmensfinanzierung wird von der Nachfrageseite auf die Einführung des Euro zurückgeführt. Nationale Märkte sind damit zusammengewachsen und Anlagebeschränkungen hinsichtlich ausländischer Anleihemärkte innerhalb Europas entfallen. Auch die Umschichtung von Lebensversicherungen und Pensionsfonds aus Aktien in Anleihen, hat die Nachfrage erhöht. Auf der Angebotsseite werden folgende Gründe für diese Entwicklung genannt:[493]

- Möglichkeit, großvolumigere Emissionen zu platzieren
- Wettbewerb der Investmentbanken hat zu geringeren Emissionskosten geführt
- Risikoorientierung der Banken im Rahmen von Basel II resultiert in einer Veränderung der Kreditvergabe und einer Erhöhung der Substituierbarkeit zwischen Krediten und Anleiheemissionen

In Fortschreibung dieser Analogie gehen die Experten aber nicht von einer wesentlichen Auswirkung auf das absolute und prozentuale Distressed-Debt-Volumen am Gesamtmarkt für deutsche Unternehmensanleihen aus, weil inländische Industrieobligationen zu 87% (Anteil am Nominalvolumen) mit einem Investment-Grade-Rating versehen sind, während nur 3% in den spekulativen Bereich fallen.[494] Das Wachstum wird vorrangig durch die Emission von

492 Eigene Darstellung. Jahresendwerte. Vgl. Deutsche Bundesbank (2005b).
493 Vgl. Deutsche Bundesbank (2004), S. 20.
494 Vgl. Deutsche Bundesbank (2004), S. 17.

einzelnen Großunternehmen mit sehr guten Ratings getragen. Wertpapiere mit schlechteren Ratings etablieren sich nur langsam am Markt.[495] Vielen kleinen und mittelständischen Unternehmen fehlt weiterhin der Zugang zum Kapitalmarkt.[496] Dahingehend ist auch die Aussage der Experten zu bewerten, dass die Unternehmensanleihen nicht im Fokus der Anlagestrategien stehen.

Ergebnis I: Das Distressed-Corporate-Bond-Volumen in Deutschland weist nicht genügend Potenzial auf, um den Investoren ausreichende Investitionsmöglichkeiten zu bieten. Auch zukünftig ist eine wesentliche Änderung am deutschen Anleihemarkt nicht zu erwarten.

Auf Grund der geringen Relevanz für das Distressed Debt Investing werden in der weiteren Analyse für die Investition in Anleihen nur die wesentlichen Aspekte genannt. Für das Gesamtverständnis und wegen der bereits in Deutschland erfolgten Distressed Corporate Bond Investments sind sie aber von Bedeutung.

4.2.1.2 Unternehmenskredite

Das prognostizierte Marktvolumen von ca. 30-60 Mrd. EUR für Sub- und Non-Performing Loans deutscher Unternehmen entspricht ca. 5-10% des relevanten Kreditvolumens und bietet ausreichende Möglichkeiten für Investoren. Seit 2003 wurde ein Volumen von ca. 9% des Distressed-Corporate-Loan-Marktes öffentlich gehandelt, mit einer zunehmenden Anzahl von Transaktionen. Die Expertengespräche machen deutlich, dass es sich bei den bekannten Single-Name-Transaktionen überwiegend um den Bereich der "fungiblen Kredite" handelt. Dies sind Kredite von gelisteten Aktiengesellschaften mit hohem Nominalvolumen (in der Regel mehr als 50 Mio. EUR) oder auch verbriefte bzw. syndizierte Großkredite anderer Gesellschaften bei denen ein Weiterverkauf in den Kreditverträgen bereits berücksichtigt ist.[497] Die Kreditbedingungen sind weiterhin den Investoren bekannt, so dass der Kauf bzw. Verkauf unkompliziert erfolgen kann. Hier sind daher auch Hedge Fonds mit passiven Strategien aktiv (z.B. bei KarstadtQuelle AG[498]).

Daneben sprechen die Investoren von "nicht-fungiblen" Krediten, die nicht, oder nur schlecht gehandelt werden können. Dies liegt entweder an dem zu geringen Kreditvolumen, der gerin-

---

495 Z.B. hochverzinsliche Anleihen der Schieder Möbel GmbH und des Kabelnetzbetreibers Iesy sowie nachrangige Anleihen von Südzucker mit unendlicher Laufzeit. Vgl. Cünnen (2005b), S. 29; Cünnen (2005a), S. 30.

496 Vgl. International Monetary Fund (2003), S. 25f; Eilenberger (2004), S. 141.

497 Forderungen gegenüber börsennotierten Unternehmen werden auch als "Public Debt", Forderungen gegenüber nicht börsennotierten Unternehmen als "Private Debt" bezeichnet. Vgl. Kestler/Striegel/Jesch (2005), S. 421.

498 Vgl. o.V. (2005a), S. 16.

gen Publizitätspflicht und damit geringen Informationen über das Unternehmen, an dem Kredit selbst oder an der Anzahl der Gläubiger. Zwar sind Kredite grundsätzlich nicht fungibel, sondern werden erst durch Zustimmung des Schuldners zum Weiterverkauf oder durch Verbriefung fungibel gemacht, zur besseren Abgrenzung dieser beiden Bereiche soll in dieser Arbeit aber an der Bezeichnung festgehalten werden. Nicht-fungible Kredite betreffen vor allem den deutschen Mittelstand. Sie werden überwiegend ohne Kenntnis der Öffentlichkeit, z.B. im Rahmen von Portfoliotransaktionen, verkauft. Investoren gehen davon aus, dass in diesem nicht öffentlichen Distressed-Loan-Bereich Kredite von über 500 Unternehmen zum Verkauf stehen. Allein bei der Dresdner-Bank-Transaktion wurden Forderungen gegenüber 300 unterschiedlichen Kreditnehmern veräußert.[499]

Der Verkauf nicht-fungibler Kredite im Rahmen von Portfoliotransaktionen wird mit dem Bestreben deutscher Banken zur einmaligen Bilanzbereinigung verbunden. Derzeitige Portfolioverkäufe beinhalten aber eher Non-Performing-Immobilienkredite. Die Marktteilnehmer nennen dafür diverse Argumente:

- Immobilienkredite sind gut besichert und es besteht i.d.R. geringerer Abschreibungsbedarf bei den Banken als bei Unternehmenskrediten. Banken können die Auswirkungen auf das Ergebnis also auch bei einem hohen Veräußerungsvolumen noch tragen.
- Geringe emotionale Bindung, da z.B. bei gewerblichen Immobilienkrediten weniger Mitarbeiter betroffen sind und die Unternehmen seltener in der Öffentlichkeit stehen. Ein Kreditverkauf erzeugt hier geringeres Aufsehen.
- Immobiliensicherheiten verhelfen dem Investor mit ihrer leichten Veräußerbarkeit zu einer sehr guten Verhandlungsposition gegenüber dem Schuldner.
- Immobilienkredite sind leichter und standardisierter zu bewerten, und daher sind auch größere Transaktionen in relativ kurzer Zeit durchführbar. Bei Unternehmenskrediten ist eine Einzelbewertung erforderlich.
- Bei Immobilienkrediten ist die Verwertung weitestgehend standardisierbar (im Gegensatz zu Unternehmenskrediten) und daher auch die Abwicklung vieler Kredite mit überschaubarer Mitarbeiteranzahl möglich. Bei Unternehmenskrediten stehen eher Restrukturierung und Insolvenz im Vordergrund, die im Massengeschäft nicht bewältigt werden können.
- Bei Immobilienkredittransaktionen geht es um die allgemeine Markteinschätzung. Im Gegensatz zu Banken glauben die Investoren an eine Belebung des Immobilienmarktes bzw. an die Fähigkeit, Immobilien ertragreich zu verwerten. Bei Unternehmenskrediten ist eine Einschätzung für jeden Schuldner einzeln zu treffen (maximal Brancheneinschätzung).

[499] Vgl. Dresdner Bank AG (2004).

- Derzeit überwiegend Verkauf von Non-Performing Loans, was bei Immobilienkrediten die Möglichkeit der Zwangsversteigerung und damit Verwertung der Sicherheit eröffnet. Bei Non-Performing Corporate Loans ist oft kein Sicherheitenwert mehr vorhanden.
- Der Handel mit Unternehmenskrediten beginnt gerade erst.[500]

Zunächst ist festzuhalten, dass mit der Regelmäßigkeit von Transaktionen ein Markt für Distressed Corporate Loans nur aus dem Verkauf von Single Names wahrscheinlich ist, da Portfolio bzw. Basket-Transaktionen von Banken einmaligen Charakter haben. Sie können aber die Entwicklung von Single Names unterstützen, wenn Portfoliokäufer einzelne Kredite daraus weiterhandeln. Während ein ausreichendes Marktvolumen vorliegt, zeigt sich bei den Transaktionsvolumina laut Experten ein erheblicher Nachfrageüberhang. Limitierender Faktor des Transaktionsvolumens ist die Angebotsbereitstellung durch die Banken.

Ergebnis II: Das Distressed-Corporate-Loan-Volumen hat genügend Kapazität, um den Investoren einen regelmäßigen Ankauf zu ermöglichen. Die Aussage gilt für Single-Name-Transaktionen. Portfoliotransaktionen können diesen Vorgang nur fördern, aber keinen eigenen Markt bilden. Dabei hängt die Entwicklung im Wesentlichen von der Verkaufsbereitschaft der Banken ab.

4.2.2 Ausgestaltung des Finanzsystems

4.2.2.1 Marktorientiertes versus bankorientiertes Finanzsystem

In der Literatur wird der Begriff "Finanzsystem" als eine Menge von Elementen verstanden, die jeweils bestimmte Eigenschaften aufweisen und die durch bestimmte Relationen miteinander verknüpft sind. Elemente dieses Finanzsystems sind z.B. die Finanzmärkte, die Finanzintermediäre und die Austauschbeziehungen, wobei je nach Ausgestaltung zwischen einem markt- und einem bankenorientierten Finanzsystem unterschieden wird.[501]
Das amerikanische Finanzsystem wird in der Literatur als klassisches kapitalmarktorientiertes System und das deutsche als Musterbeispiel für eine bankorientierte Ausprägung eingeord-

[500] In diesem Zusammenhang wird darauf hingewiesen, dass auch die fehlende Markterfahrung der Investoren zunächst zu Risikoabschlägen führt, welche umso höher sind, je weniger "harte" Sicherheiten" wie z.B. Immobilien vorliegen und je mehr "weiche" Faktoren bei der Wertermittlung zu berücksichtigen sind. Insofern eignen sich Immobilienkredite, um die Kaufpreisvorstellungen von Käufern und Verkäufern besonders zu Beginn einer Marktentwicklung zusammenzubringen. Vgl. Gleumes (2005), S. 354; Experteninterviews. Weitere Vorteile von Immobilien, die Unsicherheiten reduzieren, resultieren aus vorhandenen Markt- und Beleihungswerten zur Orientierung. Vgl. Fischer/Zuleger (2005), S. 415.

[501] Der Umfang der Elemente wird in der Literatur unterschiedlich definiert. Eine Übersicht findet sich bei Papenfuß (1999), S.21ff. Die hier verwendete Einteilung bezieht sich auf die Gliederung von Tietze (2002), S. 64.

net.[502] Die Auswirkungen auf die Übertragung bzw. Anwendung des Distressed Debt Investing werden am deutschen Finanzsystem erläutert. Als Kriterien werden die Differenzierungsmerkmale der dichotomen Betrachtungsweise verwendet, die hauptsächlich in der Struktur der Unternehmensfinanzierung sowie den Einflussmöglichkeiten von Intermediären im Finanzsystem bestehen.[503]

Struktur der Unternehmensfinanzierung

Ausschlaggebend für die Einteilung der Systeme ist die Außenfinanzierung der Unternehmen. Während in marktorientierten Systemen die Finanzierung am Kapitalmarkt eine wesentlich größere Rolle spielt, zeichnet sich die Bankorientierung durch eine Dominanz der Kreditfinanzierung aus. Bereits beim Vergleich der Kredite an Unternehmen in Höhe von 1.148 Mrd. EUR (94%) mit dem Volumen von Unternehmensanleihen von 73 Mrd. EUR (6%) wird die geringe Relevanz des Wertpapiermarktes deutlich. Im Vergleich dazu zeigt die Entwicklung der USA als Beispiel eines kapitalmarktorientierten Systems die stärkere Gewichtung von Anleihen.[504] Die Unternehmen finanzieren sich entsprechend der Entwicklung der Märkte in den USA überwiegend über den Kapitalmarkt mit stark abnehmender Bedeutung der Bankenfinanzierung.[505]

Die Bankenorientierung in Deutschland spiegelt sich auch bei der Verteilung des Distressed-Debt-Volumens mit einem hohen Anteil von Krediten wider.[506] Die Relevanz des Fremdkapitals wird weiterhin deutlich, wenn man die Eigenkapitalquote der deutschen Unternehmen betrachtet. Man geht davon aus, dass der deutsche Mittelstand nur einen Eigenkapitalanteil von 20% erreicht.[507] Daraus resultiert für die Banken als Hauptgläubiger auch eine besondere Einflussmöglichkeit auf Unternehmensentscheidungen.[508]

Einfluss der Banken im Finanzsystem

Durch die Bedeutung der Banken bei der Unternehmensfinanzierung ist ein weiterer Aspekt für die Beziehung zwischen Bank und Unternehmen entstanden: Das so genannte "Hausbankprinzip", das besonders bei kleinen und mittelständischen Unternehmen vorzufinden ist, beschreibt die längerfristige Geschäftsbeziehung zwischen Kunden und Bank und wird auch als

---

502 Vgl. Canals (1997), S. 51.

503 Eine umfassende Übersicht über die Differenzierungsmerkmale sowie deren Ausprägungen in den beiden Finanzsystemen s. Tietze (2002), S. 70.

504 Vgl. Schmidt/Tyrell (2003), S. 33.

505 Vgl. Hackethal/Schmidt (2005), S. 21ff. Tietze stellt in diesem Zusammenhang eine Übersicht mehrer Studien zusammen, die teilweise diese Dichotomie unterstützen, teilweise jedoch konträre Aussagen zum Anteil der Bankkredite insbesondere in den USA treffen. Er verweist daher auf die zusätzliche Betrachtung der anderen Kriterien zwecks Differenzierung. Vgl. Tietze (2002), S. 99.

506 Einem Volumen von 622 Mio. EUR Distressed Corporate Bonds steht ein Volumen von ca. 60 Mrd. EUR Distressed Corporate Loans gegenüber (s. Kapitel 2.3).

507 Vgl. Niederdrenk (2003), S. 22.

508 Vgl. Kean/Sherman (1997), S. 17ff.

"Relationship Lending" bezeichnet.[509] Der Terminus "Hausbank" weist nicht zwingend auf eine exklusive Geschäftsbeziehung hin. *Boot* führt in diesem Zusammenhang drei Kriterien an:[510]

- Die Bank erlangt Informationen, die über öffentlich verfügbare Informationen hinausgehen
- Die Informationsgewinnung findet über einen längeren Zeitraum durch mehrere Interaktionen mit dem Schuldner statt, meist durch die Bereitstellung von Finanzdienstleistungen
- Die Informationen bleiben vertraulich

In der Praxis stellt die Hausbank den größten Teil der Kreditlinien zur Verfügung und ist auch für andere Dienstleistungen (z.B. Abwicklung des Zahlungsverkehrs) zuständig. Dadurch verfügt die Hausbank entsprechend der Kriterien über gute Kenntnisse der finanziellen Lage des Kunden, weil neben den für den Kredit zur Verfügung gestellten Daten auch ein laufender Einblick in die Konten möglich ist. Wegen der daraus resultierenden geringeren Informationsasymmetrien sind die Banken eher bereit, längerfristige Kreditvergaben mit festen Konditionen zu gewähren.[511] Dieses Phänomen ist in der Ausgestaltung der deutschen Bankenlandschaft mit ihren Universalbanken möglich, die eine breite Palette von Finanzinstrumenten anbieten. So haben sie z.B. auch wesentlichen Einfluss bei der Emission von Wertpapieren, weil zum einen ihre Beteiligung an organisierten Kapitalmärkten faktisch notwendig ist und zum anderen die Banken selbst, neben der öffentlichen Hand, der größte Emittent für festverzinsliche Wertpapiere sind.[512] Weitere Aspekte bilden das Depotstimmrecht aus der Verwaltung von Kundenwertpapieren und die Platzierung von Bankenvertretern in Aufsichtsratsgremien.[513] Im marktorientierten Finanzsystem haben Banken nur eine sehr geringe Bedeutung. Direkte Unternehmensbeteiligungen durch Banken sind weitestgehend verboten und Bankenvertreter nur selten in den Aufsichtsräten der Unternehmen ("Board of Directors") zu finden.[514] Der Grund hierfür ist das amerikanische Trennbankensystem, das Geschäftsbanken den Anteilsbesitz an Unternehmen untersagt.[515] Weiterhin existieren kaum Hausbankbeziehungen, weil Banken eher bedarfsgerecht in Anspruch genommen werden.

---

509 "Relationship Lending" steht im Gegensatz zu "Arm's Length Lending" oder "Transaction Lending", das eine distanzierte und wenig informationsintensive Beziehung zwischen Unternehmen und Gläubiger beschreibt und zumindest im Prinzip von kurzfristiger Natur ist. Vgl. Hackethal/Schmidt (2000), S. 18ff.

510 Vgl. Boot (2000), S. 10.

511 Dies verstärkt die Langfristigkeit der Geschäftsbeziehung. Vgl. Tietze (2002), S. 101.

512 § 30 Abs. 2 BörsG sieht vor, dass die Zulassung vom Emittenten der Wertpapiere zusammen mit einem Kreditinstitut, Finanzdienstleistungsinstitut oder einem nach § 53 Abs. 1 Satz 1 oder § 53b Abs. 1 Satz 1 des Gesetzes über das Kreditwesen tätigen Unternehmen zu beantragen ist.

513 Vgl. Kean/Sherman (1997), S. 6ff.

514 Vgl. Tietze (2002), S. 103ff.

515 Vgl. James (1995), S. 1211f; Kean/Sherman (1997), S. 3.

Die enge Verbundenheit im deutschen Finanzsystem zwischen Banken und Unternehmen unterstellt auch die Erbringung einer Leistung, die als "Krisen-" oder "Liquiditätsversicherung" bezeichnet wird und eintritt, wenn dem Schuldner die internen Mittel zur Finanzierung von Investitionen oder zur Abwendung einer Insolvenz fehlen.[516] Der Einsatz der Bank kann im Nachschießen von Liquidität oder in der Unterstützung bei der außergerichtlichen Sanierung erfolgen. Die Sanierungswürdigkeit und -fähigkeit des Unternehmens vorausgesetzt, bleibt die Geschäftsbeziehung bestehen.[517]

Auswirkungen auf das Distressed Debt Investing

Die bankenorientierte Unternehmensfinanzierung in Deutschland hat sowohl negative als auch positive Auswirkungen für das Distressed Debt Investing.

Negativ ist anzumerken, dass mit der Internalisierung von Informationen kaum Daten über deutsche Unternehmen extern verfügbar sind. Dies liegt an der geringen Anzahl von börsengelisteten Unternehmen und der geringen Publizitätspflicht. Für die Investoren entsteht das Problem der Identifikation von Krisenunternehmen bzw. Distressed Loans, soweit diese nicht dem Investor im Rahmen einer Portfoliotransaktion offeriert werden. Auch die Bewertung ist ohne fundierte Finanzinformationen nur bedingt möglich. Im Gegensatz zum Anleihemarkt existieren selten Marktpreise für Kredite, und wegen der geringen Ausprägung des Anleihemarktes ist nur eine kleine Vergleichsbasis vorhanden. Die Kredite an Unternehmen sind weiterhin nur selten verbrieft bzw. enthalten eine so genannte "Asset Trading Clause", die einen unkomplizierten Weiterverkauf ermöglicht. Sie wird erst seit ca. zwei Jahren in den Kreditverträgen festgeschrieben.[518]

Der Erfolgsfaktor des Investors liegt, soweit nicht ein offenes Angebot der Banken z.B. im Rahmen von Portfoliotransaktionen gegeben ist, in der Kenntnis von Krisenunternehmen durch Banken, Unternehmensberater, Wirtschaftsprüfer und eigene Recherche. Das bankenorientierte Finanzsystem bildet dabei das Bottleneck des Marktes, weil Banken durch ihre Verkaufsbereitschaft Transaktionen entweder positiv oder durch Blockade negativ

---

516 Daher wird das Hausbankprinzip auch als "Schicksalsgemeinschaft" bezeichnet. Vgl. Eilenberger (2004), S. 142.

517 Vgl. Hackethal/Schmidt (2000), S.18; Jobe (2005), S. 238ff. Eine Sanierungsfähigkeit ist gegeben, wenn das Restrukturierungskonzept geeignet ist, die Krisenursachen zu beseitigen und das insolvenzbedrohte Unternehmen über eine kurzfristige Gewinnerzielungsphase hinaus konsolidiert wird. Sanierungsfähigkeit beinhaltet somit die Sicherung der zukünftigen Rentabilität, Liquidität und eines positiven Eigenkapitals. Sanierungswürdig ist ein Unternehmen, wenn unter Beachtung der persönlichen Interessenslage des Entscheidungsträgers einer Durchführung der Sanierung zugestimmt werden kann. Es sind somit die Chancen und Risiken des erforderlichen Mitteleinsatzes im Verhältnis zum ggf. zu rettenden Unternehmenswert bzw. Kreditvolumen abzuwägen. Vgl. Fischer (2005), S. 102ff. Banken werden durch die Vorschriften der MaK zur Prüfung der Sanierungsfähigkeit und Sanierungswürdigkeit aufgefordert. Vgl. Bundesanstalt für Finanzdienstleistungsaufsicht (2002b), Tz. 60.

518 Vgl. Mustervertrag des Bundesverbands deutscher Banken (BdB) in Schilmar/Breitenreicher/Wiedenhofer (2005), S. 1368. Die Abtretungsklausel des §12 Abs. 1 ist in Anhang 3 dargestellt.

beeinflussen können. In den Interviews wurde aber deutlich, dass sich das Hausbankprinzip seit zwei Jahren in der Auflösung befindet und die Kundenbeziehung aus Sicht der Banken – besonders in der Krise – nun stärker unter Ertragsgesichtspunkten analysiert wird (Entfall der "Krisenversicherung"). Ein Verkauf der Forderung an einen Investor gewinnt damit an Bedeutung.[519]

Als Vorteil des bankorientierten Finanzsystems sehen die Experten die Möglichkeit, größere Volumina gebündelt in Portfolios zu erwerben. Auch das Engagement der großen Banken in Deutschland bewirkt, dass zur Identifikation der Gläubigerstruktur meist die Ansprache von 5-10 Banken ausreicht. Im Gegensatz dazu erweist sich der Streuungsgrad bei Anleihegläubigern als sehr problematisch. Die Identifikation der Gläubiger erscheint fast unmöglich, wenn nicht die Emissionsbanken oder institutionelle Investoren einen Großteil des Volumens halten.

Ergebnis III: Das bankenorientierte Finanzsystem verursacht eine hohe Internalisierung von Unternehmensinformationen und behindert besonders die Akquisition von nichtfungiblen Krediten im Rahmen von Single-Name-Transaktionen. Dieser Nachteil muss vom Investor durch eigenes Research und durch Aufbau eines Netzwerkes aus Banken, Unternehmensberatern und Wirtschaftsprüfern ausgeglichen werden. Weiterhin befindet sich das Hausbankprinzip insoweit in der Auflösung, als die Krisenfinanzierung zunehmend in Frage gestellt wird und die Option des Verkaufs an Bedeutung gewinnt.

4.2.2.2 Fragmentierung des Bankenmarktes

Der zweite Aspekt des deutschen Finanzsystems liegt in der starken Fragmentierung des Bankenmarktes. Ausgehend von den Aussagen der Experten, dass ein Mindesttransaktionsvolumen (nominal) für Portfolio- oder Baskettransaktionen bei ungefähr 300 Mio. EUR liegt, muss das Kreditvolumen eines Instituts mindestens ca. 3 Mrd. EUR betragen.[520] Beim Vergleich dieser Anforderung mit den Angaben aus dem Bericht der Deutschen Bundesbank weisen nur wenige der Institute ein höheres Durchschnittsvolumen auf.

---

519 Aufbrechen den Hausbankprinzips sowohl auf Seite der Bank durch Kreditverkauf, als auch auf Unternehmensseite durch professionellere Wahl der Finanzierungsinstrumente. Vgl. Experteninterviews.

520 10% des Kreditvolumens als Sub- und Non-Performing. Angaben über Mindestvolumina gemäß Experteninterviews sowie in Anlehnung an Kroll/Mercer Oliver Wyman (2005), S. 11. Weil Investoren den Markteintritt suchen, können auch geringere Volumina am Markt platziert werden. Vgl. Klöckner/Wolter (2004), S. 27. Außerdem sind die Volumina abhängig von weiteren Faktoren, die im Rahmen dieses Abschnitts diskutiert werden.

Bankengruppe	Kreditvolumen [Mrd. EUR]	Anzahl der Institute	Durchschnittl. Vol.
• Kreditbanken	666	252	2,6
– Großbanken	418	**5**	**83,5**
– Regionalbanken	223	163	1,4
– Ausländ. Filialen	24	84	0,3
• Landesbanken	351	**12**	**29,2**
• Sparkassen	480	477	1,0
• Genossenschaften (Zentr.)	29	**2**	**14,4**
• Genossenschaftsbanken	266	1.336	0,2
• Realkreditinstitute	420	**25**	**16,8**
• Bausparkasse	83	**27**	**3,1**
• Sonstige	186	**16**	**11,6**
Summe	2.480	2.148	

Tabelle 17: Kreditvolumen gegenüber Unternehmen und Privatpersonen nach Bankengruppen (2004)[521]

Auf Grund fehlender Detailinformationen für das Kreditvolumen der einzelnen Bankengruppen gegenüber Unternehmen (ohne Immobilien- und ohne Konsumentenkredite) wird zunächst auf den gesamten Bereich Bezug genommen.[522] Insgesamt wird das Mindestvolumen von 87 Instituten erreicht, davon sind 52 Institute (Bausparkassen/Realkreditinstitute) auf Immobilien spezialisiert. Es weisen folglich ca. 35 Institute ein relevantes Kreditvolumen für Distressed-Coporate-Debt-Transaktionen auf.[523] Das Problem der Fragmentierung zeigt sich hauptsächlich bei den Sparkassen und Genossenschaftsbanken.

Das ungefähre Distressed-Debt-Volumen von ca. 48 Mrd. EUR im Sparkassenbereich verteilt sich auf 477 Institute.[524] Um ein relevantes Volumen zum Verkauf zu erreichen, raten die Experten zum Zusammenschluss von Sparkassen und Bündeln von Krediten. Verschiedene Voraussetzungen sind dafür notwendig:[525]

- Regelung kritischer Faktoren bzgl. Bewertungsansätze, Aufteilung Erlöse/Kosten sowie vertragliche Fragen
- Verbindliche Vereinbarungen für Kontrahierung und Ausstieg
- Sanktionsmechanismen für Beteiligte
- Definierter Entscheidungsprozess

---

521 Eigene Darstellung. Jahresendwerte. Vgl. Deutsche Bundesbank (2005a), Statistischer Teil S. 24. Kreditvolumina wurden prozentual vom Gesamtvolumen gegenüber Nichtbanken zugeordnet. Orientierung an Durchschnittswerten für Institutsgruppen unter dem Mindestniveau führt tendenziell zu einer zu niedrigen Anzahl von Banken, bei Instituten über dem Mindestniveau führt dies tendenziell zu einer zu hohen Zahl.

522 S. Kapitel 2.3.2.2 Abbildung 20.

523 Gewerbliche Immobilienkredite werden in dieser Arbeit nicht Unternehmenskrediten sondern Immobilienkrediten zugeordnet (s. Abbildung 16).

524 Annahme, eines Distressed-Debt-Volumens in Höhe von 10% des Kreditvolumens.

525 Vgl. Klöckner/Wolter (2004), S. 27.

- Regelungen der Aufgaben und Verantwortlichkeiten insbesondere Mitarbeiterkapazität (Projektmanagement und Zeitplan)

Eine dahingehende Initiative des Ostdeutschen Sparkassen- und Giroverbands konnte sich wegen zu hoher Kosten der Transaktion im Verhältnis zum Transaktionsvolumen nicht durchsetzen.[526] Stattdessen wurde das bereits erwähnte Joint Venture zwischen NordLB, WestLB und den Investoren als Abwicklungsplattform platziert. Hier werden die Kredite nicht untereinander, sondern einzeln von einem Investor aufgekauft. Inwieweit so das Problem der Mindestvolumina beim Ankauf von Krediten gelöst werden kann, ist fraglich.

Die Genossenschaftsbanken mit 1.336 Instituten und einem Distressed-Debt-Volumen von ca. 13-26 Mrd. EUR haben das Problem der Volumina durch Etablierung einer eigenen Plattform für ihre Sub- und Non-Performing-Kredite mit standardisierter Abwicklung gelöst.[527] Die Bankaktiengesellschaft Hamm (BAG Hamm) übernimmt neben dem Ankauf vom Distressed Debt auch die Problemkreditbearbeitung und steht daneben Instituten außerhalb des Genossenschaftssektors zur Verfügung.[528]

Berücksichtigt man nun, dass die Volumina der Tabelle 17 auch Immobilienkredite und Konsumentenkredite beinhalten, so kann gefolgert werden, dass ausreichende Volumina für Portfolio- und Baskettransaktionen mit einem überwiegenden Anteil von Unternehmenskrediten nur von den Großbanken, Landesbanken, Genossenschaftszentralbanken sowie der Gruppe der sonstigen Banken erreicht werden. Der Kreis potenzieller Marktteilnehmer für Portfolios auf Verkäuferseite liegt daher eher unter 35 Instituten.

Bei Single-Name-Transaktionen sprechen die Marktteilnehmer von Mindestnominalvolumina zwischen 20-50 Mio. EUR.[529] Anhand der durchschnittlichen Kreditvolumina der Bankengruppen lässt sich keine Aussage über deren Anzahl bzw. Verfügbarkeit ableiten. Als wesentliches Element bei Single-Name-Transaktionen sehen die Investoren die Poolbildung bzw. die Anzahl der Banken, die an einem Krisenunternehmen mit Fremdkapital beteiligt sind. Die Poolbildung bedeutet in diesem Zusammenhang, dass mehrere Banken entweder zusammen den Kredit vergeben haben (Konsortialkredit) oder im Rahmen der Krise für eine koordinierten Vorgehensweise einen Sicherheitenpool gegründet haben. Hier ist von Vorteil, dass bei den Zielunternehmen in der Regel eine der zehn größten deutschen Banken mit einem interessanten Volumen vertreten ist. Nachteilig für den Investor sind Poolstrukturen mit vielen klei-

---

526 Vgl. Drost (2004), S. 26.

527 Berechnung des Distressed-Debt-Volumens analog zur Vorgehensweise beim Gesamtmarkt (5% bis 10%).

528 Vgl. o.V. (2005i), S. 4.

529 Auch werden teilweise Mindestvolumina von nur ca. 5 Mio. EUR für Single-Name-Transaktionen genannt, während für den Einzelkredit in einem Portfolio auch kleinere Volumina ab 20.000 EUR möglich sind. Vgl. Oeynhausen (2004), S. 22.

nen Krediten unterschiedlicher Gläubiger (Komplexität der Gläubigerstruktur), weil dann der Akquisitionsaufwand sehr hoch wird und Holdout-Problematiken entstehen können. In Anlehnung an die Aussage zur Auflösung des Hausbankprinzips erkennen die Experten aber eine Zunahme der Verkaufsbereitschaft in Poolsituationen.

Die Fragmentierung des Marktes ist daher für den Single-Name-Bereich kein Hindernis und ermöglicht bei Portfolios die gleichzeitige Durchführung mehrerer Transaktionen.

Die Einhaltung von Mindestvolumina muss u.a. im Zusammenhang mit der Transaktionsstruktur gesehen werden. Die Aussagen zu Mindestvolumina von Portfoliotransaktionen werden z.B. meist mit zweistufigen Auktionen mit mehreren Investoren in Verbindung gebracht und entsprechende Transaktionskosten kalkuliert. Struktur und Transaktionsverfahren können aber auch geringere Losgrößen zulassen, weil das Nominalvolumen keine Aussage über die Werthaltigkeit der Forderungen oder über strategische Möglichkeiten aus dem Portfolio trifft. Für den Investor hängt die Diskussion um Mindestvolumina vielmehr von der Vorteilhaftigkeit einer Transaktion und der Wahrscheinlichkeit des Erwerbs ab. Die spezifischen Transaktionskosten sowie die Wahrscheinlichkeit des Erwerbs z.B. im Sinne einer zugesicherten Exklusivität werden dabei auch als Delaeffizienz bezeichnet.

Bei Single-Name-Transaktionen wird die Dealeffizienz wesentlich durch die Gläubigerstruktur, durch die Fungibilität des Kredites sowie durch die Verfügbarkeit von Informationen bestimmt. Bei guten Vorabinformationen und unkomplizierter Abwicklung sind Investoren auch an kleineren Kreditvolumina gegenüber einem Schuldner interessiert. So kann z.B. der Kauf weiterer Kredite aus einem Pool vorteilhaft sein, auch wenn das Mindestvolumen nicht erreicht wird, weil die Unternehmensinformationen bereits vorliegen und die Kreditverträge bekannt sind. Das Mindestvolumen einer Transaktion kann also nicht als fixe Größe gelten.

Ergebnis IV: Die Fragmentierung des Marktes führt zur Einschränkung des Angebots von Portfolio- bzw. Baskettransaktionen, weil nur wenige Institute die Mindestvolumina erreichen. Bei Single-Name-Transaktionen sind die zehn größten Banken als Anbieter relevant, wobei weitere Gläubiger durch die Poolbildung identifiziert und auch mit geringeren Volumina herausgekauft werden können. Mindestvolumina sind nicht statisch, sondern orientieren sich an der Vorteilhaftigkeit der Investition und der Wahrscheinlichkeit des Erwerbs.

4.2.3 Rechtliche Rahmenbedingungen

Die rechtlichen Rahmenbedingungen in Deutschland fügen sich ein in die verschiedenen Transaktionsformen des Distressed Debt Investing. Hier werden zunächst die vier Grundstrukturen für den Erwerb von Kreditforderungen vorgestellt und anschließend die rechtlich relevanten Bestimmungen erörtert. Im Wesentlichen betreffen sie den Erwerb von Krediten. Bedingungen für Anleihen werden aber auch berücksichtigt.

4.2.3.1 Rechtliche Strukturen von Transaktionen

In der Literatur und in den Expertengesprächen haben sich vier Grundtypen von Transaktionen herauskristallisiert, die je nach Ausgestaltung zu Asset- oder Share Deal, Outright Sale oder Joint Venture gehören.

	a Abtretung	b Übertragung	c Unterbeteiligung	d Ausgliederung/ Abspaltung
• Outright Sale	Asset Deal	Asset Deal	Asset Deal	Share Deal
• Joint Venture				Share Deal

Tabelle 18: Transaktionsstrukturen des Distressed Loan Investing[530]

a) Abtretung von Forderungen

Die Abtretung von Forderungen wird im Bürgerlichen Gesetzbuch (BGB) in §§ 398ff geregelt. Danach kann der Altgläubiger (Zedent) eine Forderung an einen Dritten (Zessionar) abtreten, soweit dies vertraglich nicht ausgeschlossen ist. Eine Zustimmung des Schuldners ist nicht notwendig. Der Zedent muss dem Zessionar die zur Geltendmachung der Forderung nötige Auskunft erteilen und ihm zum Beweis der Forderung dienende Urkunden aushändigen.[531] Akzessorische Sicherheiten wie Hypotheken, Schiffshypotheken, Pfandrechte und Bürgschaften gehen gemäß § 401 BGB automatisch auf den Käufer über. Selbständige Sicherheiten wie z.B. Sicherungseigentum, Sicherungsgrundschuld und Sicherungsabtretung werden vom Gesetz nicht erfasst und müssen gesondert übertragen

530 Eigene Darstellung in Anlehnung an Früh (2000), S. 498f; Fischer/Zuleger (2005), S. 422ff; Gleumes (2005), S. 369; Schilmar/Breitenreicher/Wiedenhofer (2005), S.1368ff; Experteninterviews. Weiterhin existiert die Form der "Upside Retention", die eine Mischung zwischen Outright Sale und Joint Venture darstellt. Auf diese Form wird hier nicht näher eingegangen. Vgl. hierzu Gleumes (2005), S. 371.

531 § 402 BGB.

werden.[532] Für die verkaufende Bank erfolgt eine Bilanz- und Risikoentlastung[533] und die Transaktion wird daher auch auch "True Sale" genannt. Soweit die Bank weiterhin Ansprechpartner des Kunden bleibt und den Gläubiger nicht von der Abtretung in Kenntnis setzt, handelt es sich um eine stille Zession. Die Bank kann aber einen Dritten mit dem Servicing beauftragen (z.B. den designierten Servicer des Verkäufers). Bei Unternehmenskrediten wird diese Form der Übertragung als nicht praktikabel angesehen, weil die Investoren an der gesamthaften Kundenbeziehung interessiert sind, was z.B. auch Kontokorrentlinien beinhaltet. Für diese ist eine Forderungsabtretung nicht möglich.

b) Übertragung

Die zweite Transaktionsform stellt die Übertragung der Ansprüche, in der Regel in Form der gesamten Kundenbeziehung, dar. Der Investor übernimmt die Vertragsverhältnisse, also sämtliche Rechte und tritt in alle Pflichten ein. Die angesprochenen Kritikpunkte der Forderungsabtretung werden gelöst. Als Verfügung über das Schuldverhältnis im Rahmen der Übertragung bedarf es der Zustimmung aller Beteiligten im Sinne eines dreiseitigen Vertrags. Neben der Zustimmung des Schuldners ist gegebenenfalls die Zustimmung von Bürgen, Konsortial-, Bürgschafts- und/oder Förderbanken zu berücksichtigen (außer bei gekündigten Krediten). Auch hier erfolgt für den Verkäufer eine Bilanz- und Risikoentlastung.

c) Unterbeteiligung bzw. Treuhand

Als dritte Möglichkeit wird von den Investoren die Unterbeteiligung bzw. Treuhand angeführt. Sie löst das Problem der Zustimmung des Schuldners durch die Gründung einer Innengesellschaft zwischen Verkäufer und Käufer. Der Investor kann je nach Anteil an der Entwicklung partizipieren. Im Rahmen von Distressed-Debt-Transaktionen übernimmt der Investor in der Regel den vollen Anteil und die Bank agiert lediglich als Treuhänder.[534] Die Nachteile dieser Form liegen vor allem im Abwicklungsaufwand, dem Fortbestand von Risiken aus der Treuhänderfunktion sowie der Stellung der Bank als Weisungsempfänger. Ist das Servicing nicht an einen Dritten vergeben, muss die Bank in eigenem Namen die Anweisungen des Investors ausführen. Für den Investor ist diese Form des mittelbaren Zugriffs solange nicht hinderlich, wie die Bank in seinem Sinne handelt. Eine andere Form besteht in der Beauftragung zum Servicing unter Berücksichtigung der Vor-

532 Zu beachten ist, dass bei Bürgschaften der öffentlichen Hand eine Zustimmung des Sicherungsgebers nötig ist, da teilweise bei Übertragung des Kreditverhältnisses die Bürgschaft erlischt. Vgl. Kammel (2004), S. 270. Für eine Übersicht von akzessorischen und nicht akzessorischen Sicherheiten sowie zu möglicher Risiken s. Schalast/Daynes (2005), S. 45.

533 Bilanzentlastung bezeichnet die Tatsache, dass die Forderung nicht mehr bilanziert wird. Risikoentlastung bedeutet, dass keine Eigenkapitalunterlegungspflicht im Sinne von Basel II für das Engagement besteht, weil das Risiko des Forderungsausfalls durch den Investor übernommen wird.

534 Distressed-Debt-Investoren sind hier nicht an der reinen Risikoübernahme in Form einer Unfunded- oder Risk- Subparticipation und auch nicht am Kauf eines Credit Default Swap interessiert. S. Fischer (2005), S. 426.

schriften nach § 25 KWG. Da die Forderungen bei der verkaufenden Bank weiterhin bilanziert werden, erfolgt lediglich eine Risikoentlastung.

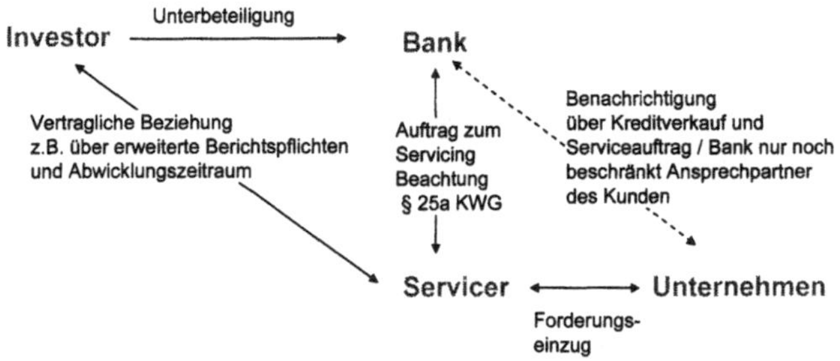

Abbildung 29: Verfahrensweise bei einer Unterbeteiligung mit einem Servicer[535]

d) Ausgliederung/Abspaltung

Der vierte Ansatz beim Erwerb von Kreditforderungen ist die Ausgliederung ("Hive Down") oder Abspaltung ("Spin Off") einer Einheit als Gesellschaft nach dem Umwandlungsgesetz.[536] Diese Form eignet sich beim Erwerb von Portfolios. Anstelle einzelner Kredite (Assets) erwirbt der Investor Anteile (Shares) an einer Gesellschaft. Im Unterschied zur Unterbeteiligung führt dies, bei vollständiger Übernahme durch den Investor, sowohl zur Bilanz- als auch zur Risikoentlastung beim Verkäufer. Die neue Gesellschaft oder auch "NewCo" tritt "automatisch" in alle ausgegliederten oder abgespaltenen Vermögensverhältnisse ein, ohne dass es weiterer Maßnahmen bedarf.[537] Das bezieht sich z.B. auf Verpflichtungen, Kreditsicherheiten, Vertragsverhältnisse mit Angestellten und Dritten und bietet den Vorteil, dass nicht jeder einzelne Kredit und jede Sicherheit im Einzelfall auf Übertragbarkeit geprüft werden muss. Es bedarf auch keiner Zustimmung durch den Schuldner. Erwirbt der Investor die gesamten Anteile der Gesellschaft, wie etwa bei der Transaktion zwischen Lone Star und Hypo Real Estate, so wird von einem Outright Sale gesprochen. Besteht die Beteiligung jedoch nur zu einem gewissen Teil, wie bei der Transaktion der Citigroup und der Eurohypo, so wird die Form als Joint Venture bezeichnet.[538]

Zwei weitere Aspekte sind zu beachten. Erstens wird im Rahmen von Portfoliotransaktionen ein Fremdkapitalgeber miteinbezogen, der durch die Werte des Portfolios besichert

535 Eigene Darstellung in Anlehnung an Experteninterviews.

536 Vgl. Wolcott (2004), S. 63; § 123 UmwG. Zu beachten sind hier weiterhin die Vorschriften zur Haftung für die Verbindlichkeiten des übertragenden Rechtsträgers (§133 UmwG) und die Regelungen des § 613 a BGB zum Betriebsübergang. Vgl. Fischer/Zuleger (2005), S. 425.

537 Vgl. ashurst (2005a), S. 2f.

538 Vgl. Wolcott (2004), S. 62; Gleumes (2005), S. 368ff. Beim Joint Venture kann z.B. das Abarbeitungs-Know-how von Finanzinvestoren mit dem Branchen-Know-how der Bank verbunden werden. Vgl. Steinbarth et al. (2005), S. 10.

ist. Zweitens erfolgt die Übertragung der Portfolios, soweit sie nicht bereits im Rahmen des Umwandlungsgesetzes ausgegliedert oder abgesondert wurden, in eine Zweckgesellschaft, die auch als "Special Purpose Vehicle" (SPV) bezeichnet wird.

Abbildung 30 zeigt die Struktur beider Formen im Rahmen von Portfoliotransaktionen.

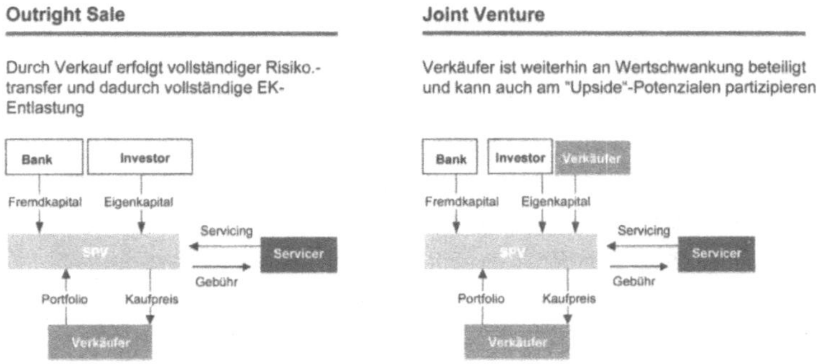

Abbildung 30: Transaktionsstruktur in Bezug auf Risikotransfer [539]

Bei der Joint-Venture-Lösung erfolgt, bedingt durch die Möglichkeit der Nutzung von "Upside"-Potenzialen, wenn der Verwertungserlös über dem Verkaufspreis liegt, nur ein teilweiser Risikotransfer. Auch die Eigenkapitalentlastung ist abhängig von der Anteilsstruktur. Allgemein werden mit der Bildung eines Joint Venture eine höhere Komplexität sowie ein erhöhter zeitlicher Aufwand verbunden.[540]

4.2.3.2 Bankgeheimnis, Datenschutz und § 203 StGB

Beim Erwerb von Krediten benötigt der Investor zur Beurteilung bzw. Bewertung im Vorfeld Informationen über den Schuldner. Während er beim Kauf von Unternehmensanleihen auf die öffentlich zur Verfügung gestellten Daten zurückgreifen kann (Emissionsprospekt, Veröffentlichung von Geschäftszahlen, Unternehmensdatenbanken), ist der Käufer von Unternehmenskrediten auf die Informationen der Bank angewiesen. Dies betrifft z.B. Kredithöhe, Kreditsicherheiten sowie Angaben zur Bonität des Schuldners bzw. dessen Geschäftsentwicklung. Zur Gewährung von Kundeninteressen werden dem Kaufinteressenten zwar in der Anbahnungsphase einer Transaktion Vertraulichkeitsverpflichtungen auferlegt, aber es stellt sich die Frage, ob Bankgeheimnis, Datenschutz und die Verschwiegenheitspflicht von Amtsträgern nach § 203 StGB der Weitergabe von Daten entgegenstehen und die Anbahnung bzw. Durchfüh-

---

[539] Eigene Darstellung in Anlehnung an Wolcott (2004), S.62; Gleumes (2005), S. 369ff.

[540] Vgl. Hamberger/Diehm (2004), S. 184.

rung einer Transaktion verhindern.[541] Im Folgenden wird daher analysiert, ob die Informationsweitergabe im Rahmen eines Kreditverkaufs der Bank einen Verstoß gegen diese Bestimmungen bedeutet und inwiefern daraus ein Abtretungsverbot entsteht.

Bankgeheimnis

Das Bankgeheimnis ist gesetzlich nicht geregelt, aber gewohnheitsrechtlich anerkannt. Es wird als bestehend vorausgesetzt und bedarf im Geschäftsverkehr keiner ausdrücklichen Regelung.[542] Zivilrechtliche Grundlage ist die rechtsgeschäftliche Beziehung zwischen Bank und Kunden. Die einzige Festlegung ergibt sich aus Nr. 2 Abs. 1 AGB der Banken und beschreibt die Pflicht der Bank zur Verschwiegenheit über alle kundenbezogenen Tatsachen und Wertungen, von denen die Bank im Rahmen ihrer Geschäftsbeziehung Kenntnis erlangt. Darüber hinaus darf sie Informationen nur weitergeben, wenn gesetzliche Bestimmungen dies gebieten, der Kunde zugestimmt hat, oder die Bank zur Erteilung einer Bankauskunft befugt ist. Das Bankgeheimnis drückt demnach eine doppelte Schutzrichtung aus. Einerseits soll der Zugriff Dritter, vor allem staatlicher Institutionen, auf bankinterne Kundendaten beschränkt werden. Andererseits dient das Bankgeheimnis dem Schutz des Kunden vor Weitergabe der über ihn vorhandenen vertraulichen Informationen und soll das besondere Vertrauensverhältnis zwischen Bank und Kunde verstärken.[543] Eine Abweichung von dieser Vorschrift darf generell nur mit Einverständnis des Kunden erfolgen bzw. bei Geschäftskunden nicht gegen deren Willen.

Auch wenn der Kunde die Einwilligung verweigert, besteht in der Literatur weitgehend Einigkeit darüber, dass die **Informationsweitergabe** durch die Bank erfolgen darf, wenn es wegen der Wahrnehmung berechtigter Interessen der Bank im Sinne eines überwiegenden Eigeninteresses gerechtfertigt ist.[544] Bei der Auslegung des Eigeninteresses auf Distressed Loans unterscheidet man zwischen Sub- und Non-Performing Loans. Kein Problem besteht zunächst bei Krediten, die wegen eines Zahlungsverzugs oder sonstigem vertragswidrigem Verhalten gekündigt wurden. Hier gilt das berechtigte Eigeninteresse der Bank als erfüllt. Die Ausweitung auf Kredite, bei denen die Kündigung noch nicht erfolgt ist, aber die Bank auf Grund des vertragswidrigen Verhaltens des Schuldners dazu berechtigt ist, wird wiederum kontrovers diskutiert. Sie soll aber miteinbezogen werden, weil eine Kündigung jederzeit möglich ist und durch den Verkäufer ggf. ausgesprochen werden kann. Die Aussage wird

---

541 Vgl. Kammel (2004), S. 265.

542 Vgl. Paetzmann (2003), S. 973.

543 Vgl. Cahn (2004), S. 5.

544 Rechtsgedanke des § 193 StGB. Vgl. Schilmar/Breitenreicher/Wiedenhofer (2005), S. 1370f. Kritik an dem Ansatz des "berechtigten Interesses" wird insofern ausgeübt, als es sich hierbei um einen Grundsatz der Güter- und Interessensabwägung aus dem Gebiet der Ehrverletzungen handelt, der nicht als allgemeiner Rechtfertigungsgrund anerkannt ist. Von daher wird vorgeschlagen, die Kundensicht einzunehmen und sein "sachlich berechtigtes Interesse" an der Geheimhaltung zu überprüfen. In der Folge führt dies zu den gleichen Aussagen bzgl. der Informationsweitergabe und des Abtretungsverbotes bei Non-Performing Loans. Vgl. Jobe (2005), S. 264ff.

folglich auf den gesamten Bereich der Non-Performing Loans bezogen.[545] Die Begründung dieser rechtlichen Auffassung fußt auf der Aussage, dass der Schuldner die Bank durch sein vertragswidriges Verhalten an der ordnungsgemäßen wirtschaftlichen Verwertung der Forderung hindert.[546] Auch wird in diesem Zusammenhang der Vergleich mit der gerichtlichen Durchsetzung der Gläubigerrechte angeführt, bei der die notwendige Offenlegung der Geschäftsbeziehung und der anspruchsbegründeten Tatsachen regelmäßig weder durch die Zustimmung des Schuldners gedeckt noch durch Gesetze geboten ist.[547] Man kann annehmen, dass in diesem Fall kein Verstoß gegen das Bankgeheimnis vorliegt, wenn die berechtigten Belange des Kunden auf Wahrung des Bankgeheimnisses insofern beachtet werden, als dass die Auskunftserteilung eingeschränkt durchgeführt wird. Neben einem begrenzten Personenkreis sollte die Unterzeichnung einer Vertraulichkeitserklärung durch die an der Transaktion beteiligten Personen erfolgen.

Bei Sub-Performing-Krediten, wo der Schuldner bisher seinen vertraglichen Verpflichtungen nachgekommen ist, wird das berechtigte Interesse der Bank nicht als Argument für eine Informationsweitergabe gesehen. Folge aus dem Verstoß gegen das Bankgeheimnis kann die Haftung der Bank wegen schuldhafter Verletzung sein, und einen Schadensersatzanspruch des Schuldners nach sich ziehen.[548] Im Einzelfall ist eine deliktische Haftung nach § 823 Abs. 1 BGB denkbar. Auch besteht gemäß Nr. 18 Abs. 2 AGB-Banken ein außerordentliches Kündigungsrecht des Kunden, wenn ihm die Fortsetzung der Bankbeziehung nach Abwägung der Interessen nicht zugemutet werden kann. Eine weitere Rechtsauffassung, die sich mit der Informationsweitergabe beschäftigt, fußt auf der gesetzlichen Vorschrift des § 402 BGB. Diese wird in Bezug auf die Formulierung des Bankgeheimnisses angewendet, wonach die Informationsweitergabe seitens der Bank das Bankgeheimnis nicht verletzt, wenn eine gesetzliche Bestimmung es gebietet. Sofern dieser Rechtsauffassung entsprochen wird, kann sie sich nur auf die Informationsweitergabe als Folge der Abtretung beziehen. Eine Informationsweitergabe im Vorfeld der Abtretung ist hingegen fraglich und stellt somit für das Distressed Debt Investing keine Lösung dar.[549] Um das Hindernis der Informationsweitergabe zu umgehen, fordern die Banken nun bei Neukreditvergabe im Rahmen der Asset Trading Clause die Einwilligung des Kunden zur Weitergabe von Informationen, vor allem für Zwecke der Refinanzierung und Weiterveräußerung von Forderungen. Eine weitere Möglichkeit stellt die anonymisierte Informationsweitergabe dar, aus der kein Schluss auf den Schuldner zulässig ist.

---

545 Vgl. Kammel (2004), S. 266; Schilmar/Breitenreicher/Wiedenhofer (2005), S. 1370.

546 Vgl. Paetzmann (2003), S. 971; Anders (2004), S. 17; Schilmar/Breitenreicher/Wiedenhofer (2005), S. 1370.

547 Siehe hierzu auch den Vergleich zur Rechtslage bei Pfändung. Vgl. Jobe (2005), S. 260.

548 Vgl. Früh (2000), S. 501.

549 Vgl. Rinze/Heda (2004), S. 1564f und die dort angegebene Literatur. In den USA wurde vom Gesetzgeber u.a. für Sekundärmärkte den Bankinteressen ausdrücklich Vorrang vor eventuellen Geheimhaltungsinteressen des Kunden eingeräumt (Regulation P – Privacy of Consumer Financial Information). Vgl. Hofmann/Walter (2004), S. 1574.

Ob sich aus dem Bankgeheimnis ein stillschweigendes **Abtretungsverbot** ergibt wurde in der Rechtsprechung unterschiedlich behandelt. Das Oberlandesgericht Frankfurt am Main hat hier in einer Entscheidung für Konsumentenkredite ein Abtretungsverbot begründet, wenn im Zusammenhang mit der Abtretung gegen das Bankgeheimnis verstoßen wird. Die Entscheidung bezog sich dabei nicht auf den Tatbestand der Non-Performing Loans, sondern hatte insbesondere zu klären, ob die Darlehensforderungen und die Sicherheiten existieren.[550] Nachfolgende Entscheidungen des Landgerichts Koblenz vom 25.11.2004 sowie des Landgerichts Frankfurt am Main vom 17.12.2004 vertreten die Auffassung, dass kein stillschweigendes Abtretungsverbot vorliegt. Ein Verstoß gegen das eine Treuepflicht statuierende Bankgeheimnis führt demnach nicht zur Nichtigkeit des Rechtsgeschäfts.[551] Demnach folgt aus der Vereinbahrung zur Verschwiegenheitspflicht nicht ein Abtretungsverbot nach § 399 Abs. 2 BGB. Dazu müsste die Bank mit der Verwendung der Festschreibung des Bankgeheimnisses in den AGB stillschweigend gegenüber dem Kunden den Willen ausgedrückt haben, ein Abtretungsverbot zu vereinbaren. Während ein solches Verbot vielleicht im Interesse des Kunden wäre, kann der Wille dazu von Seiten der Bank nicht beabsichtigt sein, weil er nicht den Gegebenheiten im Bankgeschäft entspricht. Da nach § 157 BGB Willenserklärungen im Sinne der Verkehrssitte auszulegen sind, ist nicht von einem vertraglichen Abtretungsverbot auszugehen.[552] Auch ein gesetzliches Abtretungsverbot nach § 134 BGB wird als nicht gegeben angesehen. Eine Gleichstellung eines Abtretungsverbots, das aus einer gesetzlichen Geheimhaltungspflicht wie etwa bei Ärzten oder Rechtsanwälten folgt, mit dem Bankgeheimnis ist nicht gerechtfertigt. Hierfür wird auf das Verhältnis zwischen Arzt/Patient oder Anwalt/Mandant verwiesen, deren Bezug zu besonders sensiblen Lebensbereichen bei einer Bankbeziehung nicht gegeben ist.[553] Auch folgt aus der gewohnheitsrechtlichen Natur des gesetzlich nicht geregelten Bankgeheimnisses kein gesetzliches Verbot. Für Unternehmenskredite sind hier zudem die Bestimmungen des § 354a HGB zu beachten, wonach eine Abtretung unabhängig von der Zustimmung des Schuldners wirksam ist, wenn das Rechtsgeschäft, das die Forderung begründet hat, für beide Teile ein Handelsgeschäft darstellt, oder der Schuldner eine juristische Person oder ein öffentlich rechtliches Sondervermögen ist. Insofern kann sowohl bei Sub- als auch bei Non-Performing-Unternehmenskrediten nicht von einem Abtretungsverbot auf Grund des Bankgeheimnisses ausgegangen werden.[554]

---

550 Vgl. Rinze/Heda (2004), S. 1560.

551 Vgl. Schilmar/Breitenreicher/Wiedenhofer (2005), S. 1371.

552 Vgl. Rinze/Heda (2004), 1560; Jobe (2005), S. 259.

553 Das Bankgeheimnis ist nicht dem durch Art. 2 Abs. 1 i.V.m. Art. 1 Abs. 1 GG geschützten, unantastbaren Kernbereich privater Lebensgestaltung zuzuordnen. Vgl. Rinze/Heda (2004), S. 1561.

554 Vgl. Cahn (2004), S. 21ff; Kammel (2004), S. 265.

Datenschutz

Das deutsche Bundesdatenschutzgesetz (BDSG) dient dem Schutz von natürlichen Personen und verbietet die Erhebung, Verarbeitung und Nutzung personenbezogener Daten. Ausnahmen existieren nur bei Zustimmung der Betroffenen oder soweit dies ausdrücklich durch eine Rechtsvorschrift erlaubt ist.

Mit der Beschränkung des Gesetzes auf natürliche Personen stellt die **Informationsweitergabe**, als Unterfall der Datenverarbeitung, über juristische Personen kein Hindernis dar.[555] Jedoch gelangt das Gesetz zur Relevanz, wenn Angaben, z.B. über Kreditnehmer, Sicherungsgeber oder Mithaftende (z.B. Bürgen), natürliche Personen betreffen.[556] Liegt keine Einwilligung vor, ist die Übermittlung nur zulässig, wenn das Interesse des Verkäufers an der Datenübermittlung gegenüber dem Selbstbestimmungsrecht des Kreditnehmers überwiegt.[557] Hier wird die Argumentation in Anlehnung an die herrschende Rechtsauffassung beim Bankgeheimnis geführt. So soll die Informationsweitergabe bei Non-Performing Loans kein Verstoß gegen das Bundesdatenschutzgesetz bedeuten. Bei Sub-Performing Loans kann die Informationsweitergabe personenbezogener Daten aber gemäß § 43 Abs. 2 Nr. 1 BDSG als Ordnungswidrigkeit geahndet werden. Im Falle eines vorsätzlichen Handelns gegen Entgelt bzw. bei Bereicherungs- oder Schädigungsabsicht des Täters kann der Verstoß gegen den Datenschutz gemäß § 44 Abs. 1 BDSG sogar strafbar sein.

Im Hinblick auf das **Abtretungsverbot** kann das BDSG nach herrschender Rechtsauffassung weder als gesetzliches Verbot im Sinne des § 134 BGB noch als Abtretungsverbot gemäß § 399 2. Alt BGB ausgelegt werden.[558] Hier regelt das Datenschutzgesetz die Folgen von Verstößen in den §§ 43, 44 BDSG abschließend. Die Abtretung bleibt daher wirksam.

§ 203 StGB Verletzung von Privatgeheimnissen durch Amtsträger

Das Strafrecht regelt im § 203 StGB die Verschwiegenheitspflicht von Amtsträgern. So wird derjenige bestraft, der unbefugt ein fremdes Geheimnis, namentlich ein zum persönlichen Lebensbereich gehörendes Geheimnis oder ein Betriebs- oder Geschäftsgeheimnis, offenbart, das ihm als Amtsträger anvertraut oder sonst bekannt geworden ist.[559] "Amtsträger" im Sinne des Gesetzes sind natürliche Personen, die für eine Stelle tätig werden, die Aufgaben der öffentlichen Verwaltung wahrnimmt. In der Literatur wird die Tätigkeit von öffentlichen Sparkassen, Landesbanken, Sparkassenzentral-, Staats- und Kommunalbanken aus der Staatsgewalt abgeleitet. Sie sind damit eine öffentliche Verwaltung im Sinne von § 11 Nr. 2c StGB und zumindest die Vorstandsmitglieder sind daher als Amtsträger einzustufen und zwar auch

---

555 Vgl. § 3 Abs. 1 BDSG.
556 Vgl. Kammel (2004), 266.
557 Vgl. § 28 Abs. 1 Satz 1 Nr. 2 BDSG.
558 Vgl. Schilmar/Breitenreicher/Wiedenhofer (2005), S. 1370.
559 § 203 StGB Abs. 2 Nr. 1.

für Tätigkeiten im Geschäftsbankenbereich.[560] Inwiefern Mitarbeiter unterhalb der Vorstandsebene von dieser Regelung betroffen sind, ist bisher in der Rechtsprechung nicht geklärt. Auf Grund der Charakterisierung von Amtsträgern anhand der Tätigkeit der Organisation und nicht anhand der Kompetenz ist auch bei untergeordneten Hierarchiestufen davon auszugehen.[561] Auch können die unter dem Vorstand tätigen Mitarbeiter als "für den öffentlichen Dienst besonders verpflichtete" Personen im Sinne von § 11 Nr. 4a StGB qualifiziert werden.[562] Bei den im Rahmen der Darlehensvergabe erhobenen Informationen werden weiterhin die Tatbestandsmerkmale eines fremden Geheimnisses typischerweise erfüllt und man nimmt an, dass sie dem Amtsträger im inneren Zusammenhang mit seinem Beruf zugänglich geworden sind. Die Vorschriften des § 203 StGB finden also Anwendung

Zu prüfen ist die Befugnis zur **Informationsweitergabe**, die sich z.B. aus behördlichen Genehmigungen, Erlaubnissen und Bewilligungen ergeben kann. Neben der ausdrücklichen Einwilligung des Schuldners kommt hier eine Befugnis auf Grund der Wahrnehmung berechtigter Interessen in Frage. In der Rechtsprechung des Bundesgerichtshofes (BGH) wird die Auffassung vertreten, dass eine Weitergabe auf Grund einer Güter- und Interessensabwägung gerechtfertigt sein kann, wenn z.B. das Geheimhaltungsinteresse hinter das Rechtsdurchsetzungsinteresse tritt. Ansonsten würde der Anspruchsinhaber rechtlos gestellt.[563] Für die Güter- und Interessensabwägung sieht man diese Auffassung bei Non-Performing Loans als gegeben an. Hier bestehen, im Vergleich zu Urteilen bei der Rechtsprechung zur Durchsetzung von Honorarforderungen durch Ärzte und Rechtsanwälte, ein geringer zu bewertendes Geheimhaltungsinteresse sowie ein höher zu bewertendes Abtretungsinteresse der Bank. Demnach wäre eine Informationsweitergabe im Rahmen eines Verkaufs von Non-Performing Loans nicht strafbar.[564] Bei Sub-Performing Loans ist nicht von einer solchen Auslegung auszugehen. Eine abschließende Entscheidung in der Rechtsprechung ist dem Verfasser jedoch nicht bekannt.

Im Hinblick auf ein mögliches **Abtretungsverbot** wird zunächst auf die Einordnung des § 203 StGB in die Untergruppe der einseitigen Verbotsgesetze hingewiesen, bei denen § 134 BGB Anwendung findet. Demnach urteilt das BGH, dass nur dann kein Verstoß vorliegt, wenn es sich um eine stille Zession handelt, bei der § 402 vertraglich ausgeschlossen ist. Da diese Form der Abtretung von den Beteiligten nicht gewünscht ist, kann das Abtretungsverbot

---

560 Vgl. Seester/Glos (2005), S. 376 und die dort angegebene Literatur.

561 Vgl. Seester/Glos (2005), S. 375f.

562 Vgl. Jobe (2005), S. 268.

563 Vgl. Seester/Glos (2005), S. 376f.

564 Diese Auffassung kann weiterhin aus dem verfassungsrechtlichen Willkürverbot (Art. 3 Abs. 1 GG) abgeleitet werden, das in Wettbewerbssituationen auch zwischen privatwirtschaftlichen Banken und öffentlich-rechtlichen Kreditinstituten gilt. Demnach darf wesentlich Gleiches nicht willkürlich ungleich behandelt werden. Die Überlegungen hierzu sind auch für den Verkauf von Non-Performing Loans anwendbar. Für eine Differenzierung fehlt hier besonders eine unterschiedliche Erwartung des Schuldners bezüglich des Geheimhaltungsschutzes der Bank. Vgl. Jobe (2005), S. 269f.

nur für Non-Performing Loans verneint werden, weil sie nicht gegen die Bestimmungen des § 203 StGB verstoßen. Bei Sub-Performing Loans kann es zu einem Abtretungsverbot und damit zur Nichtigkeit der Abtretung führen. Weiterhin ist mit strafrechtlichen Konsequenzen aus § 203 StGB zu rechnen.[565]

Auswirkungen auf das Distressed Debt Investing

Die Ausführungen haben gezeigt, dass die Informationsweitergabe bei Sub-Performing Loans als Verstoß gegen das Bankgeheimnis gesehen werden kann und bei Banken des öffentlichen Rechts neben Schadensersatz auch mit strafrechtlichen Konsequenzen gerechnet werden muss. Die Abtretung von Sub-Performing-Unternehmenskrediten ist nach herrschender Rechtsauffassung zumindest bei Privatbanken wirksam, beim Verkauf von Sub-Performing Loans öffentlich-rechtlicher Institute ist sie durch die Anwendung des § 134 BGB nichtig.[566] Für die Praxis bedeutet das ein großes Angebot von Non-Performing Loans, weil die alten Kreditverträge noch nicht auf diese Situation ausgelegt sind, also keine ausdrückliche Zustimmung des Schuldners beinhalten. Der Anteil von Non-Performing Loans an den Transaktionen liegt nach Expertenschätzung bei über 70% und widerstrebt den Ansprüchen der Investoren beim Kauf von Unternehmenskrediten. Sie bevorzugen wegen der größeren Workoutmöglichkeiten Sub-Performing Loans.[567]

Als Lösung ist die Weitergabe anonymisierter Informationen bei Unternehmenskrediten für die Investoren nur bedingt geeignet, weil gerade die genauen Umstände des Schuldners, des Kredits und der Sicherheiten essentielle Kriterien für die Bewertung darstellen. Anonymisierte Daten resultieren bei den Investoren in erheblichen Preisabschlägen. Auch die Aufbereitung von vorher definierten anonymisierten Tabellen durch so genannte Datentreuhänder gilt bei Unternehmenskrediten nicht als sehr hilfreich.[568] Die Marktteilnehmer bevorzugen die Einholung der Zustimmung des Schuldners. Während die Zustimmung bei Immobilienkrediten eher unwahrscheinlich ist, existieren für die Realisierung bei Unternehmenskrediten hingegen gute Gründe, den Schuldner zu überzeugen. So kann der Investor bei drohendem Ausstieg der Bank die Unternehmensfinanzierung sichern und gegebenenfalls eine zusätzliche

---

565 Vgl. Seester/Glos (2005), S. 379f.

566 § 354a HGB bezieht sich nur auf vertragliche Abtretungsverbote gem. § 399 BGB, nicht aber auf gesetzliche gem. § 134 BGB.

567 Banken erkennen die Unternehmenskrise erst sehr spät, welches den Handlungsspielraum für den Investor stark eingrenzt. Bei Non-Performing Loans ist dies meist mit der Insolvenz des Kreditnehmers verbunden und hat oft nur die Auszahlung der Insolvenzquote zur Folge. Demnach erkennen nur 1% der Kreditinstitute eine strategische Krise, 45% eine Erfolgskrise und 54% erkennen das Problem der Unternehmen erst im Rahmen einer Liquiditätskrise. Vgl. Bettelhäuser (2005), S. 129; Jobe (2005), S. 232; Experteninterviews.

568 Der Einsatz eines Treuhänders wird von der BaFin bei ABS Transaktionen empfohlen. Er erscheint für den Erwerb von Unternehmensforderungen nicht geeignet, weil die Informationsweitergabe an den Investor auch nur anonymisiert erfolgen darf. Eine direkte Prüfung durch den Investor kann nicht erfolgen. Vgl. Anders (2004), S. 16f. Als Datentreuhänder kommen besonders Berufgruppen in Betracht, die einer Verschwiegenheitspflicht unterliegen, wie Wirtschaftsprüfer (§§ 43,50 WPO; § 203 StGB), Notare (§ 18 BNotO) und Rechtsanwälte (§ 43a BRAO, § 203 StGB). Vgl. Schalast/Daynes (2005), S. 47.

Finanzierung bereitstellen oder einen Teilverzicht ausüben. Das überwiegende Workoutinteresse des Investors wird hier sehr positiv bewertet und die Marktteilnehmer gehen davon aus, dass sich dies bei den Unternehmen herumspricht. Die Zustimmung ist sowieso von den Investoren im Hinblick auf den Erwerb gesamter Vertragsverhältnisse erwünscht. Die Form der Unterbeteiligung sehen die Investoren als unterzuordnende Alternative. Faktoren, die die Zustimmung des Schuldners beeinflussen, bestehen neben der spezifischen Unternehmenssituation in der Einstellung des Managements und in dem Investortyp. Die Einholung einer Zustimmung eignet sich darüber hinaus eher bei Single-Name-Transaktionen als bei kleinteiligen Portfolios. Bei Letzteren wird der benötigte Aufwand als zu groß und nicht praktikabel eingestuft. Daher ist für die Übertragung von Portfolios die Form einer Ausgliederung bzw. Absonderung vorteilhaft. Das Problem des Bankgeheimnisses bezüglich der Informationsweitergabe bei Sub-Performing Loans besteht trotzdem.

Ergebnis V: Bei Sub-Performing Loans behindern das Bankgeheimnis, das Bundesdatenschutzgesetz (für personenbezogene Daten) sowie der § 203 StGB bei öffentlich-rechtlichen Instituten die Weitergabe von Informationen und somit das Distressed Loan Investing, weil anonymisierte Daten nicht zur Bewertung von Unternehmenskrediten geeignet sind. Diese Behinderung existiert, soweit keine Zustimmung des Schuldners vorliegt und betrifft vor allem Portfolios, bei denen der Aufwand einer Einholung der Zustimmung zu groß ist. Bei Non-Performing Coporate Loans, welche für die Investoren jedoch nur von geringem Interesse sind, besteht diese Problematik nicht.

4.2.3.3 Umsatzsteuer

Vor dem Hintergrund der steuerlichen Komplexität soll in dieser Arbeit die thematische Auseinandersetzung nur auf die umsatzsteuerliche Komponente im Zusammenhang mit dem Forderungseinzug, der Risikoübernahme und den Finanzierungsaspekten behandelt werden.[569] Ausgangspunkt stellt die Entscheidung des Europäischen Gerichtshofes (EuGh) vom 26.6.2003 sowie die Nachfolgeentscheidung des Bundesfinanzhofs (BFH) vom 4.9.2003 zum "echten" Factoring dar.[570] Danach unterliegt der Einzug von Forderungen und der Übernahme des Ausfallrisikos der Umsatzsteuer. Da der Forderungseinzug im Rahmen eines Kreditverkaufs wie beim Factoring auch vom Verkäufer übernommen wird, besteht eine starke Ähnlichkeit zu dem Entscheidungsfall des EuGh. Andererseits sind auch deutliche wirtschaftliche Unterschiede bei der Transaktionsausgestaltung und der zugrunde liegenden Forderungen zu beachten. Der Erwerber handelt z.B. nicht unbedingt im Interesse des Verkäufers.

---

569 Für die Körperschafts- und Gewerbesteuer siehe von Campenhausen (2005), S. 438ff.

570 Vgl. Bundesministerium für Finanzen (2004), S. 1; von Campenhausen (2005), S. 444f. Beim "echten" Factoring hat der Factor keine Rückgriffsmöglichkeit auf seinen Kunden, d.h. er übernimmt bei Zahlungsunfähigkeit des Debitors das Ausfallrisiko. Beim "unechten" Factoring hat der Factor die Möglichkeit, bei Zahlungsunfähigkeit des Debitors auf den Factorkunden zurückzugreifen.

Zur Regelung dieser Unsicherheit hat das Bundesministerium für Finanzen am 3.6.2004 ein Schreiben veröffentlicht: Der Forderungsverkäufer erbringt mit der Abtretung seiner Kreditforderung an den Käufer (Factor) keine umsatzsteuerliche Leistung. Vielmehr erbringt der Forderungskäufer eine umsatzsteuerliche Leistung im Sinne des Forderungseinzugs an den Forderungsverkäufer. Die umsatzsteuerliche Bemessungsgrundlage ergibt sich bei zahlungsgestörten Forderungen[571] aus der Differenz zwischen wirtschaftlichem Nennwert bzw. dem zum Abschlusszeitpunkt voraussichtlich realisierbaren Teil der abzutretenden Forderungen, und dem Betrag, den der Factor dem Forderungsverkäufer als Preis für diese Forderung zahlt, abzüglich der im Differenzbetrag enthaltenen Umsatzsteuer. Dabei enthält der wirtschaftliche Nennwert die Vergütung für den Einzug der Forderung und der Delkrederegebühr oder vergleichbarer Zahlungen, die der Factor für das Risiko des Forderungsausfalls erhält und die als Gegenleistung für eine Leistung des Factor anzusehen sind.

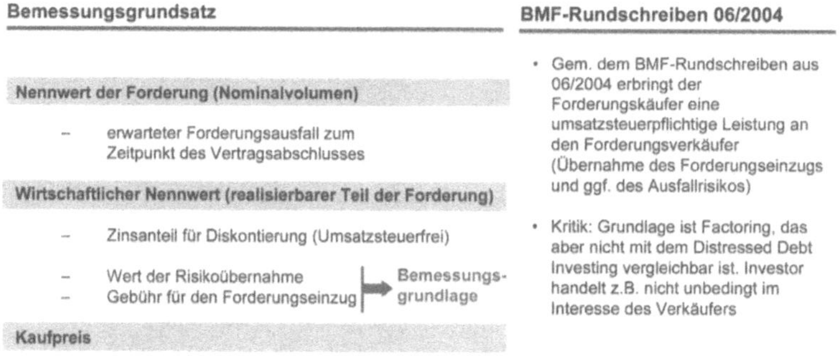

Abbildung 31: Bemessungsgrundsatz gemäß BMF-Rundschreiben 06/2004[572]

Kritik an der Übertragung dieses Grundsatzes auf das Distressed Debt Investing besteht beim Vergleich mit dem Factoring. Während beim Factoring das originäre Vertragsverhältnis meist beim Veräußerer der Forderung verbleibt, und der Factor lediglich die Serviceleistung des Einzugs erbringt, werden beim Distressed Debt Investing in der Regel sämtliche Haupt- und Nebenleistungsverpflichtungen nebst Kreditsicherheiten auf den Erwerber übertragen.[573] Insoweit bedeutet der Einzug der Forderungen keinen Service, sondern erfolgt im Rahmen der Verwaltung der erworbenen Kredite im eigenen Interesse. Weiterhin machen die Investoren deutlich, dass das Servicing nur dann einen Wert haben kann, wenn durch die Verwertung ein Gewinn entsteht, der bei der Transaktion aber noch ungesichert ist. Die Variablen der Be-

571 Bei "zahlungsgestörten" Forderungen handelt es sich um Forderungen, die, soweit fällig, ganz oder zu einem nicht nur geringfügigen Teil seit mehr als sechs Monaten nicht ausgeglichen wurden. Dazu gehören auch Forderungen, bei denen eine Kündigung erfolgte oder die Voraussetzung zur Kündigung vorliegt. Vgl. Bundesministerium für Finanzen (2004), S.4.

572 Eigene Darstellung gemäß den Ausführungen vom Bundesministerium für Finanzen (2004), S. 3f; Experteninterviews.

573 Vgl. Anders (2004), S. 19. S. hierzu auch Schilmar/Breitenreicher/Wiedenhofer (2005), S. 1372f.

messungsgrundlage sind erst abschließend beim Verkauf oder durchgeführten Einzug der Forderung bestimmbar. Eine Klärung dieses Sachverhaltes durch Verwaltungsanweisungen oder in der Rechtsprechung gibt es bisher nicht, und es existiert keine abschließende Rechtssicherheit.

Auswirkungen auf das Distressed Debt Investing

Bei Transaktionsvolumina von teilweise über 1 Mrd. EUR Nominalvolumen können aus den Vorschriften zur Umsatzsteuer nicht unerhebliche Beträge entstehen und einen signifikanten Einfluss auf den Kaufpreis ausüben. Während im Grundsatz die Umsatzsteuer vom Erwerber abzuführen ist, gilt diese Regelung nur, soweit der Investor bzw. das erwerbende SPV seinen Sitz nicht im Ausland hat. Dies ist bei den Transaktionen aber üblich, und die Umsatzsteuer fällt auf die verkaufende Bank zurück, wenn der Servicer nicht zur Bank gehört.[574]

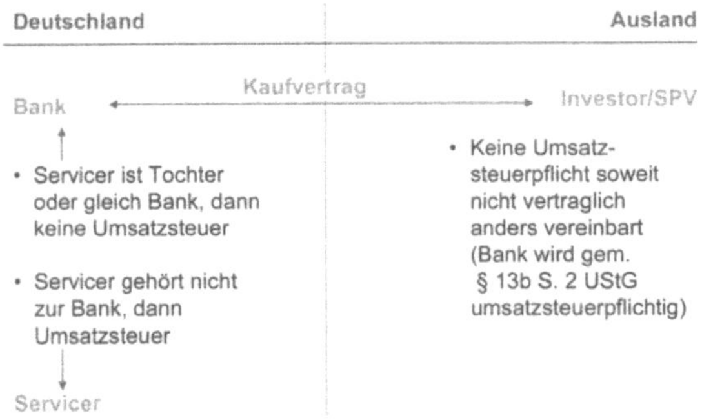

Abbildung 32: Verfahrensweise bei der Umsatzsteuer (Asset Deal)[575]

Dies wiegt umso schwerer als Kreditinstitute regelmäßig nur beschränkt bzw. überhaupt nicht zum Vorsteuerabzug berechtigt sind und die Umsatzsteuer nicht als Vorsteuer geltend machen können.[576] Die Umsatzsteuer erhöht also zunächst die Transaktionskosten der Bank. Ausnahme bildet der Forderungseinzug durch die veräußernde Bank, er liegt aber nicht im Interesse von Bank und Investor.[577] Auch bei der Transaktion mittels eines Share Deal wird von einer Umsatzsteuerbefreiung ausgegangen.[578] Beim Asset Deal haben sich in der Praxis zwei wesentliche Verfahrensweisen herausgebildet, wobei eine verbindliche Auskunft des Finanzamtes in jedem Fall erfolgen sollte.

---

574 Vgl. von Campenhausen (2005), S. 444ff.

575 Eigene Darstellung in Anlehnung an Experteninterviews.

576 § 15 Abs. 2 i.V. mit § 4 Nr. 8 UStG.

577 Vgl. von Campenhausen (2005), S. 449f.

578 Es herrscht die Auffassung, dass bei einem Share Deal der Charakter des Factoring, im Vergleich zu einer direkten Übertragung, deutlich in den Hintergrund tritt.

Zum einen wird der relevante Umsatzsteuerbetrag mit "Null" angegeben, da erst bei Verwertung des Kredites der Anteil bestimmt werden kann. Zusätzlich können die Parteien festhalten, wie im Falle einer Umsatzsteuererhebung vorgegangen werden soll, bzw., wer das Risiko trägt. Die zweite Vorgehensweise setzt, meist auf Wunsch der verkaufenden Bank, einen Betrag fest. Dabei muss die Bank beachten, dass, wenn sie den Betrag vom Investor einfordern will, dieser ihn sehr wahrscheinlich indirekt vom Kaufpreis abziehen wird. Für den Investor/SPV mit Sitz im Ausland besteht das Problem, dass er im dem Fall einer Umsatzsteuererhebung, nur im Namen der Bank gerichtlich vorgehen kann.[579] Diese Konstellation wird als sehr unwahrscheinlich angesehen.

Ergebnis VI: Die Umsatzsteuerthematik verhindert Transaktionen nicht, aber die derzeitige Ungewissheit führt zu erhöhten Kosten in der Vertragsgestaltung sowie zu einem Risikopotenzial aus der Umsatzsteuererhebung. Banken und Investoren werden daher diesen Faktor in der Entscheidung über Kauf und Verkauf berücksichtigen. Einen Ausweg für Portfoliotransaktionen bietet der Share Deal, bei dem von einer Umsatzsteuerbefreiung ausgegangen wird. Eine Lösung über das Servicing der Bank ist nicht im Sinne des Investors.

4.2.3.4 Bankerlaubnis/Erlaubnis gemäß Rechtsberatungsgesetz

Das deutsche Kreditwesengesetz (KWG) legt fest, dass die im § 1 Abs. 1 Satz 2 KWG aufgeführten Bankgeschäfte einer Bankerlaubnis nach § 32 KWG bedürfen.[580] Ausgeschlossen hiervon sind die in § 1 Abs. 3 KWG aufgeführten Finanzgeschäfte, wie etwa Geldmaklergeschäfte oder der entgeltliche Erwerb von Geldforderungen, die nur eingeschränkt der Bankaufsicht unterliegen. Unter die Bestimmungen fällt z.B. die Gewährung von Gelddarlehen (§ 1 Abs. 1 S. 2 Nr. 2 KWG), die ein Bankgeschäft in Form eines Kreditgeschäfts darstellen, sowie das Eingehen der Verpflichtung, Darlehensforderungen vor Fälligkeit zu erwerben (§ 1 Abs. 1 Satz 2 Nr. 7 KWG). Die einfache Abtretung und Einzug der Forderung ist des Weiteren nach § 1 Abs. 3 Satz 1 Nr. 2 KWG ein erlaubnisfreies Bankgeschäft. Der Erwerb noch nicht fälliger Forderungen stellt nach herrschender Auffassung kein Bankgeschäft dar, während im Fall revolvierender oder noch nicht ausgereichter Kredite eine Erlaubnis notwendig ist.[581] Der Investor muss somit beim Erwerb von Krediten, die unter diese Vorschrift fallen, eine Bankerlaubnis vorweisen. Unproblematisch ist die Erlaubnis gemäß Rechtsberatungsgesetz, weil die Einziehung eigener Forderungen erlaubnisfrei durchgeführt werden kann. Eine Erlaubnis bezieht sich nur auf den Einzug fremder Forderungen.

579 Annahme: Sitz des SPV im Ausland.

580 S. auch Schilmar/Breitenreicher/Wiedenhofer (2005), S. 1371f.

581 Bei der Bankerlaubnispflicht ist eine Unterscheidung zwischen Sub- und Non-Performing Loans daher nicht einfach möglich. Vgl. Fischer/Zuleger (2005), S. 422.

Auswirkungen auf das Distressed Debt Investing

Während bei Immobilienkrediten die Verwertung bzw. der direkte Einzug der Forderung im Vordergrund steht, ist das KWG für den Kauf von Unternehmenskrediten von großer Bedeutung. Zum einen vergeben Banken häufig Betriebsmittelkredite an Unternehmen in Form von Kontokorrentlinien, die als Bankgeschäft im Sinne des KWG gelten und beim Verkauf an den Investor eine Erlaubnispflicht auslösen.[582] Zum anderen können die Investoren bei Unternehmen an der Vergabe eines Überbrückungs- oder Sanierungskredites im Rahmen der Restrukturierung interessiert sein oder an Umschuldungsmaßnahmen teilnehmen. Besonders für aktive Investoren wird eine Bankerlaubnis daher nötig sein. Investoren ohne Erlaubnis sind auf einen Partner mit Banklizenz im Rahmen einer Unterbeteiligung angewiesen, wenn sie lizenzpflichtige Transaktionen durchführen wollen. So hat z.B. beim Erwerb der WCM Kredite Goldman Sachs als Inhaber einer Banklizenz die rechtliche Verantwortung übernommen, während der US-Investor Fortress das wirtschaftliche Risiko trug.[583] Die Unterbeteiligung ist, wie bereits erwähnt, nicht immer im Sinne des Investors und der Bank, stellt aber eine Lösung des Problems dar. Eine weitere Option, nämlich die Umwandlung in einen Festkredit, ist nur in spezifischen Fällen anwendbar. Andere Investoren haben zur Lösung des Problems eine Erlaubnis durch den Kauf einer Bank erworben. Beispiele hierfür sind der Erwerb der Mitteleuropäischen Handelsbank (MHB) durch Lone Star oder der Kauf der Handelskreditbank (HKB) durch Cerberus. Auch kann der Erwerb der Kredite mit dem einer Bank verbunden werden, wie es der Kauf der Delmora Bank durch die Archon Gruppe gezeigt hat, oder die Kredite werden durch den Verkäufer im Rahmen des Umwandlungsgesetzes in eine Gesellschaft mit Banklizenz ausgegliedert.[584] Andere Investoren, wie z.B. Goldman Sachs, Morgan Stanley, Deutsche Bank London oder Merrill Lynch, verfügen bereits über eine deutsche Bankerlaubnis. Neben der rechtlichen Erfordernis sehen die Experten einen Vorteil in der Bankerlaubnis durch eine verbesserte Reputation und somit einer höheren Chance Portfolios zu erwerben. Die Bankerlaubnis wird von einigen Verkäufern als Gütesiegel verstanden.

Ergebnis VII: Eine Bankerlaubnis ist für das Distressed Corporate Loan Investing notwendig, um vor allem aktive Strategien durchführen zu können. Dies resultiert aus der Struktur der Unternehmensfinanzierung mittels revolvierender oder nicht vollständig ausgereichter Kredite und dem überwiegenden Interesse am Workout der Investoren im Sinne einer Sanierung.

---

582 Weitere Zweckbestimmungen von Kontokorrentkrediten für Unternehmen sind z.B. Saisonkredite, Vor- und Zwischenfinanzierung, Zusatz- und Überbrückungskredite. Vgl. Rösler/Pohl (2005), S. 167ff.

583 Vgl. Clausen/Maier/Schmid (2004), S. 19.

584 Vgl. Schmid/Hönighaus/Clausen (2005), S. 23. Bei der Ausgliederung muss die Gesellschaft jedoch bereits als Bank bestehen.

4.2.3.5 Sonderkredite

Bei der Abtretung von Sonderkrediten ist die jeweilige Förderanstalt mit einzubeziehen. Am Beispiel der KfW Förderkredite lassen sich hier drei unterschiedliche Konstellationen unterscheiden:[585]

- **Forderungsinhaberschaft des Förderinstitutes (Treuhand)**
  Die verkaufende Bank ist nicht selbst Forderungsinhaber, sondern hat den Kredit nur "durchgereicht". Das Risiko wird also vom Förderinstitut übernommen und dessen Zustimmung ist zur Übertragung des Kredites notwendig. Im Falle der Abtretung erfolgt hier nur eine Übertragung des Servicing auf den Investor, wofür er eine Gebühr erhält.

- **Gemeinsame Forderungsinhaberschaft (Förderinstitut/Bank)**
  Bei bereits geleisteten Zahlungen des bürgenden Förderinstituts bei gekündigten Darlehen an die Bank erfolgt ein Forderungsübergang (§ 774 BGB) auf das bürgende Förderinstitut. Der nicht durch die Bürgschaft abgedeckte Teil bleibt in der Inhaberschaft der Bank. Zur Abtretung der gesamten Forderung bedarf es daher auch der Zustimmung des Förderinstituts.

- **Forderungsinhaberschaft der Bank (Refinanzierung)**
  Das Risiko des Forderungsausfalls wird von der Bank getragen, während die Refinanzierung über das Förderinstitut zu günstigen Konditionen abgewickelt wird. Eine Zustimmung des betreffenden Förderinstitutes ist nicht notwendig, soweit Verpflichtungen, die im Außenverhältnis bestehen, nicht mit übertragen werden sollen. Hier handelt es sich z.B. um Sicherheitenverwertung oder Abführung eingehender Zahlungen.

Für Unternehmenskredite sind weiterhin die Landesbürgschaften hervorzuheben. Da die öffentliche Bürgschaft nicht automatisch mit dem Kreditverkauf übertragen wird, ist die Zustimmung des Bundes bzw. des Lande erforderlich. Hierfür muss eine Anfrage an PriceWaterhouseCoopers gestellt werden (Verwalter der Landesbürgschaften), welche sie an die entsprechenden Gremien weiterleiten. An einer Zustimmung haben die Länder bzw. der Bund aber laut Aussage von Experten kein großes Interesse, weil die Bürgschaft bei Verkauf erlischt und sich das Obligo verringert.

Auswirkungen auf das Distressed Debt Investing

Der Verkäufer und der Investor müssen damit rechnen, dass eine Zustimmung nicht erfolgt und die Einholung einer Zustimmung den Transaktionsprozess verkompliziert. Während die

---

[585] Vgl. Früh (2000), S. 497f u. Experteninterviews.

Abtretung von KfW-Krediten bisher in Einzelfallentscheidung getroffen wird, besteht das Bewusstsein, dass die Akzeptanz des Förderkredites bzw. des KfW Neugeschäftes maßgeblich von der Möglichkeit der Banken abhängt, die Kredite später weiterverkaufen zu können. Die Bank versucht daher, mittels frühzeitigen Einbezugs der KfW, eine Lösung zu erarbeiten. Wird der Abtretung oder Übertragung des Sonderkredites durch das Förderinstitut nicht zugestimmt, besteht die Möglichkeit eine Unterbeteiligung einzugehen oder die Kredite im Rahmen eines Share Deal (Ausgliederung/Abspaltung) zu übertragen. Andernfalls werden die Kredite nicht veräußert.

Ergebnis VIII: Sonderkredite können die Abtretung oder Übertragung von Forderungen verhindern oder zum Verlust einer Bürgschaft führen, soweit keine Zustimmung durch das Förderinstitut erfolgt. Lösungen bestehen vor allem in der Form einer Unterbeteiligung bei Single-Name-Transaktionen sowie in der Ausgliederung bzw. Abspaltung bei Portfolios.

4.2.3.6 Insolvenzordnung

Der US Bankruptcy Code spielt mit den Möglichkeiten des Chapter 11-Verfahrens eine bedeutende Rolle für das Distressed Debt Investing (s. Kapitel 2). Hier wird daher nun auf die deutsche Insolvenzordnung, ihre wesentlichen Unterschiede zu den US-amerikanischen Vorschriften und auf ihre Relevanz für das Distressed Debt Investing eingegangen.

Ausgestaltung des deutschen Insolvenzrechts

Mit der Schaffung der neuen Insolvenzordnung besteht seit 1999 die Möglichkeit zur Unternehmensfortführung in der Insolvenz. Seitdem ist die Unternehmensfortführung mittels eines Insolvenzplans oder einer übertragenden Sanierung gleichberechtigt mit der Liquidation eines insolventen Unternehmens.[586] Zwar diente das amerikanische Chapter 11-Verfahren dem deutschen Insolvenzrecht besonders für das Insolvenzplanverfahren als Vorbild, trotzdem existieren wegen der Zielsetzungen der Gesetzgeber zahlreiche Abweichungen.[587] So gilt als wesentliches Unterscheidungsmerkmal, dass im deutschen Recht die Gläubigerbefriedigung an erster Stelle steht, während in den USA der Restrukturierungsgedanke bzw. Fortbestand des Unternehmens Vorrang hat.[588]

---

586 Vgl. § 1 InsO; Die alte Konkursordnung aus dem Jahre 1879 legte die Realisierung der Haftung als Liquidation des gesamten Schuldnervermögens aus. Das führte zu einer Zerschlagungsautomatik und vernachlässigte die Sanierung als Alternative. Vgl. Pape/Uhlenbruck (2002), S. 31.

587 Die deutsche Insolvenzordnung (InsO) gilt seit dem 1.1.1999 und wurde im März 2003 überarbeitet. Für einen Vergleich mit dem französichen und dem englischen (UK) Insolvenzrecht s. Davydenko/Franks (2005). Hier wird verdeutlicht, dass das Chapter 11-Verfahren des US Bankruptcy Code am ehesten mit dem deutschen Insolvenzrecht vergleichbar ist.

588 Vgl. KfW Bankengruppe (2004), S. 58; Kestler/Striegel/Jesch (2005), S. 423f. Daher wird dem deutschen Insolvenzrecht ein höherer Schutz der Gläubiger im Gegensatz zum Chapter 11-Verfahren zugesprochen. Vgl. Davydenko/Franks (2005), S. 34.

Im deutschen Recht existieren die Insolvenztatbestände der Zahlungsunfähigkeit, der Überschuldung und der drohenden Zahlungsunfähigkeit.[589] Den Antrag auf Insolvenz kann in letzterem Fall nur der Schuldner, bei Zahlungsunfähigkeit oder Überschuldung der Schuldner oder Gläubiger stellen. Die Insolvenzeröffnung führt ähnlich dem amerikanischen Recht zu einer Aussetzung der Einzelvollstreckung von Forderungen. Eine Nachbesicherung oder die Verwertung von Sicherheiten ist verboten.[590] Gläubiger mit Forderungen, die durch ein Absonderungsrecht besichert sind (z.B. Sicherungsübereignung), erhalten für einen eventuellen Wertverlust Entschädigungszahlungen.[591]

Während im US Bankruptcy Code die Weiterführung der Gesellschaft durch den Schuldner unter der neutralen Kontrolle des Gerichts im Vordergrund steht (Debtor in Possession), sieht das deutsche Recht die Bestellung eines Insolvenzverwalters zur Kontrolle vor.[592] Ihm können Verwaltungs- und Verfügungsbefugnis über das Vermögen übertragen werden und sie variiert von der vollständigen Übertragung der Geschäftsführung bis hin zu einer Einschränkung auf Prüfung der Situation und Kontrolle des Schuldners.[593] Zwar besteht die Option der Eigenverwaltung des Schuldners, sie muss aber mit einem Antrag durch das Gericht genehmigt werden. Dieser Fall ist nur dann anwendbar, wenn der Schuldner auf Grund seiner besonderen Kenntnisse und Fähigkeiten im Unternehmen entscheidungsbefugt bleiben soll. Bekannte Beispiele dafür sind die Insolvenzen von Kirch Media sowie Babcock Borsig. An Stelle des Insolvenzverwalters tritt dann ein Sachverwalter, der die Kontrolle und Beratung des Schuldners übernimmt.[594]

Neben dem gerichtlichen Verwalter kann die Gläubigerversammlung einen Gläubigerausschuss bestellen, der die Interessen aller Gläubiger vertritt und den Insolvenzverwalter bei seiner Arbeit unterstützt.[595] In diesem Ausschuss sollen die absonderungsberechtigten Gläubiger, die Insolvenzgläubiger mit den höchsten Forderungen sowie die Kleingläubiger vertreten sein. Auch ein Vertreter der Arbeitnehmer ist zu benennen, wenn sie Insolvenzgläubiger mit nicht unerheblichen Forderungen darstellen.[596] Während der Gläubigerausschuss neben möglichen weiteren Beteiligten, die keine Gläubiger sind (z.B. Betriebsrat), bei der Aufstellung des Insolvenzplans mitwirkt, kann der Plan selbst nur vom Insolvenzverwalter oder

589 Vgl. §§ 17-19 InsO.
590 Vgl. § 89 u. 91 InsO.
591 Vgl. §172 InsO.
592 Vor dem Eröffnungsbeschluss nach § 27 InsO wird ein vorläufiger Insolvenzverwalter bestellt. Er prüft, ob das Vermögen des Schuldners die Kosten des Verfahrens decken wird.
593 Vgl. § 22 InsO.
594 Vgl. § 274 InsO.
595 Vgl. § 68 InsO.
596 Vgl. § 67 InsO.

Schuldner, nicht aber wie im amerikanischen Recht, durch die Gläubiger vorgelegt werden (Planinitiativrecht).[597]

Für die Abstimmung zum Insolvenzplan in den Forderungsgruppen stellt das deutsche Insolvenzrecht geringere Anforderungen. So ist die Zustimmung einer Forderungsgruppe erteilt, wenn die Mehrheit der abstimmenden Gläubiger dem Plan zustimmt und die Summe der Ansprüche dieser Gläubiger mehr als die Hälfte der Ansprüche abstimmender Gläubiger beträgt.[598] Analog zum Chapter 11-Verfahren besitzen Gläubiger, die voll befriedigt werden und in deren Rechte nicht eingegriffen wird, kein Abstimmungsrecht. Für die Gruppenbildung unterscheidet das Insolvenzrecht drei Pflichtgruppen: absonderungsberechtigte Gläubiger, nicht nachrangige Insolvenzgläubiger und nachrangige Insolvenzgläubiger soweit deren Forderungen nicht als erlassen gelten.[599] Weiterhin besteht auch im deutschen Insolvenzrecht die Möglichkeit eines Cram Down durch das Obstruktionsverbot, d.h. die Befugnis des Gerichts, die Zustimmung einer Gruppe zu ersetzen.[600]

Anwendung der Möglichkeiten des deutschen Insolvenzrechts

Trotz der Änderung des Insolvenzrechts sind die Erfahrungen mit dem Insolvenzplanverfahrens noch gering. Für 2004 ergab eine Befragung der Insolvenzgerichte einen Anteil von Insolvenzplanverfahren nach gerichtlicher Vorprüfung von lediglich 0,4% gegenüber 0,3% in 2003.[601] Auch der Anteil von Eigenverwaltungen wird als sehr niedrig eingestuft. Die geringe Anwendung des Insolvenzplanverfahrens wird darauf zurückgeführt, dass deutsche Unternehmen noch immer vergleichsweise spät die Insolvenzeröffnung beantragen. In vielen Fällen bleibt dann nur die Zerschlagung des Unternehmens als Ausweg offen.[602] Ein Insolvenzplanverfahren ist nicht mehr möglich. Grund dafür ist die kulturelle Einstellung: die Insolvenz in Deutschland bedeutet einen Misserfolg und der Schuldner versucht sie solange wie möglich

---

597 Vgl. § 218 InsO. Der Gläubigerversammlung obliegt aber das Recht, den Insolvenzverwalter mit der Erstellung eines Plans zu beauftragen und sie kann ihm Zielvorgaben setzten. Vgl. Kersting (1999), S. 32f. Der Kritik, dass die Beauftragung des Insolvenzverwalters erst zum Berichtstermin erfolgen kann, und es dann meist schon zu spät zur Rettung des Unternehmens ist, kann nicht entsprochen werden. Hier wird auf die Kommunikation zwischen Anspruchsgruppen und Insolvenzverwalter im Vorfeld des Termins verwiesen sowie auf die Eigeninitiative des Insolvenzverwalters, einen Plan zu erstellen.

598 Vgl. § 244 InsO.

599 Vgl. Kersting (1999), S. 66. Sie sind weiterhin in Klassen zu unterteilen, die durch die Gleichartigkeit der wirtschaftlichen Interessen sowie sachgerecht im Hinblick auf das Planziel abzugrenzen sind. Zum Beispiel kann in der Gruppe der Insolvenzgläubiger zwischen den Finanz- und den Lieferantengläubigern unterschieden werden. In der Gruppe der absonderungsberechtigten Gläubiger kann z.B. zwischen Grundpfandgläubigern und den unterschiedlichen Formen des Eigentumsvorbehalts differenziert werden. Über die Gruppenbildung entscheidet der Planverfasser. Vgl. Kersting (1999), S. 69. u. S. 72f.

600 Vgl. § 237 u. 245 InsO sowie US Bankruptcy Code Sect. 1129. Zur Vorgehensweise bei der Ablehnung s. Drukarczyk (2004), S. 18. Die Strategie des Bondmailing im Sinne eines missbräuchlichen Abstimmungsverhaltens wird auch als taktische Obstruktion bezeichnet.

601 Vgl. Schulze & Braun (2005), S. 1.

602 Vgl. Neuhof (2005), S. 409f.

zu vermeiden. In den USA hingegen stellt das Chapter 11-Verfahren den ersten Sanierungsschritt dar und wird positiv bewertet. Weitere Erklärungsansätze sind:[603]

- Überforderung/Überlastung/Unfähigkeit der Insolvenzverwalter führt zu Insolvenzverwaltung anstelle von Insolvenzgestaltung
- Gläubigern fehlen Mut oder Einigkeit in der Fortführung (im Gegensatz zu den USA, wo man weiterkommen möchte)
- Aufwändige Erstellung eines Insolvenzplans unter erheblichem Zeitdruck schreckt Insolvenzverwalter ab
- Problematik der „vorbefassten" Insolvenzverwalter, die, wenn sie ein Unternehmen im Vorfeld einer Insolvenz beraten, nicht mehr als Insolvenzverwalter eingesetzt werden können
- Bislang noch unzureichender Bekanntheitsgrad der Möglichkeiten des Verfahrens aus Unternehmersicht

Die Durchführung hängt also wesentlich von der Auswahl des Insolvenzverwalters sowie der rechtzeitigen Anmeldung der Insolvenz ab.

Auswirkungen auf das Distressed Debt Investing

Zunächst ist festzustellen, dass sämtliche Strategien der amerikanischen Distressed-Debt-Investoren auch im deutschen Insolvenzrecht möglich sind.[604] Einschränkungen gibt es lediglich bezüglich des Bond Mailing auf Grund der geringeren Annahmequote beim Insolvenzplan. Auch kann der Investor selbst keinen Plan vorlegen sondern nur im Rahmen des Gläubigerausschusses beratend tätig werden. Gesetzliche Schranken, die das Distressed Debt Investing behindern, existieren also folglich nicht. So kommt eine Befragung von 110 Investoren zum Ergebnis, dass das Insolvenzrecht eine bedeutende Stellung bei der Investition in Distressed Debt besitzt, aber lediglich 9% der Befragten das deutsche Insolvenzrecht als Hindernis für eine Investition sehen würden.[605]

Ein weiter Unterschied ist der geringe Anteil von Unternehmensfortführungen durch Eigenverwaltung oder Insolvenzplanverfahren in Deutschland. Die Durchsetzung der Vorstellungen des Investors hängt daher wesentlich von den Entscheidungen des Insolvenzgerichts bzw. Insolvenzverwalters ab, über die es bisher nur geringe Erfahrungswerte gibt. Durch die späte Anmeldung sind Unternehmen in der Insolvenz für Investoren auch meist nicht mehr interessant. Hier wird i.d.R. nur noch die Festlegung der Quote durch den Insolvenzverwalter

603 Vgl. Hardymon/Lerner (2003), S. 23f; KfW Bankengruppe (2004), S. 58 sowie Experteninterviews.
604 Sowohl Erwerb von Forderungen als auch Debt-Equity Swap. Siehe z.B. Senator Entertainment AG. Vgl. Schwaldt (2004), S. 14.
605 Vgl. Cadwalader Wickersham & Taft LLP (2004), S. 15.

abgewartet und die Insolvenz resultiert in hohen Abschlägen beim Kauf der Forderungen (Bewertung mit Liquidationsansatz). Andererseits kann einem Schuldner auch nicht zur Insolvenz geraten werden, da der Manager meist entmachtet wird und keinen Einfluss auf den anschließenden Prozess ausüben kann.

Ergebnis IX: Das deutsche Insolvenzrecht führt zu keiner wesentlichen Einschränkung bei der Durchführung des Distressed Debt Investing in Deutschland. Die späte Insolvenzanmeldung der Schuldner bewirkt aber, dass Unternehmen in der Insolvenz für Investoren uninteressant sind bzw. zu Liquidationswerten beurteilt werden. Die geringe Anwendung des Insolvenzrechts hat zur Folge, dass eine Umsetzung der Strategie in der Insolvenz für Investoren mit großer Unsicherheit über den Ausgang verbunden ist.

4.2.3.7 Poolverträge

Im Rahmen der Fragmentierung des deutschen Bankenmarktes wurde bereits die Gründung von Sicherheitenpools durch Banken in der wirtschaftlichen Krise eines Kreditnehmers erwähnt. Sicherheitenpools haben die Aufgabe, Beweisschwierigkeiten bei der Identifizierung von Sicherungsgegenständen zu vermeiden und die Durchsetzbarkeit sowie Verwertung der Sicherungsrechte zu vereinfachen. Die Banken verpflichten sich auch gemeinhin zum Stillhalten, d.h., sie halten die bestehenden Linien offen und verzichten auf Kündigung oder Sicherheitenverwertung. Als weitere Handlungen können in der Krise z.B. die Stundung fälliger Zinsen und Tilgungen vereinbart werden. Der Pool wird i.d.R. als Innengesellschaft bürgerlichen Rechts von den finanzierenden Banken gegründet.[606] Als Poolführer wird häufig die Hausbank des Schuldners bestellt. Ihr werden als Treuhänder die Sicherheiten der Poolbanken übertragen. Der Pool ist somit nicht mehr Rechtsinhaber, sondern ihm stehen aus dem Treuhandvertrag Ansprüche zu. Die Banken besitzen lediglich Gesellschaftsanteile.[607] Eine ähnliche Situation entsteht bei Kreditkonsortien, bei denen mehrere Banken sich zu einem Pool zusammenschließen, um gemeinsam einen Kredit zu vergeben. Es existiert dann nur ein Kreditvertrag mit dem Schuldner.[608] Auch hier wird eine Gesellschaft bürgerlichen Rechts entweder als Außen- oder als Innenkonsortium gegründet.

---

606 Vgl. Neumann/Peppmeier (2005), S. 54.

607 Vgl. Kammel (2004), S. 270.

608 Vgl. Gadanecz (2004), S. 85ff. Es wird im Innenverhältnis eine Unterbeteiligung als mehrseitiger Vertrag zwischen dem eigentlichen Kreditgeber und sämtlichen Unterbeteiligten geschlossen. Insbesondere bei internationalen Krediten und im Emissionsgeschäft spricht man hier auch von der Syndizierung eines Kredites. Vgl. Früh (2000), S. 499; Rösler/Pohl (2005), S. 185f.

Auswirkungen auf das Distressed Debt Investing

Bei der Veräußerung des Distressed Loan entsteht das Problem, dass der Verkäufer keine unmittelbaren Rechte an der Sicherheit übertragen kann. Sein Anspruch kann lediglich in Form des Gesellschafter- bzw. Konsortialanteils übergehen und benötigt die Zustimmung der anderen Poolbanken bzw. Gesellschafter. Die Genehmigung zur Übertragung der Anteile sowohl bei Sicherheitenpools als auch bei Konsortialverträgen kann bereits im Vertrag erteilt werden. Im Rahmen der Bestrebungen, für Kreditverträge die Erlaubnis des Schuldners zur Veräußerung einzuholen, wird vermutet, dass die Veräußerbarkeit bei der Schließung von Poolverträgen bzw. Konsortialverträgen ebenfalls festgelegt wird.[609] Also wird dem rechtlichen Problem der Zustimmung durch die anderen Konsorten oder Poolmitglieder keine bedeutende Auswirkung auf das Distressed Debt Investing in Deutschland zugeschrieben. Liegt keine Zustimmung vor, besteht wiederum die Möglichkeit einer Unterbeteiligung, bei der die verkaufende Bank in Poolsitzungen entsprechend den Anweisungen des Investors handelt.

Probleme für den Investor können durch die Komplexität in der Verwaltung und der Entscheidungsstruktur entstehen. Der Investor kann Strategien nicht alleine sondern nur in Abstimmung mit den anderen Poolbanken durchsetzen, was mehr Zeit und Überzeugungsarbeit erfordert. Für den Investor bietet der Einstieg über einen Pool aber auch die Möglichkeit, sich durch ein kleineres Engagement eine Übersicht über die Unternehmenssituation zu verschaffen, und dies bei Interesse weiter auszubauen. Weiterhin führt die Komplexität in der Entscheidungsstruktur häufig dazu, dass andere Banken an einem Verkauf ihrer Anteile interessiert sind.

Ergebnis X: Poolkredite können negative Auswirkungen auf das Distressed Debt Investing besitzen, wenn keine Zustimmung des Pools zum Verkauf erfolgt oder wenn die Komplexität in der Entscheidungsstruktur die Umsetzung der Strategie des Investors verhindert. Die Komplexität fördert jedoch auch den Veräußerungswillen von beteiligten Banken.

4.2.3.8 Eigenkapitalersetzende Darlehen[610]

Bei der Investition in Fremdkapital besteht der Vorteil in der Rangstellung gegenüber den Eigenkapitalgebern. Insofern müssen die Investoren gesetzliche Regelungen beachten, die zur Aufhebung dieses Tatbestands führen können.

Nach § 32 a,b GmbH Gesetz (Kapitalerhaltungsvorschriften) stellen Darlehen einen Eigenkapitalersatz dar, wenn die Gläubiger direkt oder indirekt am Eigenkapital der Gesellschaft, z.B.

---

[609] Z.B. der Verkauf der Anteile am Konsortialkredit von KarstadtQuelle. Vgl. o.V. (2005a), S. 16.

[610] Vgl. im Folgenden Jobe (2005), S. 237ff; Neuhof (2005), S. 405ff.

über Tochtergesellschaften, beteiligt sind. Das gilt für Beteiligungen von über 10% bei Gesellschaften mit beschränkter Haftung.[611] Bei geringeren Beteiligungen muss ein unternehmerisches Interesse nachgewiesen werden (Kleinbeteiligungsprivileg nach § 32a Abs. 3 Satz 2 GmbHG).[612] Im Aktienrecht herrscht die Auffassung, dass dies nur für Aktionäre gilt, die eine Beteiligung von über 25% des Grundkapitals besitzen (Sperrminorität).[613]

Der Tatbestand des eigenkapitalersetzenden Darlehens kann unter bestimmten Voraussetzungen ebenfalls bei Dritten Anwendung finden, ohne dass eine Beteiligung besteht. Hier erfolgt der Verweis auf atypische Pfandgläubiger, die Mitgliedsrechte in der Gesellschaft wahrnehmen. Gemäß BGH können auch Banken Dritte im Sinne des § 32 a Abs. 3 S. 1 sein, falls sie auf Grund ihrer Einflussrechte auf den Kreditnehmer eine gesellschafterähnliche Stellung besitzen. Diese Anwendung gilt analog für Aktiengesellschaften und wird auch als "faktische Geschäftsführung" bezeichnet.[614]

Neben den Ausnahmen in der Höhe des Anteilsbesitzes existiert ein Privileg für Darlehensgeber, die in der Krise der Gesellschaft Geschäftsanteile zum Zweck der Überwindung der Krise erwerben (Sanierungsprivileg nach § 32a Abs. 3 Satz 3 GmbHG). Es ist von besonderer Relevanz für aktive Investoren, die mit einem Debt-Equity Swap nur einen Teil ihrer Kredite in Eigenkapital umwandeln wollen. Dabei darf keine Beteiligung entsprechend der oben genannten Anteilshöhen vor der Krise bestanden haben oder eine faktische Geschäftsführung ausgeübt worden sein. Die nicht gewandelten Kredite bleiben als Darlehensforderungen bestehen und erhalten keinen eigenkapitalersetzenden Charakter. Der Zweck dieser Bestimmung ist die Förderung von Sanierungen, die einen Anteilserwerb bzw. Zuführung von Eigenkapital und Neugewährung oder Stehenlassen von Krediten, zur bilanziellen Restrukturierung beinhalten. Das Sanierungsprivileg gilt nur einmalig. Bei der Absicht zur Überwindung der Krise ist ähnlich den Maßstäben für die Vergabe von Sanierungskrediten die Sanierungsfähigkeit und -würdigkeit prüfen. Folglich sollte ein unabhängiges Sanierungsgutachten vorliegen.

---

611 Die Regelungen gelten auch für Personenhandelsgesellschaften, und zwar für offene Handelsgesellschaften, zu deren Gesellschaftern keine natürliche Person gehört (§ 129a HGB) sowie für Kommanditgesellschaften, bei denen kein persönlich haftender Gesellschafter eine natürliche Person ist. Die Vorschriften betreffen dann die Kredite der Komplementärgesellschaft und die der Kommanditisten (§ 172a HGB).

612 Problematisch sind hier der koordinierte Zusammenschluss von mehreren Kleinbeteilungen und die Berechnung bei mittelbaren Beteiligungen. Insofern ist die 10% Grenze kein starre Vorschrift.

613 Nach BGHZ 90, 381, 390. Vgl. Cahn (2005), S. 6.

614 Entscheidung des BGH vom 13. Juli 1992 (BGHZ 119,191). Im Urteil bleibt ungeklärt, ob die Informationsrechte, die Einflussmöglichkeiten oder eine Kombination aus beidem die Erstreckung des Kapitalersatzrechts rechtfertigen, und wie eine legitime unschädliche Kreditsicherung auszusehen hat. Vgl. Cahn (2005), S. 20. Hier wird besonders auf den Einfluss abgestellt.

Auswirkungen auf das Distressed Debt Investing

Wenn der Investor keine Beteiligungen an dem Schuldnerunternehmen besitzt, muss er die Vorschriften der faktischen Geschäftsführung sowie des Sanierungsprivilegs beachten. Bei der vertraglichen Gestaltung von Sicherungsrechten, Treuhandverhältnissen und Optionen für Geschäftsanteile kreditnehmender Kapitalgesellschaften darf er sich über den eigentlichen Zweck der Vereinbarung hinaus keine Gesellschafterrechte verschaffen. Daher sollte z.B. ein Treuhänder weisungsunabhängig oder nur an gemeinsame Weisungen des Investors und des Gesellschafters gebunden sein. Auch sollte sich eine Sicherungsabtretung oder Verpfändung nur auf das Recht am Gesellschaftsanteil beziehen. In Bezug auf das Sanierungsprivileg lassen sich dies besonders aktive Investoren durch ein unabhängiges Gutachten zusichern.

Ergebnis XI: Die Vorschriften zu eigenkapitalersetzenden Darlehen behindern das Distressed Debt Investing nicht, sind aber als Randbedingungen bei der Investition zu beachten.

4.2.3.9 Schuldverschreibungsgesetz (SchVG)[615]

Investoren, die sich durch den Kauf von Anleihen am Fremdkapital von Unternehmen beteiligen, müssen hinsichtlich der Restrukturierungsmöglichkeiten die Vorschriften des Schuldverschreibungsgesetzes aus dem Jahre 1899 beachten. Dies bezieht sich vor allem auf die Umwandlung des Fremdkapitals im Rahmen einer bilanziellen Restrukturierung. So bewirkt ein mehrheitlicher Beschluss[616] der Anleihegläubiger nur das Recht, die Anleihebedingungen zu ändern. Wesentliche Möglichkeiten, die für einen Zeitraum von bis zu drei Jahren geregelt werden können, sind:[617]

- Herabsetzung des Zinskupons, die Stundung oder der Verzicht auf Zinsen
- Stundung der Hauptforderung
- Nichtausübung oder Verzicht auf gegenwärtige oder zukünftige Kündigungsrechte

Diese Optionen bestehen, soweit sie der Abwendung der Zahlungseinstellung oder Insolvenz dienen. Die bilanzielle Umschuldung (Teilverzicht) hingegen ist freiwillig und kann, wie im US-amerikanischen Recht, nicht erzwungen werden.[618]

---

615 Gesetz betreffend die gemeinsamen Rechte der Besitzer von Schuldverschreibungen vom 4.12.1899.

616 75% der auf der Versammlung abgegebenen Stimmen (§ 11 Abs. 2 Satz 1 SchVG) und 50% des ausstehenden Anleihewertes (§ 11 Abs. 2 Satz 2 SchVG).

617 S. auch ashurst (2005b), S. 2.

618 § 12 Abs. 3 SchVG. Außer im Rahmen eines ordentlichen Insolvenzverfahrens.

Auswirkungen auf das Distressed Debt Investing

Investoren in Distressed Bonds werden bemüht sein, im Rahmen einer außergerichtlichen Restrukturierung eine Umwandlung der Anleihe durchzuführen. Inwieweit übrige Anleihegläubiger an dieser Maßnahme teilnehmen, hängt von der Höhe des Anteils des Investors sowie dem jeweiligen Abschlag vom Nominalwert zum Zeitpunkt des Wandlungsangebotes ab. Je höher der Anteil des Investors und je höher der Abschlag vom Nennwert, desto geringer ist der Anreiz, das Angebot anzunehmen. Zur Lösung der Holdout-Problematik wird der Investor den Teilverzicht an eine bestimmte Annahmequote binden und für die restlichen Gläubiger eine Anpassung der Konditionen bewirken. So erfolgte die Wandlung der Anleihe der Augusta AG zunächst mit einer Annahmequote von 95%. Da die Holdout-Gläubiger, in erster Linie Hedge Fonds, aber davon ausgingen, dass der Distressed-Debt-Investor mit einem Anteil von 70% der Anleihe eine Insolvenz vermeiden würde, waren sie nicht zur Wandlung bereit. Schließlich musste die Annahmequote auf 80% gesenkt werden.[619] Die Situation ist aber typisch für außergerichtliche Restrukturierungen und tritt auch in Bankenpools auf, in denen kleinere Gläubiger die Restrukturierung nicht mittragen oder behindern wollen.[620] Der Investor bzw. Gläubiger kann tauschen, aber nicht andere Gläubiger zum Tausch zwingen.

Ergebnis XII: Das Schuldverschreibungsgesetz behindert das Distressed Debt Investing nicht, aber der Investor muss die Holdout-Problematik in seiner Strategie berücksichtigen, da andere Gläubiger auch durch einen mehrheitlichen Beschluss nicht zur Wandlung gezwungen werden können.

4.2.3.10 Umwandlung von Forderungen in Eigenkapital (Debt-Equity Swap)

Die Möglichkeit der Abwendung einer Insolvenzgefahr oder der Beseitigung einer bilanziellen Überschuldung durch Umwandlung von Forderungen in Eigenkapital ist für die USA bereits als Exchange Offer bzw. Debt-Equity Swap erläutert worden. Die Darlehensgeber bringen ihren Anspruch auf Rückzahlung des Darlehens in die Gesellschaft als Sacheinlage ein, wobei regelmäßig ein Kapitalschnitt durch vereinfachte Kapitalherabsetzung vorausgeht.[621] Die Sacheinlage wird durch Abtretung des Darlehensrückzahlungsanspruchs an die Gesellschaft vollzogen, und bewirkt eine Konfusion (Zusammenfallen von Gläubiger- und Schuldnerstellung), weil die Gesellschaft nun Gläubiger und Schuldner des Darlehensrückzahlungsanspruchs geworden ist.

---

619 Weitere Anleihen, die restrukturiert wurden, sind die von EM.TV und Rinol. Vgl. Denz (2005), S. 61ff.

620 Banken, die einen Sanierungskonsens der übrigen Institute blockieren und damit zunichte machen, werden auch als "Akkordstörer" bezeichnet. Ein Zwang zur Teilnahme an der Sanierung existiert nicht. Vgl. Jobe (2005), S. 235.

621 Vgl. für eine ausführliche Beschreibung der Kapitalherabsetzung Kudla (2005), S. 128 u. 132.

Dem Ziel der Investoren, die unter Nennwert gekauften Forderungen in Eigenkapital umzuwandeln, sind jedoch Grenzen gesetzt. Hier muss zunächst die Werthaltigkeit der Forderung beachtet werden, denn bei der Einbringung der Forderung ist der wirtschaftliche Wert und nicht der Nominalbetrag maßgeblich. Wird bei einer Insolvenz die Wertlosigkeit der Darlehensforderung im Nachhinein festgestellt, besteht für den ehemaligen Gläubiger die Pflicht zur Bareinlage in Höhe des zu hoch angesetzten wirtschaftlichen Wertes des umgewandelten Kredites.[622]

Der wirtschaftliche Wert wird eher dem Kaufpreis des Investors als dem Forderungsbetrag entsprechen. "Spielraum" bei der Bestimmung liegt in der Anpassung der Vorstellungen zum Unternehmenswert, was aber durch den gesetzlichen Einbezug externer Prüfer begrenzt bleibt.[623] Weiterhin handelt es sich um eine Sacheinlage, zu der es nach § 183 AktG und § 56 GmbHG einer Kapitalerhöhung bedarf, die von den Aktionären bzw. Gesellschaftern genehmigt werden muss.[624] Die Investoren benötigen daher zur Umsetzung außerhalb der Insolvenz die Zustimmung der Eigentümer, welche zudem auf ihr gesetzliches Bezugrecht verzichten müssen. Weiterhin muss der Investor, soweit er nicht alle Darlehensforderungen in Eigenkapital umwandeln möchte, prüfen, ob das Sanierungsprivileg für die verbleibenden Ansprüche greift.[625]

Auswirkungen auf das Distressed Debt Investing

Die Vorschriften zur Durchführung einer Sachkapitalerhöhung führen dazu, dass eine außergerichtliche bilanzielle Restrukturierung für den Investor, neben dem Forderungsverzicht durch den Ansatz des wirtschaftlichen Wertes, mit einem hohen Risiko durch die erforderliche Zustimmung der Eigentümer verbunden ist. Die Notwendigkeit dieser Maßnahme für den Fortbestand des Unternehmens sollte aber die Unterstützung durch die Eigentümer bewirken. In Deutschland sind dem Autor zwei Fälle bekannt, bei denen Investoren einen Debt-Equity Swap aus einem Distressed Investment heraus bei einer Aktiengesellschaft durchgeführt ha-

---

622 Das Gericht kann die Eintragung der Sacheinlage ablehnen, wenn diese unzutreffend bewertet wurde. Der Nachweis der Werthaltigkeit ergibt sich aus § 183 Abs. 3 AktG und § 9c Abs. 1 GmbHG. Das gilt im Weiteren auch für die Festsetzung des Ausgabebetrages (BGHZ 71, 40 (50ff.)).

623 Je höher der Unternehmenswert, desto werthaltiger sind die Forderungen des Investors. Beschränkung durch § 183 AktG. Zwar hat die GmbH keine gesetzliche Pflicht zur externen Prüfung der Werthaltigkeit, das zuständige Registergericht kann jedoch die Eintragung der Kapitalerhöhung auch ablehnen, wenn der Wert der Sacheinlage nicht unwesentlich hinter dem geringsten Ausgabebetrag der dafür zu gewährenden Gesellschaftsanteile zurückbleibt. Vgl. ashurst (2005b), S. 2.

624 Bei der AG durch eine Dreiviertel-Mehrheit des auf der Hauptversammlung vertretenen Grundkapitals (§ 222 Abs. 1 AktG) und bei einer GmbH durch eine Dreiviertel-Mehrheit der in der Gesellschafterversammlung anwesenden Stimmen (§ 58 i.V.m. § 52 Abs. 2 GmbHG). Vgl. Kestler/Striegel/Jesch (2005), S. 422.

625 Von der Erfordernis eines Pflichtangebots für verbleibende Aktionäre wird nicht ausgegangen. Es besteht im Fall von börsennotierten Aktiengesellschaften ab einem Anteil von mindestens 30% der Stimmrechte. Hier kann die BaFin eine Befreiung gewähren, wenn die Erlangung der Kontrolle im Zusammenhang mit der Sanierung erfolgt. Vgl. ashurst (2005b), S. 3.

ben.[626] Die Deutsche Bank London wandelte Forderungen gegenüber der Senator Entertainment AG in Höhe von 130 Mio. EUR in Aktien um. Die Werthaltigkeit betrug 6,2 Mio. EUR und wurde durch die BDO Deutsche Warentreuhand geprüft. Bei der Augusta AG wurde ein Nominalwert von 1.000 EUR in 117 Aktien umgewandelt.[627] Beide Transaktionen waren mit Anfechtungs- bzw. Nichtigkeitsklagen einzelner Aktionäre gegen die Beschlüsse der Hauptversammlungen verbunden, die die Umwandlung aber nicht verhindert haben.[628] Die Macht der Aktionäre darf dabei nicht unterschätzt werden. So scheiterte der Versuch der Distressed-Debt-Investoren Apollo Management und JP Morgan Chase, eine Übernahme der Primacom AG durchzusetzen, an der Mehrheit der Aktionäre.[629] Den Ansatz der Umwandlung von Fremd- in Eigenkapital lehnten Apollo und JP Morgan ab, weil sie keine vollständige Einbringung der Darlehensforderungen durchführen wollten und nur zu einer Eigenkapitalbeteiligung bereit waren, wenn sie auch zu 100% die Kontrolle über das operative Geschäft erwerben konnten. Angesichts dieser Umstände war der Vorschlag der Gesellschaft, die Darlehensforderungen unter Beibehaltung einer Restbeteiligung der derzeitigen Aktionäre in die Gesellschaft einzubringen, für die Investoren wirtschaftlich uninteressant. Die Interessenslage der Investoren ist es daher, durch einen Tausch ihrer Forderungen, die Mehrheit am Unternehmen zu erlangen (i.d.R. mind. 75% des stimmberechtigten Kapitals der Gesellschaft).[630] So können sie die Ausrichtung des Unternehmens mitgestalten und durch einen Verkauf, z.B. an einen strategischen Investor, ihren Exit sichern. Fälle, bei denen der Debt-Equity Swap abgelehnt wurde, sind dem Autor nicht bekannt.

Ergebnis XIII: Ein Debt-Equity Swap ist ohne die Zustimmung der Aktionäre außerhalb der Insolvenz nicht möglich, und die wirtschaftliche Bewertung der Kredite führt zu einem Forderungsverzicht des Investors. Wegen der Dringlichkeit dieser Maßnahmen für die bilanzielle Restrukturierung zum Fortbestand des Unternehmens ist eine Zustimmung der Aktionäre sehr wahrscheinlich. Durch das Ziel der Mehrheitsübernahme des Aktienkapitals, erlangt der Investor als Ausgleich einen wesentlichen Einfluss auf das Unternehmen sowie die verbesserte Möglichkeit der Veräußerung.

---

626 Vgl. Becker (2005), S. 12.

627 Vgl. Dummrath & Fassnacht (2004); Augusta AG (2005), S. 1. Bei einem ungefähren Kurs der Augusta Aktien von 5 EUR entspricht dies einem Wert von 558 EUR bzw. 58,5%.

628 Vgl. Finanznachrichten.de (2005a).

629 Vgl. Dummrath & Fassnacht (2005).

630 Vgl. ashurst (2005b), S. 1. Verbleibende Minderheitsaktionäre können dabei nur schwer rausgekauft werden ("Squeeze Out"), welches den gesamthaften Verkauf des Unternehmens erschwert. Vgl. Experteninterviews.

4.2.4 Kulturelle Rahmenbedingungen

Das Hausbankprinzip charakterisiert das Vertrauensverhältnis zwischen Kunden und Bank und spielt in der Krise beim Kreditnehmer eine wichtige Rolle. Die Bedeutung resultiert aus der reservierten Haltung der Eigentümer gegenüber Finanzinvestoren. Schuldner vertreten in der Regel die Auffassung, dass Investoren durch ihr Streben nach kurzfristiger Gewinnerzielung das Unternehmen eher beschädigen und im Umgang mit dem Schuldner wenig kompromissbereit sind bzw. einen "härteren Umgang" pflegen.[631] Verstärkt wird dieser Eindruck durch die in der Presse oft zitierte Bezeichnung von Investoren als "Geier" oder "Heuschrecken".[632] Insofern bevorzugen die Schuldner die Weiterbetreuung durch die Hausbank. Die Vorteile wie z.B. die Abwendung der Insolvenz durch Bereitstellung von Liquidität oder Wandlung von Fremdkapital werden hier kaum erkannt.[633] Weiterhin sind auf Seite des Schuldners kulturelle Unterschiede zu den überwiegend angelsächsischen Investoren, vor allem bei mittelständischen Unternehmen ohne internationale Ausrichtung, möglich.

Aber auch die Bank wird mit kulturellen Problemen konfrontiert. So kann die öffentliche Bedeutung einer Unternehmenskrise mit einem politischen Druck verbunden sein. Auf die Banken wird Druck zur Gewährung von Sanierungskrediten ausgeübt, um die Unternehmensfortführung und den damit verbundenen Erhalt der Arbeitsplätze nicht zu behindern bzw. zu gefährden. Im Fall von KarstadtQuelle wurde z.B. die NordLB auf die Verantwortung für die norddeutschen Karstadt Häuser und deren Mitarbeiter hingewiesen und letztendlich zur Kreditgewährung bewegt.[634] Eine Kreditverweigerung wird mit Verantwortungslosigkeit gleichgestellt und wirkt sich negativ auf den Ruf der Bank aus. Bei der eigentlichen Veräußerung von Distressed Debt kann weiterhin den Banken unterstellt werden, das Vertrauen in das Unternehmen bzw. in das Sanierungskonzept verloren zu haben und dadurch den Abwärtstrend des Unternehmens durch die Außenwirkung auf Kunden und Lieferanten zu beschleunigen.[635] Für KarstadtQuelle wurde dies von der Börse bzw. den Händlern in dieser Form interpretiert und führte zu einem Einbruch des Aktienkurses.[636] Weiterhin stellt für die Banken der Ruf von Investoren eine kulturelle Barriere dar, wenn der Investor die Eintreibung der Forderungen "ohne Rücksicht auf Verluste" durchführt, weil damit negative Auswirkungen auf das Neugeschäft verbunden sein können. Investoren wird eine, im Verhältnis zu deutschen Banken, viel aggressivere Vorgehensweise ohne moralische Verpflichtungen und politischen

631 Vgl. Finanznachrichten.de (2005b).

632 Positive Ausführungen existieren kaum. Dabei kann auch die nützliche Funktion des Geiers angeführt werden, der den deutschen Banken die "Abfallprodukte" abnimmt und dadurch für die nötige "Hygiene" sorgt. Vgl. Köhler/Maisch (2005), S. 12.

633 Vgl. Hardymon/Lerner (2003), S. 19.

634 Vgl. Hagen (2004), S. 14.

635 Vgl. o.V. (2005e).

636 Vgl. Maier/Schmid/Ronke (2005), S. 22.

Druck nachgesagt. Daher sind die Banken daran interessiert, die Abwicklungsmethoden der Investoren kennen zu lernen, bevor sie größere Transaktionen tätigen.[637]

Während der Verkauf von KarstadtQuelle Krediten den Willen der Banken zur Kreditveräußerung beinhaltet, wird andererseits die konservative Haltung bzw. die Philosophie der Banken für den vorsichtigen Umgang mit der Veräußerung von Distressed Debt verantwortlich gemacht. In den Expertengesprächen hat sich indessen gezeigt, dass diese kulturellen Barrieren im Sektor der Privatbanken kaum noch vorzufinden bzw. stark abnehmend sind. Die Auswirkung auf die Reputation wird hinter die Chance gestellt, Kredite zu guten Preisen verkaufen zu können. Lediglich im Sparkassensektor passt der Verkauf, vor allem an amerikanische Investoren nicht zum Selbstverständnis der Organisation.[638] So rechnen die Investoren mit einer weiteren Abnahme der Barrieren, solange sich das Niveau der Berichterstattung hält und forcieren den Abbau von Vorurteilen mittels verstärkter Pressearbeit.[639]

Auswirkungen auf das Distressed Debt Investing

Kulturelle Barrieren werden als Grund für das geringe Angebot von Distressed Loans deutscher Banken angeführt. Die Expertengespräche ergeben, dass dieses Argument schwächer wird, wobei eine Differenzierung in externe und interne kulturelle Probleme sinnvoll erscheint. Bei dieser Betrachtung lassen sich drei wesentliche Zuordnungsmerkmale feststellen:

- **Art des Kredites (externe Barriere)**
  Die Kundenbeziehung hat noch einen sehr hohen Stellenwert bei den Banken, so dass bei Sub-Performing Loans eine hohe Hemmschwelle für den Verkauf existiert, weil sie eine negative Außenwirkung beim Schuldner befürchten (externe Barriere). Schließlich ist der Kreditnehmer noch nicht vertragsbrüchig geworden, im Gegensatz zum Kreditnehmer eines Non-Performing Loan.

---

637 Vgl. Hülsen (2004), S. 45.

638 Natürlich existieren hier auch Ausnahmen, wie der Verkauf der Niederschlesischen Sparkasse an Lone Star gezeigt hat. Eine Umfrage des Ostdeutschen Sparkassen und Giroverbands (OSGV) kommt zu dem Ergebnis, dass die Sparkassen zwar an dem Verkauf gekündigter Kredite interessiert sind, jedoch die Bearbeitung von Problemkrediten im eigenen Haus präferieren. Vgl. Klöckner (2005), S. 332f.

639 Goldman Sachs engagierte bei der Übernahme von "Ihr Platz" eine spezielle PR-Agentur zur Reduktion der negativen Außenwirkung. Vgl. Edmondson (2005). Kulturellen Barrieren der Schuldner versuchen die Investoren weiterhin durch die Einstellung deutsprachiger Mitarbeiter entgegenzuwirken. So können auch Hindernisse im Verständnis von rechtlichen Rahmenbedingungen abgebaut werden. Vgl. Schalast/Daynes (2005), S. 39.

- **Verantwortlichkeit innerhalb der Bank (interne Barriere)**
  Ein weiterer Unterschied liegt in der Bearbeitung durch den Kundenbetreuer oder durch die Workoutabteilung.[640] Letztere kann ähnlich wie ein Investor unvorbelastet an den Kredit herangehen und ist durch die geringe emotionale Bindung eher bereit, diesen zu verkaufen. Die kulturelle Barriere wird hier im Sinne von einem Fehlereingeständnis aus einer allzu leichtfertigen Kreditvergabe bzw. dem Wunsch, dass dieser nicht aufgedeckt wird, gesehen (interne Barriere). Bei Portfolios wird das Problem durch die Verantwortung der Geschäftsführung gemindert, welche den Verkauf mit der strategischen Ausrichtung, dem Rückzug aus einer Branche oder einer Bilanzbereinigung verargumentieren kann.

- **Wertansatz des Kredites (interne Barriere)**
  Der letzte Aspekt betrifft die fehlenden bzw. nicht ausreichenden Wertberichtigungen besonders bei Sub-Performing Loans, die beim Verkauf wieder eine Situation der Rechtfertigung verursacht (interne Barriere). Bei Non-Performing Loans wird eher vermutet, dass durch die Offensichtlichkeit der Krise des Unternehmens, eine ausreichende Wertberichtigung erfolgt ist.[641]

Negative Berichterstattung (externe Barriere) kann durch die Zustimmung des Schuldners im Rahmen einer einvernehmlichen Lösung vermieden bzw. reduziert werden. Auf Grund des Aufwands erfolgt dies eher im Single-Name-Bereich als im Rahmen einer Portfoliotransaktion. Das Problem fehlender oder zu geringer Wertberichtigungen bzw. der Verantwortung von "Fehlern" und deren Ergebnisauswirkung (interne Barriere) ist nicht einfach lösbar sondern hängt von der Ertragsfähigkeit sowie der Kultur innerhalb der Bank ab.

Ergebnis XIV: Externe kulturelle Barrieren, die die Außenwirkung des Verkaufs betreffen, sind abnehmend. Sie betreffen besonders Sub-Performing Loans und können durch den Einbezug des Schuldners reduziert werden, was sich vorzugsweise bei Single-Name-Transaktionen anbietet. Problematisch sind aber interne Barrieren, die sich auf die Verantwortung für den Kreditausfall bzw. auf die Rechtfertigung für eine Wertberichtigung innerhalb der Bank beziehen.

---

640 Da die "Federführung" in allen risikorelevanten Fragen gemäß MaK entscheidend ist, bleibt Sanierungsmanagement auch im Marktbereich der Bank möglich, während dann der Sanierungsprozess vom marktunabhängigen Bereich der Bank überwacht wird. Zudem geben die MaK durch die "Formulierung von Kriterien zur Einstufung als Problemkredit" keine explizite Definition vor, was auch als Öffnungsklausel interpretiert werden kann. Vgl. Bettelhäuser (2005), S. 144f; Frölich/Schlemminger/Theewen (2005), S. 29. Ein Sub-Performing Loan muss sich daher nicht zwangsweise im Workoutbereich befinden.

641 Es wird vermutet, dass die Höhe der Wertberichtigungen Verkäufe vor 2003 blockiert hat und erst durch die Zunahme von Rückstellungen bei den Banken eine Bereitschaft zum Verkauf entstanden ist. Vgl. Wolcott (2004), S. 61f.

4.2.5 Zusammenfassung

Die Analyse der Rahmenbedingungen des deutschen Distressed Corporate Debt Marktes hat bereits einige Voraussetzungen für die Durchführung von Transaktionen verdeutlicht und auch die Grenzen besonders durch rechtliche Regelungen aufgezeigt. Dies verhindert aber nicht die Durchführung des Distressed Debt Investing in Deutschland. Während Non-Performing Loans auf der Angebotsseite die besseren Voraussetzungen für die Durchführung von Transaktionen bieten (Bankgeheimnis, Abtretung, geringere emotionale Bindung, ausreichende Wertberichtigung), sind Investoren auf Grund höherer Wertsteigerungspotenziale eher an Sub-Performing Loans interessiert. Wegen der eigenen Kapazitäten der Investoren und der Einzelfallbetreuung im Rahmen einer Restrukturierung von Sub-Performing Loans liegt der Fokus der Investoren eher auf Single-Name-Transaktionen als auf Portfolios. Die Investoren steuern aber keine "Massenrestrukturierung" von Unternehmen an, weil eine standardisierte Abwicklung wie bei Immobilienkrediten nicht möglich erscheint. Für die Entwicklung von Single-Name-Transaktionen spricht auch der leichtere Einbezug des Schuldners und seiner Zustimmung. Damit werden die Probleme der Informationsweitergabe sowie der Vertragsübernahme, welche bei Unternehmenskrediten von hoher Relevanz sind, lösbar. Die Zustimmung des Schuldners kann hier auch externe kulturelle Probleme reduzieren, weil Verkäufe einvernehmlich umgesetzt und kommuniziert werden.

4.3 Operationelle Effizienz

Das zweite Kriterium betrifft den Prozess von Transaktionen. Zunächst wird analysiert, inwiefern Marktteilnehmer bereits über Transaktionswissen verfügen und sich auf das Distressed Debt Investing spezialisiert haben. Anschließend werden anhand der Elemente eines Distressed-Debt-Erwerbs die wesentlichen Kostenblöcke und Kostentreiber sowie mögliche Reduktionspotenziale behandelt.

4.3.1 Grad der Spezialisierung und Erfahrung

Für eine operationelle Effizienz von Transaktionen ist wichtig, dass die Marktteilnehmer ein sehr großes Know-how über den Markt und die Vorgehensweise besitzen. Nur so können die entstehenden Kosten minimiert werden. Bei Betrachtung der Teilnehmer am deutschen Markt für Distressed Debt soll der Fokus auf Investoren, als Käufer von Unternehmensverbindlichkeiten und auf Banken, als Verkäufer von Unternehmenskrediten, liegen. Die Erfahrung sonstiger Teilnehmer wird innerhalb dieser Gruppen mitbehandelt.

Investoren

Während sich das Know-how der Investoren zum Verkauf von Distressed Debt in Deutschland erst seit 2003 entwickelt, können sie in anderen Märkten bereits auf eine langjährige Erfahrung zurückgreifen. So hat etwa Lone Star erste Transaktionen Anfang der 90er Jahre in der Savings & Loan Krise durchgeführt und im Laufe der Zeit in anderen Ländern wie z.B. Japan, Korea, Taiwan und der Türkei ausgebaut. *Von Köller* (Lone Star) stellt den Aspekt der Spezialisierung und Erfahrung daher auch als bedeutenden Wettbewerbsvorteil heraus. Die Spezialisierung vor allem bei Immobilienkrediten hilft z.B. bei der Bewertung von großen Portfolios, weil sie mit bereits vorhandenen Daten über Verkehrswerte oder Mieten in bestimmten Lagen schneller vorgenommen werden können.[642] Auch andere Investoren, wie z.B. Goldman Sachs, haben spezielle Einheiten zur Bearbeitung von Distressed Debt gebildet, die auf einem internationalen Erfahrungsschatz aufbauen können.[643] Außerdem werden die Investoren durch Dritte, wie Rechtsanwaltskanzleien oder Wirtschaftsprüfer, unterstützt und greifen bei der Verwertung auf spezialisierte Anbieter zurück. Diese so genannten "Special Sevicer" oder "Loan Servicer" arbeiten wiederum mit erfahrenen örtlichen Dienstleistern zusammen.[644] Die Servicer werden i.d.R. exklusiv von einem Investor in Anspruch genommen. So arbeitet Hudson Advisors für Lone Star und GFKL/Proceeds Portfolio sowie Archon für Goldman Sachs. Für den Immobilienbereich existieren weiterhin Opus Servicing Advisors für das Joint Venture von Citigroup, Eurohypo und GMAC, LNR Property für Cerberus Capital

642 Vgl. o.V. (2005d), S. 16.
643 Siehe Abschnitt 2.3.
644 Unter Servicing im engeren Sinne ist der Forderungseinzug mit Mahnwesen und allgemeiner Korrespondenz zu verstehen. Restrukturierung, Konditionenanpassung oder Krediterneuerung fällt unter Kreditmanagement und kann bankaufsichtsrechtliche Implikationen bewirken (s. Abschnitt 4.2.3.4).

Management sowie die Hypotheken Management für die Aareal Bank.[645] Auch besteht eine Differenzierung bei den Investoren hinsichtlich der Bearbeitung von privaten und gewerblichen Immobilienkrediten zum einen und Unternehmenskrediten auf der anderen Seite. Unternehmenskredite im Single-Name-Bereich werden von Investoren teilweise auch selbst ohne Servicer abgearbeitet. Von einer Spezialisierung ist daher auszugehen. Die Erfahrung beruht neben den Erkenntnissen aus internationalen Transaktionen auf bereits durchgeführten Käufen in Deutschland. Sie wird als hoch eingestuft, während das Wissen über den Exit bei Unternehmenstransaktionen erst noch aufgebaut wird.

Banken

Bei Banken kann das Kriterium der Spezialisierung und Erfahrung nicht allgemein beurteilt werden, da es wesentlich davon abhängt, ob bereits Transaktionen durchgeführt wurden. Zunächst wird sich eine Bank nicht auf den Verkauf von Distressed Debt spezialisieren. Vielmehr sind Konstellationen ähnlich der der Dresdner Bank (Gründung einer speziellen Einheit zum Verkauf) vorstellbar. Im weiteren Sinne betrifft die Spezialisierung die Workout-Abteilungen der Banken vor allem beim Verkauf von Single Name Krediten, wo die Erfahrung als hoch angesehen werden kann. Bei Portfoliotransaktionen sind zur Vorbereitung erhebliche Mitarbeiterkapazitäten nötig, die auf Grund der Einmaligkeit bzw. Seltenheit nicht permanent in einer spezialisierten Einheit vorgehalten werden können. Daher bietet es sich für Banken an, bei zusätzlich benötigten Ressourcen auf erfahrene Dritte zurückzugreifen, wie etwa einen "Arranger". Das ist z.B. eine spezialisierte Investmentbank oder Wirtschaftsprüfungsgesellschaft, die mit der Vorgehensweise einer Portfoliotransaktion vertraut ist und die zeitliche Strukturierung des Verkaufs realistisch einschätzen kann.[646] Die Aufgabe eines Arrangers besteht neben dem Ausgleich personeller Kapazitätsengpässe beim Auftraggeber z.B. in:

- Identifizierung und Selektion potenzieller Käufer
- Steuerung des Verkaufs in Bezug auf Koordination und Organisation des Bieterverfahrens mit den beteiligten Investoren
- Moderationsfunktion und objektiver Ratgeber

Zusätzlich kann ein Arranger bei der Aufbereitung von Daten, beim Erstellen von Bewertungen sowie bei der Legal Due Diligence selber tätig werden und auch auf externe Spezialisten zugreifen.[647] Liegen keine Erfahrungswerte mit Transaktionen vor, sollte ein Arranger daher eingeschaltet werden. Auch der selektive Aufbau von Spezialisten seitens der Bank kann hel-

---

645 Vgl. Bowman (2005), S. 22.
646 Vgl. Kammel (2004), S. 264. Wird auch als "Full Service Provider" bezeichnet.
647 Dies sind auf Distressed Debt spezialisierte Rechtsanwaltskanzleien, Unternehmensberatungen oder Wirtschaftsprüfungsgesellschaften.

fen, Defizite in der Erfahrung auszugleichen. So kommt eine Studie von *Roland Berger Strategy Consultants* zum Ergebnis, dass nur ca. 23% der befragten Banken eine hohe Erfahrung mit Distressed Corporate Loans besitzen.[648]

Auswirkungen auf das Distressed Debt Investing

Sowohl Investoren als auch Banken verfügen bereits über Erfahrung im Kauf bzw. Verkauf von Distressed Debt in Deutschland oder können sie durch den Einbezug von externen Spezialisten gewinnen. Die Beauftragung eines Arrangers durch eine Bank wird von den Investoren sehr positiv bewertet, weil es die Ernsthaftigkeit der Veräußerung unterstreicht, und eine professionelle Vorbereitung den Investoren eigene Kosten und Zeit erspart.

Bereits gesammelte Erfahrungen bei der Veräußerung von Immobilienkrediten lassen aber keinen Schluss auf eine reibungslose Abwicklung beim Verkauf von Sub- oder Non-Performing-Unternehmenskrediten zu. Dafür geben die Experten folgende Gründe an:

- Schuldner steht im Vordergrund und nicht die Immobilie, daher andere Schwerpunkte bei der Datenerhebung (im Gegensatz zu den assetorientierten Daten bei Immobilien)
- Anwendung anderer Bewertungsverfahren verbunden mit einem höheren Aufwand bei der Bewertung (bei Immobilien sind weniger Datenpunkte zur Einschätzung notwendig)
- Bei Unternehmenskrediten eher Aspekte der Kapitalerhaltung sowie insolvenzrechtliche Fragestellungen, d.h. mehr Restrukturierungs- bzw. Sanierungs-Know-how als Wissen über Abwicklung erforderlich
- Bei Unternehmenskrediten existiert eine geringere Standardisierung der Verträge; im Gegensatz zu Immobilienkrediten ist die Erfassung der Kreditdaten daher aufwendiger[649]
- Bei Unternehmenskrediten meist komplexere und unterschiedliche Besicherung, z.B. durch persönliche Haftung, Warenlager oder Pfandrechte an Geschäftsanteilen.
- Bei Unternehmen zusätzlich Branchen- und Produktkenntnis notwendig die je nach Kredit variiert
- Der Exit für Unternehmenskredite ist nur zu einem geringen Teil standardisierbar; die wesentlichen Optionen bei der Abwicklung von Immobilienkrediten (Zwangsversteigerung oder Restschuldzahlung mit Teilverzicht) eignen sich nur bedingt

Die Unterschiede zwischen Immobilien- und Unternehmenskrediten erfordern daher ein unterschiedliches Know-how, so dass die Erfahrungen der Marktteilnehmer lediglich für die

---

648 Vgl. Roland Berger Strategy Consultants (2005), S. 20.

649 In diesem Zusammenhang wird das Firmenkundengeschäft auch als Individualgeschäft bezeichnet. Hier erhofft man sich durch den Musterdarlehensvertrag für Firmendarlehen des Bundesverbands deutscher Banken eine erhöhte Standardisierung. Vgl. Fischer/Zuleger (2005), S. 414.

Organisation und Steuerung der Transaktion aus dem Immobilienbereich übertragen werden können.

Ergebnis XV: Die Spezialisierung und Erfahrung auf Investoren- und Bankenseite wird bei Single-Name-Transaktionen allgemein als sehr hoch bewertet. Bei Portfoliotransaktionen können Banken unter Hinzunahme eines Arrangers oder selektiver Beauftragung von Spezialisten fehlendes Know-how oder Kapazitätsengpässe ausgleichen. Erfahrungen aus dem Verkauf von Immobilienkrediten können nur für die Organisation und Steuerung des Transaktionsprozesses auf Unternehmenskredite übertragen werden.

4.3.2 Prozesskosten des Distressed Debt Investing

Die Kosten der Durchführung von Distressed-Debt-Transaktionen lassen sich nach dem Erwerbsgegenstand (Anleihen oder Kredite) und nach der Transaktionsform (Single Name oder Portfolio-Transaktion) unterscheiden. Zunächst werden die Charakteristika von Anleihen im Zusammenhang mit dem Erwerb an einem organisierten Markt als Abgrenzung zum Kreditmarkt aufgezeigt. Anschließend erfolgt eine Analyse der Transaktionskosten beim Erwerb von Distressed Corporate Loans sowie der Besonderheiten beim Exit von Investoren.

4.3.2.1 Transaktionskosten beim Erwerb von Unternehmensanleihen

Während die Menge der Investitionsmöglichkeiten von Distressed Corporate Loans nicht genau bestimmbar ist, kann bei Unternehmensanleihen anhand der Börsennotierung schnell ein Überblick gewonnen werden. Durch die Merkmale der Wertpapierbörse ergeben sich darüber hinaus Vorteile, die die Höhe der Transaktionskosten im Vergleich zu nicht-organisierten Kapitalmärkten bedeutend beeinflussen:[650]

- Reduktion der Suchkosten nach geeigneten Marktpartnern durch anerkannte Marktteilnehmer (Unternehmen/Händler)
- Reduktion der Verhandlungskosten durch standardisierte Verträge und Abwicklungsprozesse
- Reduktion der Kosten der Informationsbeschaffung durch Vorauswahl und Publizitätspflicht

So wird die genaue Ausgestaltung der Anleihe in der Schuldurkunde veröffentlicht und in der Regel in einem Verkaufsprospekt der Öffentlichkeit zur Verfügung gestellt, und der Investor erhält eine Bewertungsindikation durch die Börsennotierung.[651]

---

[650] Vgl. Gerke (1991), S. 1ff.

[651] Vgl. Schneck (2001), S. 148f.

Wesentliche Transaktionskosten fallen bei der Auswahl der Anleihe, d.h. der Abgleich mit den Investitionskriterien (z.B. Branche, Krisenursache, Investitionsvolumen) des Investors sowie bei der Bewertung an. Während die Kosten der Informationsbeschaffung und des Erwerbs durch die Verbriefung der Anleihe gering sind, hängen die Kosten für die Informationsanalyse wesentlich von der Erfahrung bzw. dem Spezialisierungsgrad des Investors ab (wie gut und wie schnell kann er die Daten verarbeiten).

Die Ausführungen haben zunächst implizit unterstellt, dass ein Angebot zum Verkauf von Anleihen existiert. Dieses Element ist aber der größte Unsicherheitsfaktor für den Investor. Ist das Angebot in dem gewünschten Volumen an der Börse oder auf dem OTC Markt über einen Händler nicht vorhanden, muss der Investor versuchen, die Anleihegläubiger zu identifizieren und von einem Verkauf überzeugen. Durch die Anonymität und in der Regel breiten Streuung der Gläubiger bedarf es dafür eines sehr hohen Aufwands. Dieses Phänomen kann sowohl aus der Organisation als auch aus der Illiquidität des Marktes resultieren.

Auswirkungen auf das Distressed Debt Investing

Die standardisierte Abwicklung über die Börse führt zu geringen Transaktionskosten für den Investor, soweit von einem Angebot ausgegangen werden kann. Der Investor wird nur eine Investition tätigen, solange er das gewünschte Anleihevolumen durch wenige bereits identifizierte Anleihegläubiger erwerben kann. Dies ist etwa der Fall, wenn ein Großteil der Anleihe noch in den Händen der Emissionsbanken ist oder an einen institutionellen Investor verkauft wurde. Für die Investoren wird es von den geforderten Investitionsvolumina abhängen, die bei aktiven Investoren tendenziell höher sind.

Ergebnis XVI: Die Transaktionskosten behindern nicht den Erwerb von Anleihen, soweit entsprechende Angebote von Anleihegläubigern vorliegen.

4.3.2.2 Transaktionskosten beim Erwerb von Unternehmenskrediten

Während für den Handel mit Anleihen weltweit eingerichtete Börsenplätze zur Regelung von Ablauf und Dokumentation des Prozesses existieren, sind sie für den Kredithandel erst im Aufbau. Es haben sich Organisationen mit dem Ziel gebildet, einen effizienten Sekundärmarkt für Kredite durch standardisierte Dokumentationen und Transaktionsprozesse zu entwickeln. Hierzu zählt die Loan Syndication and Trading Association (LSTA), 1995 in New York gegründet, die Loan Market Association (LMA, London), seit 1996 in London ansässig sowie die Asia Pacific Loan Market Association (APLMA) seit 1998 in Hong Kong.[652] Die für den europäischen Markt zuständige LMA begann 1999 mit der Erstellung von Dokumen-

652 Vgl. Denniston (2000), S. 1ff.

tationen.[653] Während die Standards in Großbritannien für den Handel mit Distressed Loans spezifiziert sind, existieren für den deutschen Markt noch keine einheitlichen Vertragswerke oder feste Transaktionsabläufe. Vielmehr geht man von individuellen Prozessen aus.[654]

Allgemein kann zwischen der Phase der Transaktionsvorbereitung und -vermarktung und der Phase der Vertragsdurchführung unterschieden werden. Die entstehenden Kosten entsprechen den Such- und Anbahnungskosten sowie den Vereinbarungskosten der Transaktionskostentheorie:

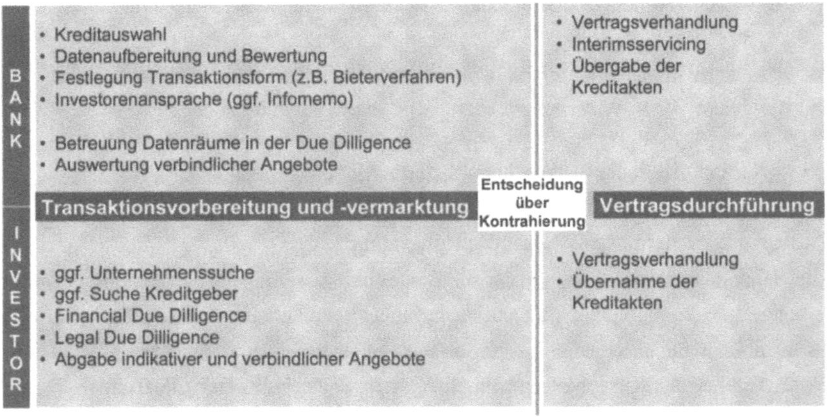

Abbildung 33: Phasen des Kreditverkaufs[655]

4.3.2.2.1 Kosten der Transaktionsvorbereitung und -vermarktung

Die Kosten der ersten Phase bedeuten für Bank und Investor eine Investition in einen Vertrag zum Kauf bzw. Verkauf der Verbindlichkeiten. Kommt dieser Vertrag nicht zu Stande, entstehen für beide Seiten "Leerkosten" bzw. "Broken Deal Costs".[656] Die Kosten werden im Folgenden getrennt nach Bank und Investor betrachtet, weil vor allem bei der Transaktionsvorbereitung sehr unterschiedliche Aktivitäten durchgeführt werden.

Banken

Die Transaktionskosten der Banken werden in Kosten der Vorbereitung, zu der die Kreditauswahl und Informationsaufbereitung sowie die Entscheidung über eine geeignete Transak-

---

653 Für eine ausführliche Übersicht der verwendeten Dokumente s. www.loan-market-assoc.com. Vgl. Uhlig (1999), S. 7.

654 Vgl. Kammel (2004), S. 264. Die gesamte Dauer der Transaktion kann bei Portfolios bis zu 12 Monaten betragen. Vgl. Knips/Dunst/Stalmann (2005), S. 36.

655 Eigene Darstellung in Anlehnung an Klöckner/Wolter (2004), S. 30; Gleumes (2005), S. 373 und Experteninterviews.

656 Vgl. Schalast (2005), S. VIII.

tionsform gehört und in Kosten der Vermarktung mit der Investorensuche und Due Diligence unterteilt.[657]

Die Kreditauswahl betrifft die Entscheidung über Art und Umfang der zu veräußernden Kredite. Das erfolgt entweder anhand eines festgelegten Kriterienkatalogs für Einzelkredite oder im Rahmen einer Ausplatzierung des Distressed-Loan-Volumens auf Basis eines Vorstandsbeschlusses.[658] Hiermit verbunden ist die Entscheidung über eine Transaktionsform (Single Name, Basket- oder Portfolio-Transaktion) sowie deren Ausgestaltung (z.B. einstufiges oder mehrstufiges Auktionsverfahren) sowie bzgl. der Auswahl von Sub- und/oder Non-Performing Loans.[659] Die hier entstehenden Transaktionskosten werden von den Marktteilnehmern als gering eingestuft.

Der größte Kostenblock liegt im Prozess der Informations- und Datenaufbereitung, zu der auch die rechtliche Prüfung und finanzielle Bewertung gehört. Dadurch soll für die Due Diligence ein reibungsloser Ablauf garantiert werden und die Bank erhält erste Indikationen bzgl. des Kaufpreises und des erforderlichen Wertberichtigungsbedarfes. Ausgangspunkt ist die Bestandsaufnahme der vorhanden Informationen in EDV-Systemen und der noch benötigten Daten, die manuell erhoben werden müssen. Wesentliche Daten, die gleichzeitig die Komplexität dieser Phase verdeutlichen, sind:[660]

- **Allgemeine Informationen zu Schuldner und Kredit**
  - Kreditnehmer
  - Kreditlaufzeit (Anfang, Fälligkeit)
  - Anfangsbetrag/Aktuell ausstehender Betrag
  - Tilgungsprofil (Plan und tatsächliche Einhaltung/Zahlungshistorie)
  - Verzinsung (Höhe, Art)
  - Konzernstruktur
  - Firmengeschichte/Geschäftsberichte
  - Grundsätzliche Aussagen zur Bonität bzw. wesentliche Finanzkennzahlen
  - Korrespondenz
  - .....

---

657 Vgl. Klöckner/Wolter (2004), S. 29f.

658 Auch hier werden Kriterien festgelegt, aber der Beschluss ist Auslöser für den Verkauf.

659 Bei einem zweistufigen Auktionsverfahren werden die Investoren zur Abgabe indikativer Angebote aufgefordert, anhand derer der Verkäufer die Teilnehmer der zweiten Runde bestimmt. Es besteht hier die Gefahr, dass Investoren ein hohes Angebot abgeben, um in die zweite Runde zu gelangen, bei Abgabe eines bindenden Angebots dann aber weit unter der zuvor gemachten Kaufpreisvorstellung liegen. Hier empfiehlt sich die Aufforderung an die Investoren, einen Preis je Kredit festzulegen bzw. Ausführungen zur Preisermittlungsmethodik und deren Annahmen zu nennen. Vgl. Experteninterviews.

660 In Anlehnung an ashurst (2005a), S. 3; Klöckner (2005), S. 344 sowie Experteninterviews. Die Aufbereitung der Informationen und Bereitstellung des Datenraums benötigt ca. 3-4 Monate. Vgl. Knips/Dunst/Stalmann (2005), S. 35.

- **Sicherheiten**
    - Gegenstand (z.B. Mobilien, Immobilien, Forderungen)
    - Bei Immobilien: Adresse, Beschreibung (Zustand/Alter), Grundstücksfläche, Nutzung, Altlasten, Vermietungsstand etc.
    - Bewertung der Bank und Nominalwert, ggf. Gutachten
    - Abtretungshindernisse
    - ....

- **Sonstige Informationen**
    - Betrag vorrangiger Kredite, Gläubiger
    - Bisherige Sanierungskonzepte
    - Mögliche Kreditverwertung
    - Sonstige Verbindungen der Bank zum Kreditnehmer (z.B. Beteiligungen oder Verbindlichkeiten gegenüber anderen Konzerngesellschaften)
    - .....

Die hohen Kosten der Datenaufbereitung entstehen aus dem Problem der Datenverfügbarkeit (Aktualität der Daten und elektronische Verfügbarkeit).[661] Das beruht auf der Ausrichtung der Bankensysteme auf das Neukundengeschäft, welche eher Informationen zur Forderungshöhe, zu Art und Bewertung der Sicherheit und zu Zahlungen des Darlehensnehmers fokussieren. Die obigen Anforderungen des Investors müssen dagegen meist erst manuell aus den Akten aufbereitet werden.[662] Auch verteilen sich die Daten, soweit EDV-technisch nicht erfasst, dezentral auf mehrere Filialen. Zwar steigen die Kosten der Datenaufbereitung bei vorgegebener Informationstiefe je schlechter der Zustand der Datenbasis und je höher der manuelle Aufwand ist, aber eine hohe Datenqualität hat positive Auswirkungen auf das Angebot des Investors und minimiert den Aufwand während der Due Diligence. So wird angenommen, dass ein schlecht aufbereiteter Datenraum den Preis um bis zu 10% mindern kann.[663] Weitere Kosten in der Vorbereitung entstehen besonders beim Verkauf mehrerer Kredite durch Kosten für Externe zur Bewertung der Kredite sowie für die Klärung rechtlicher Probleme, die zu Transaktionshindernissen werden können.[664]

661 Hier geht man davon aus, dass die Informationstiefe vorgegeben ist und die Qualität der Datenbasis variiert. Es kann aber auch argumentiert werden, dass die Datenbasis vorgegeben ist und die geforderte Informationstiefe den Kostentreiber darstellt.

662 Vgl. Hingst (2004), S. 27.

663 Aspekte wie z.B. unvollständige Kreditunterlagen, fehlende Grundbucheinträge oder veraltete Wertgutachten erhöhen die Unsicherheit des Investors bzgl. seiner Bewertung und führen zu erhöhten Risikoabschlägen. Vgl. Hülsen (2004), S. 45; Reitz (2004), S. 32.

664 Sollte der Verkäufer nicht auf einen Arranger zurückgreifen und ungenügende Erfahrung im Verkauf von Distressed Debt besitzen, ist die Einbindung externer Partner besonders für die rechtliche Absicherung im Verkaufsprozess notwendig. Die dadurch anfallenden Kosten können sich im sechsstelligen Bereich bewegen. Vgl. Klöckner/Wolter (2004), S. 28. Die Durchführung der Transaktionsvorbereitung durch einen Dritten wird auch als "Vendor Due Diligence" bezeichnet.

Sind sämtliche Informationen in Datenräumen bereitgestellt, werden die Investoren einbezogen.[665] Sie erhalten vorab ein Informationsmemorandum über die wesentlichen Inhalte und Vorgehensweisen der Transaktion.[666] Das Memorandum erfordert die Unterzeichnung einer Vertraulichkeitsvereinbarung.[667] Bei Single-Name-Transaktionen kann dieser Vorgang auch formlos erfolgen.[668] Teilnehmende Investoren fokussieren dann die Begutachtung der Kredite im Datenraum, wobei dort in Abhängigkeit von der Anzahl der Kredite nur eine repräsentative Stichprobe bereit steht, während weitere physische Kreditakten bei Bedarf zur Verfügung gestellt werden. Mit der Betreuung der Datenräume ist für das Kreditinstitut eine hohe Kapazitätsanforderung verbunden, weil der Zugriff der Investoren auf Daten (Zugangsberechtigung, Vertraulichkeitserklärung und Registrierung) und die Beantwortung von Fragen gesichert werden muss. Hier kann sich der Aufwand durch die Trennung von Datenräumen mit Sub-Performing Loans und Räumen mit Akten von Non-Performing Loans zusätzlich vergrößern.[669]

Um die Anzahl der am Transaktionsprozess teilnehmenden Investoren einzugrenzen, wird ein zwei- bzw. mehrstufiges Bieterverfahren empfohlen.[670] In der ersten Stufe werden nur insoweit Informationen an die Investoren herausgegeben, wie diese zu einem indikativen Angebot benötigen.[671] Danach kann der Verkäufer eine Auswahl von Investoren treffen, die Einblick in detaillierte Informationen erhalten. Der Verkäufer bekommt so eine Vorstellung über den zu erzielenden Preis und reduziert zugleich die Transaktionskosten in der Due Diligence, weil weniger Investoren betreut werden müssen.[672]

---

665 Für die Auswahl von Investoren ist deren Investmentfokus und Bearbeitungskapazität, bisherige Erfahrung bzw. bisheriger Umgang mit Transaktionen ("Track-Record") sowie ein evtl. vorliegendes indikatives Angebot entscheidend. Vgl. Gleumes (2005), S. 375ff.

666 Wesentliche Inhalte sind: Vorstellung des Verkäufers, Ziel der Transaktion Struktur der zu verkaufenden Kredite (Nominalvolumen, Anzahl und Status der Kredite und Sicherheiten), Gründe für den Verkauf, Prozessdetaillierung, Struktur der Transaktion sowie sonstige Bestimmungen (z.B. Garantien). Vgl. Experteninterviews.

667 Zu den Inhalten der Vertraulichkeitsvereinbarung s. Fischer (2005), S. 431.

668 Hier wird häufig auch von der aktiven Ansprache durch den Investor ausgegangen, so dass er keine Vorabinformation benötigt.

669 Die Trennung dient zur Beachtung der Vorschriften des Bankgeheimnisses. Hier sollen nur Datentreuhänder die Räume der Sub-Performing Loans betreten. Sie werden auch als "rote Räume" und die der Non-Performing Loans als "grüne Räume" bezeichnet. Vgl. Knips/Dunst/Stalmann (2005), S. 36.

670 Man unterscheidet zwischen einstufigen bzw. bilateralen Verfahren, bei denen ein bis zwei Investoren angesprochen werden und dadurch höchstmögliche Vertraulichkeit garantiert ist. Dadurch entsteht aber eine hohe Transaktionsunsicherheit bzw. Abhängigkeit vom Investor aus Sicht der Bank. Eine Alternative sind die zwei- bzw. mehrstufigen Verfahren (auch breite oder gesteuerte Verfahren genannt), bei denen mit einer Preismaximierung, aber auch mit einer höheren Aufmerksamkeit im Markt gerechnet werden kann.

671 Informationen können hier in Form eines so genannten "Data Tapes" (elektronische Datenbank) zur Verfügung gestellt werden, das eine erste indikative Bewertung erlaubt.

672 Vgl. Klöckner/Wolter (2004), S. 30.

Als wesentlicher Kostenblock der Vorbereitung und Vermarktung ist somit die Informations- und Datenaufbereitung festzuhalten. Wesentliche Kostentreiber sind:

- Anzahl der Kredite und der dazugehörigen Sicherheiten
- Qualität der Datenbasis
- Struktur der Kredite (Komplexität der Verträge und insbesondere. Anzahl der Sonderformen wie z.B. KfW- oder Poolkredite, die einer Zustimmung bedürfen)
- Anzahl der Investoren (Bereitstellung und Betreuung der Datenräume)

Investoren

Bei Investoren sind die Such- und Anbahnungskosten abhängig von der Transaktionsform. Während bei Portfoliotransaktionen die Investoren direkt von den Banken angesprochen werden, erfolgt die Initiative bei Single Names überwiegend vom Investor selbst. Er muss Informationen über Unternehmen und Kreditgeber selbst recherchieren (s. Kapitel 2), was auf Grund der geringen Informationen besonders im deutschen Mittelstand sehr schwierig ist. Hier ist das Problem ähnlich wie beim Erwerb von Anleihen. Der Investor muss die Gläubigerbanken identifizieren und deren Verkaufsbereitschaft herstellen, wobei die Anzahl der Banken die Kosten beeinflusst. Bei fungiblen Krediten existieren meist Händler, die sie zu bestimmten Preisen anbieten. Die Transaktionskosten für die Suche von Investitionsmöglichkeiten steigen also in Abhängigkeit der Transaktionsform (von einer Portfoliotransaktion über fungible Kredite (Single Name) bis zur Identifikation von nicht-fungiblen Krediten (Single Name) und deren Gläubigern) an.[673] In der weiteren Vorbereitung der Transaktion erlangen die Kosten bei Portfoliotransaktionen aber eine große Bedeutung. Ihre Analyse kann auch auf Single-Name-Transaktionen übertragen werden.

Die Kosten des Investors beginnen mit dem Abbau der Informationsasymmetrien mittels Analyse der verfügbaren Daten. Dieser größte Kostenblock des Investors wird, neben den Kosten für eigene Ressourcen, auch durch die Unterstützung von externen Beratern bei der Durchführung der Financial- (Wirtschaftsprüfer/Unternehmensberater) und Legal- (Rechtsanwaltskanzleien) Due Diligence verursacht.[674] Die Kosten variieren in Abhängigkeit von der geforderten Prüfungstiefe des Investors (Stichprobe versus Einzelengagement) und werden von der Qualität der vom Verkäufer aufbereiteten Daten beeinflusst. Aus einer schlechten Datenbasis resultiert entweder ein erhöhter Prüfungsaufwand, um Unsicherheiten zu beseitigen, oder es ver-

---

673 Die Kostenrelation bezieht sich auf die zuvor beschriebenen Elemente der Identifizierung von Investitionspotenzialen. Ausnahmen können die Relation widerlegen.

674 Ein Experte weist in diesem Zusammenhang auf den erhöhten Prüfungsaufwand in Deutschland durch den "Full Recourse" hin. Darunter wird das Streben der Banken verstanden, den Kredit mit so vielen Sicherheiten wie nur möglich zu hinterlegen. Dabei konzentrieren sich angelsächsischen Kreditgeber eher auf eine Sicherheit ("Limited Recourse"). Dadurch müssen mehrere Sicherheiten je Kredit geprüft werden, was die Kosten erhöht. Je nach Portfoliogröße ist für die Due Diligence eine Kapazität von 10-50 Mitarbeitern und Beratern für einen Zeitraum von zwei Wochen bis zu zwei Monaten erforderlich. Vgl. o.V. (2005d), S. 16.

bleibt ein erhöhtes Risiko für den Investor. Beides wird er bei der Preisfindung durch Abschläge berücksichtigen.

Der Aufwand der Due Diligence und damit verbunden die Kosten erhöhen sich auch im Verhältnis zur Homogenität der Kredite. Die Homogenität wird folgendermaßen charakterisiert:[675]

- **Vertragsausgestaltung:** Bei Unternehmenskrediten existiert in der Regel keine vollständige Standardisierung innerhalb einer Bank, so dass eine unterschiedliche Ausgestaltung der Verträge (z.B. hinsichtlich Covenants je Kreditnehmer) besteht und vom Investor berücksichtigt werden muss
- **Art der Kredite:** Die Kredite unterscheiden sich in ihrer Ausgestaltung bzw. ihrem Zweck (Kontokorrentkredite, Festkredite, Konsortialkredite, Poolkredite, Sonderkredite)
- **Region/Branche:** Schuldnerunternehmen unterscheiden sich in ihren Geschäftsaktivitäten und Regionen. Dadurch entstehen dem Investor vor allem Kosten für Marktstudien/Wettbewerbsanalysen

Je unterschiedlicher die Kredite, desto höher sind die Kosten bzw. desto geringer sind mögliche Synergien. Kostentreiber auf Investorenseite sind:

- Anzahl der Kredite und der dazugehörigen Sicherheiten
- Qualität der Datenbasis
- Homogenität der Kredite

Bei Single-Name-Transaktionen nicht-fungibler Kredite ist die Komplexität des Kreditvertrages zwar von geringerer Bedeutung, aber es kommen die Kosten der Identifizierung von Unternehmen und Gläubigern sowie deren Überzeugung hinzu.

---

675 Vgl. Hülsen (2004), S. 45 sowie Experteninterviews.

4.3.2.2.2 Kosten der Vertragsdurchführung

Nach Vorliegen eines verbindlichen Angebotes vom Investor wird mit der Vertragserstellung begonnen. Auf Grund der englischen Rechtssauslegung der Loan Market Association können deren Dokumente und Regelungen nicht direkt übernommen werden.[676] In Deutschland entwickelt sich daher ein eigener Standard in Anlehnung an diese Vorschriften. So existieren gemäß den Marktteilnehmern bisher nur Standards für Verständnis und Definition von Kernelementen.[677] Weitere Vertragspunkte werden bilateral verhandelt und transaktionsspezifisch angepasst. Wichtige Themenfelder bei den Vertragsverhandlungen sind:[678]

- **Liste der Verkaufsgegenstände:** Liste der Forderungen und Sicherheiten mit entsprechenden Kennziffern und Namen. Der Investor stimmt diese Liste mit den eigenen Angaben ab. Das Eigentum an den Forderungen geht zum wirtschaftlichen Stichtag, dem so genannten "Cut-Off-Date", auf den Investor über und liegt ca. 1-3 Monate vor dem Vertragsabschluss. Anschließende Zahlungseingänge von Schuldnern stehen dem Investor zu, Zahlungsausgänge sind davon abzuziehen.

- **Garantien (Freistellungsverpflichtungen):** Der Verkäufer gibt Garantien hinsichtlich der Existenz, Höhe und Art der Forderung sowie der Sicherheiten ab (Richtigkeit und Vollständigkeit der Daten). Auch muss der Käufer uneingeschränkt verfügungsberechtigt sein. Weitere Garantien sind das Ergebnis von Verhandlungen (z.B. für Altlasten).

- **Haftungsregelung:** Für den Fall, dass vertragliche Regelungen (insbesondere Garantien) nicht eingehalten werden, müssen Haftungsfolgen festgelegt werden. Auch Regelungen bezüglich der Steuerrisiken sind zu treffen.

- **Datentransfer:** Hierunter wird sowohl die IT-technische Übertragung der Daten als auch die physische Aktenübergabe verstanden.

Eine Schwierigkeit bei der Vertragsdurchführung entsteht dadurch, dass sich die Vermögensgegenstände verändern können. Kredite werden noch bedient, es erfolgen Teilzahlungen, oder Kontokorrentlinien werden durch den Schuldner höher ausgeschöpft. Auch werden die Sicherheiten genutzt oder z.B. im Rahmen einer Zwangsversteigerung bereits verwertet. Insofern wird die Bearbeitung nach dem Cut-Off Date zunächst vom Verkäufer weitergeführt ("Interims Servicing"), bis der Investor oder sein Servicer diese sukzessive übernehmen. Zah-

---

676 Zum Beispiel für die dingliche Übertragung von Sicherungsrechten oder in Insolvenzfragen. Vgl. Anders (2004), S. 13.

677 Die Investoren sind bestrebt, bei Single Names die Verträge an internationale Standards anzupassen, um den Weiterverkauf an ausländische Investoren zu erleichtern.

678 S. hierzu auch die Ausführungen bei Klöckner (2005), S. 345f.

lungen zwischen Cut-Off Date und Vertragsabschluss sind vom Kaufpreis abzuziehen, externe Kosten in dieser Zeit hinzuzurechnen.[679] Die Komplexität der Verträge und der nachfolgenden Abwicklung im Rahmen der Aktenübergabe (z.B. Erstellung von Abtretungserklärungen durch den Verkäufer, Überprüfung der vollständigen Dokumentation durch den Investor) ist mit hohen Kosten der Rechtsberatung sowie einer hohen Bindung von Mitarbeiterkapazitäten in der Übergangsphase verbunden.

Ein weiterer Unterschied in der Höhe der Kosten ergibt sich aus der Transaktionsstruktur. Hier gehen die Experten davon aus, dass die Kosten der Vertragsgestaltung bei einem Asset Deal geringer sind als bei einem Share Deal und bei einem Outright Sale geringer als bei einem Joint Venture.[680]

Auswirkungen auf das Distressed Debt Investing

Im Rahmen der Fragmentierung der Kreditwirtschaft in Deutschland wurde die statische Betrachtung der Mindestvolumina, u.a. wegen ihrer Abhängigkeit von der Struktur des Portfolios und des Transaktionsverfahrens, in Frage gestellt. Die bei einer Transaktion entstehenden Kosten machen dies anhand der Bildung von Kostentreibern und Kostenblöcke deutlich. *Roland Berger Strategy Consultants* kommt hier zu dem Ergebnis, dass die Informations- und Datenaufbereitung durchschnittlich ca. 34,9% der Kosten in Anspruch nimmt.

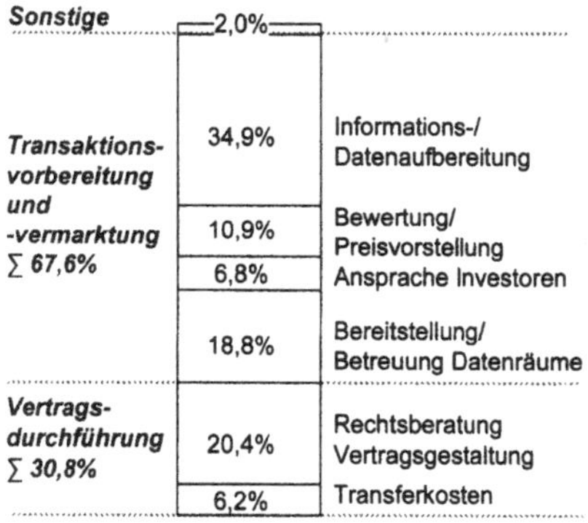

Abbildung 34: Anteil wesentlicher Kostenblöcke einer Bank an den Gesamtkosten einer Transaktion[681]

Für Investoren haben in dieser Phase die Due Diligence Kosten eine entscheidende Bedeutung. Bei der Vertragsdurchführung sind auf beiden Seiten die Rechtsberatung und andere

679 Insofern ist vom Verkäufer eine Rückstellungsaufrechnung zu erstellen.

680 Auf Grund der komplexen Struktur sind Vertragstandards für Joint Ventures nicht zu erwarten. Vgl. Anders (2004), S. 13f; Cadwalader Wickersham & Taft LLP (2004), S. 3.

681 Eigene Darstellung in Anlehnung an Roland Berger Strategy Consultants (2005), S. 21.

Kosten im Zusammenhang mit der Vertragsgestaltung relevant. Je höher die absoluten Kosten der Transaktion, desto höher ist der geforderte Preis des Verkäufers, bzw. desto geringer das Kaufpreisangebot des Käufers. Die Relevanz für das Zustandekommen der Transaktion hängt vom Verhältnis der Kosten zum gesamten Transaktionsvolumen ab. Je geringer dieses Verhältnis, desto höher ist die Chance, dass die Transaktionskosten eine Einigung nicht verhindern. Hier schließt sich die Diskussion um die Dealeffzienz bzw. Mindestvolumina an, denn die Investoren erwarten, dass ab einer bestimmten Höhe (Mindestvolumen) das Verhältnis zwischen Kosten und Transaktionsvolumen den Einigungsprozess nicht wesentlich behindert. Neben den genannten Faktoren (Kostentreiber und Transaktionsstruktur) gibt es darüber hinaus Aspekte, welche die Dealeffizienz verbessern bzw. die Kosten senken können. Bei Portfoliotransaktionen besteht der Vorteil, durch mögliche Synergien bei der Transaktion und dem Exit, auch Kredite unterhalb der Mindestvolumina von Single-Name-Transaktionen verkaufen zu können. Das ist bei Unternehmenskrediten auf Grund der geringeren Synergieerhebung im Vergleich zu Immobilienkrediten aber nur beschränkt möglich. Bei Single-Name-Transaktionen ist die Informationsverfügbarkeit als Treiber zu nennen.

Wesentliche kurzfristige Kostensenkungspotenziale liegen nach Einschätzung der Experten in der zunehmenden Standardisierung der Vertragsgestaltung als Folge der Transaktionserfahrung (Know-how Bündelung) und in der Etablierung fester Prozesse bei der Aufbereitung von Informationen. Langfristig werden Einsparungen mit einer verbesserten Datenverfügbarkeit (Ausrichtung der IT-Systeme) und einer leichteren Übertragbarkeit durch zunehmende Verbriefung bzw. vereinbarter Zustimmung des Schuldners erwartet.

Die Lerneffekte der Banken bei Portfoliotransaktionen sind auf Grund der geringen Wiederholung begrenzt und eher durch die Unterstützung von erfahrenen Dritten zu realisieren. Bei Single-Name-Transaktionen, kann sich das Kostensenkungspotenzial mittels der wiederholten Anwendung einer Bank entfalten. Die Kostensenkungspotenziale wirken dabei insoweit eingeschränkt als die Fixkosten, die sich z.B. aus der Vertragsgestaltung ergeben, weiterhin bestehen bleiben.

Ergebnis XVII: Die Höhe der Transaktionskosten in Abhängigkeit von der Ausgestaltung der Kostentreiber und Transaktionsstruktur bewirkt, dass Transaktionen erst ab einem bestimmten Volumen für Investoren interessant sind bzw. ein Abschluss der Transaktion wahrscheinlich wird. Kostensenkungspotenziale durch Lerneffekte und Standardisierung lassen sich hauptsächlich für Single-Name-Transaktionen realisieren, weil diese (von gleichen Vertragspartnern) regelmäßig durchgeführt werden können.

4.3.2.3 Kosten des Verkaufs/Exits

Der Prozess der Vertragsdurchführung endet mit dem Erhalt der Dokumente bzw. mit dem rechtlichen Übergang der Forderungen und Sicherheiten. Nun gilt es für den Investor, den Erlös aus seiner Investition zu realisieren. Der Exiterlös abzüglich der Kosten, die zur Erreichung des Exits notwendig sind (Servicing), wird auch als Nettoerlös bezeichnet. Insbesondere aktive Strategien, die die Restrukturierung des Unternehmens und ggf. einen Debt-Equity Swap beinhalten, sind zeitlich aufwendiger und kostenintensiver. Bei aktiven Investoren geht man davon aus, dass die Exitkosten höher als die Transaktionskosten sind. Eine Verallgemeinerung gestaltet sich schwierig, weil zu viele Variablen berücksichtigt werden müssen. Hier soll daher die Frage geklärt werden, weshalb die Investoren in ihrem Exit Vorteile gegenüber den Banken realisieren können.[682] Dafür werden folgende Gründe genannt:

- Dem Investor stehen erweiterte Exitmöglichkeiten zur Verfügung. Während für einen Investor der Teilverzicht mit Restschuldzahlung eine regelmäßige Option darstellt, entspricht dies nicht dem Geschäftsgebaren der Banken. Die Möglichkeit des Teilverzichts könnte ansonsten von den Kunden absichtlich in Kauf genommen werden. Auch sind Eigenkapitalbeteiligungen nicht immer im Sinne der Banken. Investoren sind zudem in ein internationales Netzwerk eingebunden, durch das sich ein größerer Interessentenkreis für Weiterverkäufe erschließt.

- Investoren bzw. Servicer sind flexibler in der Anwendung von Exitstrategien und besitzen kurze Entscheidungswege und flache Organisationsstrukturen.

- Schnellere Bearbeitung und höhere Rückgewinnungsquote durch Verhandlung. Die Mitarbeiter der Investoren und Servicer werden stärker am Erfolg ihrer Tätigkeit beteiligt und sind einem höheren Druck bei der Abarbeitung ausgesetzt (höhere Zielvorgaben und stärkere Kontrolle durch die Festlegung so genannter Asset-Businesspläne je Darlehen). Außerdem haben sie den Vorteil eines neutralen Vorgehens, da keine "Belastungen" durch eine jahrelange Hausbankbeziehung vorliegen. Die Distanz zum Kunden trägt zu besseren Ergebnissen bei. Auch muss keine Rücksicht auf sonstige Kundenbeziehungen genommen werden (z.B. bei Inanspruchnahme eines Bürgen).

- Investoren berücksichtigen die zeitliche Komponente beim Exit, wodurch auch ein geringerer Exiterlös bei vorzeitiger Verwertung vorteilhaft sein kann (Berücksichtigung von Opportunitätskosten und Diskont).

---

682 S. auch Gleumes (2005), S. 358ff; Steinbarth et al. (2005), S. 11ff.

- Standardisierte Abwicklung großer Portfolios ermöglicht die Realisierung von Synergiepotenzialen, was hauptsächlich für Immobilienkredite zutrifft. Bei Unternehmenskrediten wird diesem Argument wegen der geringen Möglichkeit zur Standardisierung widersprochen oder zumindest nur wenig Bedeutung beigemessen.

- Banken wird in der Krise eher die Sichtweise der Verwertung zugeschrieben, während Investoren die Kreditbeziehung als eine Anlage bzw. Investition sehen.

- Investoren/Servicer verfügen über eine bessere IT-Infrastruktur, die auf die Abarbeitung von Distressed Debt ausgerichtet ist (Vorteil insbesondere bei der Abarbeitung von Immobilien). Zudem konzentriert sich das gesamte Unternehmen auf Abwicklung von Distressed Debt (höherer Erfahrungsaustausch).

Die Vorteile für den Investor im Vergleich zu Banken führen zu geringeren Kosten und zu einer schnelleren Abarbeitung. Zusätzlich werden Investoren auch höhere Rückgewinnungsquoten zugesprochen.

Auswirkungen auf das Distressed Debt Investing

Die Exitkosten sind für die Investoren kein Hindernis und werden im Kaufpreis berücksichtigt. Probleme resultieren höchstens aus anderen Bereichen und treiben die Exitkosten dementsprechend in die Höhe (z.B. die Holdout-Problematik von Anleihegläubigern oder die Verweigerung der Zustimmung der Gesellschafterversammlung zum Debt-Equity Swap). Für Unternehmensverbindlichkeiten ist derzeit auch der Exit über die Verbriefung im Rahmen von ABS (Asset-Backed-Securities) Transaktionen eines Distressed Debt Portfolio noch nicht möglich. Gründe dafür sind die fehlende Akzeptanz der Ratingagenturen, die unregelmäßigen Cash Flow Ströme bei Unternehmenskrediten (Abarbeitung/Verkauf der Kredite) sowie die geringen Sicherheiten.[683]

Ergebnis XVIII: Die Exitkosten behindern das Distressed Debt Investing nicht und können nur in Abhängigkeit von der gewählten Strategie ermittelt werden. Die Vorteile der Investoren beim Exit führen dazu, dass die Kosten des Investors geringer, die Zeit bis zur Realisierung des Exits kürzer und der Erlös aus dem Kredit höher sind als bei der Bank.

---

683 Vgl. Ernst & Young (2004), S. 58. Auch hohe Kosten für Rating, Platzierung und Verwaltung. Für Immobilienkredite werden ABS-Transaktionen in der Zukunft als realistisch gesehen. Die Verbriefung wird aber eher von den Investoren und weniger direkt von den Banken ausgehen, da letztere ihre Ressourcen nicht im Servicing binden wollen. Vgl. Wolcott (2004), S. 63; Bowman (2005), S. 24. So strebt der Investor Lone Star für den Servicer Hudson Advisors ein Rating an, um diese Plattform für zukünftige Verbriefungen zu nutzen. Vgl. Schalast/Daynes (2005), S. 35; Steinbarth et al. (2005), S. 10. In anderen Märkten, wie z.B. China, wurde die Verbriefung von Non-Performing Loans bereits aktiv genutzt. Vgl. Lange (2004), S. 523.

4.3.3 Zusammenfassung

Bei der Durchführung von Distressed-Debt-Transaktionen kann bei den Investoren bereits auf ihre Spezialisierung und Erfahrung verwiesen werden. Aspekte der Steuerung und Organisation aus dem Verkauf von Immobilienkrediten lassen sich übernehmen, andere sind beim Kauf von Unternehmenskrediten auf Grund der Unterschiede anzupassen. Während bei Banken von Know-how im Single-Name-Bereich ausgegangen wird, kann dies für Portfoliotransaktionen nicht verallgemeinert werden und stellt besonders bei Unternehmenskrediten eine neue Herausforderung dar. Sie ist aber durch die Hinzunahme von Dritten (z.B. eines Arrangers) lösbar. Die Kosten beim Erwerb bzw. Verkauf werden durch einzelne Treiber und durch die Transaktionsstruktur bestimmt und beeinflussen im Verhältnis zum Transaktionsvolumen das Zustandekommen der Transaktion. Die Realisierung von Kostensenkungspotenzialen wird vor allem im Single-Name-Bereich möglich, wo die Erfahrung durch häufigere Wiederholung sämtlicher Marktteilnehmer und damit verbundene Standardisierung stetig zunimmt. Beim Exit des Investors wird angenommen, dass er Vorteile gegenüber den Banken realisieren kann, und die Kosten die Investition nicht behindern. Barrieren durch zu hohe Exitkosten können nur aus anderen Problembereichen (z.B. rechtliche Rahmenbedingungen) entstehen.

4.4 Informationseffizienz

Die Informationseffizienz bildet das dritte Kriterium der Untersuchung und gibt Aufschluss über die Verfügbarkeit von Informationen und deren Interpretation. Unterschiede im Informationsstand oder in der Auswertung von Informationen können zu abweichenden Preisvorstellungen führen und das Zustandekommen eines Vertrags gefährden.

4.4.1 Kenntnisstand der Marktteilnehmer

Der Kenntnisstand der Marktteilnehmer, besonders der Investoren, betrifft sowohl die Informationen über potenzielle Investitionsmöglichkeiten als auch die Transparenz über die Verbindlichkeiten bzw. den Schuldner. Informationseffizienz bei organisierten Märkten setzt die vollständige Offenlegung der Informationsbasis sowie eine hohe Reaktionsgeschwindigkeit der Marktteilnehmer voraus.[684]

Während bei Anleihen weniger das Problem der Kenntnisnahme als das Problem der Identifizierung der Gläubiger besteht, ist das Distressed Corporate Loan Investing durch die Kenntnis von Investitionsmöglichkeiten geprägt. Daher wurde bei Single-Name-Transaktionen bereits zwischen dem Erwerb von fungiblen Krediten, die allen Investoren bekannt sind, und nicht-fungiblen Krediten unterschieden. Da letztere Unternehmen nicht an der Börse gelistet und erst durch das Netzwerk der Investoren (Banken, Unternehmensberater) identifizierbar sind, kann ein Portfolioerwerb für einen Investor von großem Interesse sein, wenn er dadurch an Daten über den Mittelstand gelangt.[685] Portfoliotransaktionen bewirken dabei durch die Einladung meist mehrerer Investoren eine hohe Transparenz im Markt. Es werden aber nicht alle Investoren eingeladen.

Die Aufteilung in Portfolio, fungible und nicht-fungible Single Name Kredittransaktionen sowie in Single Name Anleihetransaktionen kann auch auf die Transparenz von Informationen über Verbindlichkeiten übertragen werden. Bei fungiblen Krediten und Anleihen bestehen Schuldnerinformationen durch die Börsenzulassung, bei Portfoliotransaktionen und nicht-fungiblen Krediten müssen Vorabinformationen durch den Verkäufer bereitgestellt werden. Bei Banken als Verkäufer von Distressed Debt hängt die Qualität der Daten von der bisherigen Dokumentation ab, die aber mit Hilfe eines Arrangers an die Anforderungen des Investors anpassbar sind. Begrenzt wird die Informationsmenge durch die Kosten bei der Bereitstellung und durch die große Anzahl der möglichen Informationen. So können meist nicht alle Informationen durch den Verkäufer aufbereitet werden, weil sie in den "Köpfen" seiner Mitarbeiter

---

684 Vgl. Gerke (1991), S. 6.

685 Die geringe Verfügbarkeit öffentlicher Ratings zur Identifikation von Krisenunternehmen vor allem im Mittelstand zeigen Presber/Stengert (2002), S. 39ff.

sind, oder der Aufwand zur Aufbereitung der Informationen zu umfangreich ist. Während bei Anleihen der Investor davon ausgehen kann die gleichen Informationen wie der Verkäufer zu haben, hängt bei Krediten die Information im Wesentlichen von der Bereitschaft des Verkäufers ab.

Auswirkungen auf das Distressed Debt Investing
Im Single-Name-Bereich versuchen die Investoren die schlechte Informationslage durch das Netzwerk und eigenes Research zu beseitigen, wodurch Wettbewerbsvorteile entstehen können, wenn der Investor z.B. als Erster von einer Krisensituation erfährt. Allgemein kann bei der Informationsübermittlung die Vermutung fehlender negativer Informationen (Hidden Information) oder einer schlechte Datenlage neben den Auswirkungen auf den Preis auch zur Forderung nach höheren Garantien führen, um das eigene Risiko zu reduzieren. Eine schlechte Informationslage verursacht durch Rückfragen des Investors meist auch Folgetransaktionskosten für die Bank. Da über unsichere Punkte verhandelt werden muss, erhöht sich zudem die Wahrscheinlichkeit eines Transaktionsabbruchs auf Grund unterschiedlicher Vorstellungen. Die Investoren sehen überwiegend die schlechte Datenverfügbarkeit sowie die fehlende professionelle Hilfe durch Dritte als Ursache für eine unzureichende Datenqualität bei Transaktionen. Das absichtliche Fehlen von Informationen wird nicht vermutet.

Ergebnis XIX: Die zum Teil unzureichenden Informationen über Schuldner bzw. Kredit führen insoweit nicht zur Behinderung der Durchführung von Distressed-Debt-Transaktionen, als sie im Rahmen der Verhandlungen durch Garantieforderungen oder Preisabschläge berücksichtigt werden. Sie erhöhen aber die Gefahr eines Transaktionsabbruchs.

4.4.2 Auswertung der Information

Der Aspekt der Auswertung von Informationen behandelt die Frage, inwieweit Differenzen in der Interpretation der Kreditakten zwischen Bank und Investor zu unterschiedlichen Preisvorstellungen führen und Transaktionen verhindern. Geht man davon aus, dass gleiche Berechnungen und Annahmen vorliegen, müsste der Investor bereit sein, den Barwert der Bank zu bezahlen, weil er durch die Vorteile beim Exit mit einem höheren Verwertungserlös und einem schnelleren Workout bei geringeren Kosten rechnet. Sein eigener Barwert der Forderung ist demnach höher als der von der Bank. In der Praxis besteht hingegen die Meinung, dass die Barwerte bzw. Kaufpreisforderungen der Banken über denen der Investoren liegen. Neben taktischen Aspekten von Investoren und Banken wird ein wesentlicher Grund in der Berechnung der Bank und ihrem Wertverständnis gesehen. Hierzu ist festzustellen, dass Banken grundsätzlich keine Kalkulationsmodelle oder Preisvorstellungen bekannt geben und die Aussagen daher die Einschätzung der Experten widerspiegelt. Die Diskrepanz zwischen den

Preisvorstellungen wird nur teilweise auf die Preisermittlung bezogen. Ursache auf Bankenseite kann die Orientierung für den Verkaufspreis am Buchwert oder am Rückgewinnungswert sein. Die Unterscheidung dieser zwei Werte unterstellt, dass Banken ihre Forderungen in den letzten Jahren nur unzureichend wertberichtigt haben, und der Buchwert folglich nicht dem Rückgewinnungswert entsprechen muss. Als Grund wird der große Spielraum bei der Bewertung von Krediten durch Bank und Wirtschaftsprüfer genannt, weil kein Sekundärmarkt zum Vergleich existiert. Dieser Spielraum ist bei Unternehmenskrediten meist höher als bei Immobilienkrediten, weil bei Letzteren eine Untergrenze durch den Wert der Sicherheit gegeben ist. Weitere Ursachen für "zu hohe" Kaufpreisvorstellungen der Banken sehen Marktteilnehmer in der Vernachlässigung von Workoutkosten und in der Zeitspanne bis zur Realisierung der Forderung.[686] Besonders bei Non-Performing Corporate Loans kann auch ein negativer Restwert entstehen, wenn die Kosten des Servicing den Barwert übersteigen. Auf Investorenseite wird der Zeitwert (Net Present Value (NPV)) der Forderung über DCF-Verfahren berechnet und zusätzlich Szenarien und Liquidationswerte ermittelt. Auch EBITDA Multiples finden Anwendung.[687] Die Bewertungsspielräume, die aus zukunftsbezogenen Annahmen über Variable, wie z.B. Produkt- und Marktentwicklung, entstehen, können weitere Abweichungen in der Barwertermittlung bewirken. Sie lassen sich aber in der Diskussion zwischen Investor und Verkäufer reduzieren.

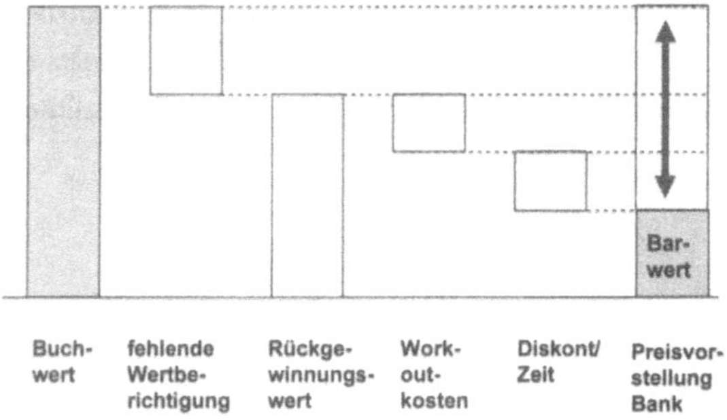

Abbildung 35: Ursachen für unterschiedliche Preisvorstellungen der Bank[688]

[686] Vgl. Gleumes (2005), S. 357f. Zur Berechnung von Marktpreisen von Distressed Debt in Banken s. auch Bettelhäuser (2005), 149f. Bzgl. Faktoren bei der Bewertung s. Klöckner (2005), S. 339f. Darüber hinaus können Refinanzierungsaspekte durch Liquidierung sowie durch ein evtl. verbessertes Rating berücksichtigt werden.

[687] Bzgl. der Bewertungsverfahren siehe Abschnitt 2.1.5.4.

[688] Eigene Darstellung in Anlehnung an Experteninterviews.

Bei der Beurteilung von Preisvorstellungen weisen Experten auch auf Risikoabschläge der Investoren für eine schlechte Datenlage und unterschiedliche Garantievorstellungen der Parteien hin.[689] Ebenso fließen Aspekte der Umsatzsteuer ein. Werden diese vernachlässigt, so sollte, bei gleicher Bewertungsmethode, der Barwert des Investors durch seine Vorteile beim Exit über dem der Bank liegen.

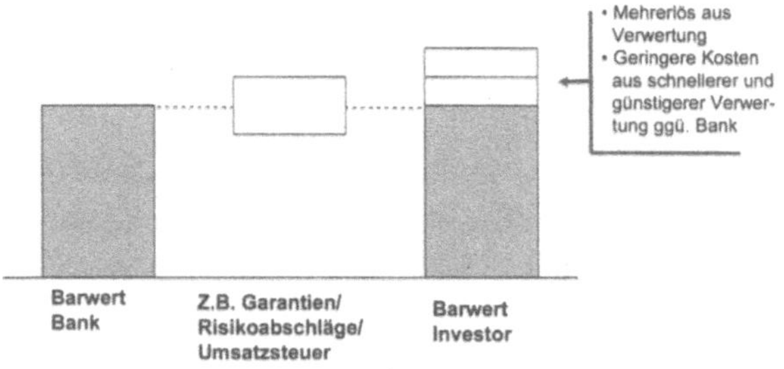

Abbildung 36: Schematische Darstellung der Differenz von Barwerten zwischen Bank und Investor[690]

Auswirkung auf das Distressed Debt Investing

Bei der Berechnung von Barwerten und Anwendung von Kalkulationsmodellen erwarten die Investoren, dass sich die Verfahren von Banken und Investoren zunehmend angleichen und die Chancen für das Zustandekommen von Transaktionen erhöhen.[691] Eine Behinderung der Transaktion sehen die Marktteilnehmer nur, wenn die Differenz aus Buchwert und Barwert bzw. Verkaufspreis zu hoch ist, was von den Marktteilnehmern vor allem dem Verkauf von Sub-Performing Loans zugeschrieben wird. Die daraus resultierende Wertberichtigung kann bewirken, dass trotz eines Angebotes über dem Barwert, die Bank nicht bereit ist den Kredit zu verkaufen. Die Bank möchte dann die Verantwortung für die zu bildenden Abschreibungen und die damit verbundene Ergebniswirkung nicht übernehmen.[692] Dies gilt vor allem bei Single-Name-Transaktionen, weil die Einzelverantwortung hier auf unterer Ebene getragen werden muss. Für Ergebnisauswirkungen bei Portfoliotransaktionen existiert eher eine Gesamtverantwortung, die durch den Beschluss der Führungsebene der Bank gemeinschaftlich akzeptiert wird.

689 Investoren sind bereit, höhere Preise zu bezahlen, wenn sie vom Verkäufer mehr Garantien erhalten. Daher müssen die einzelnen Kaufangebote der Investoren immer in Zusammenhang mit den geforderten Zusicherungen (Höhe der Risikoübernahme) betrachtet werden.

690 Eigene Darstellung in Anlehnung an Experteninterviews.

691 Ursachen hiefür sind z.B. die zunehmende Wertorientierung bei Banken, z.B. durch kapitalmarktbasierte Preismodelle oder die zunehmende Transaktionserfahrung. Vgl. Lange (2005); Experteninterviews.

692 Vgl. Schalast/Daynes (2005), S. 51. (S. auch Abschnitt 4.2.4 Kulturelle Rahmenbedingungen).

Ergebnis XX: Die Kalkulationsmodelle der Investoren und Banken gleichen sich an, so dass die Berücksichtigung von Workoutkosten und der Zeitspanne bis zur Realisierung des Forderungserlöses eine Transaktion nicht behindern. Unterschiedliche Kaufpreisvorstellungen beruhen vielmehr auf eventuellen Wertberichtigungen, die, abhängig von der Höhe, auf Grund der Verantwortung eher eine Single-Name-Transaktion als eine Portfoliotransaktion behindern.

4.4.3 Zusammenfassung

Die Untersuchung der Informationseffizienz zeigt, dass eine Aussage über die Informationsgewinnung potenzieller Investitionsmöglichkeiten und über die Gewinnung von Daten zum Schuldner oder Kredit differenziert erfolgen muss. Es wird hierbei zwischen folgenden Segmenten unterschieden

- Portfoliotransaktionen
- Single-Name-Transaktionen von Anleihen
- Single-Name-Transaktionen von fungiblen Krediten
- Single-Name-Transaktionen von nicht-fungiblen Krediten

Bei der Informationsbereitstellung durch den Verkäufer gehen die Investoren nicht von einer wesentlichen Informationsasymmetrie zwischen Bank und Investor aus, auch wenn nicht alle Informationen der Bank aus Effizienzgründen bereitgestellt bzw. analysiert werden können. Eine schlechte Datenlage wird aber in der Preisfindung der Investoren berücksichtigt. Die Auswertung der Daten stellt kein Hindernis dar. Vielmehr stehen unterschiedliche Kaufpreisvorstellungen in Zusammenhang mit Höhe und Verantwortung der Wertberichtigungen.

Die Ergebnisse der empirischen Untersuchung bilden zusammenfassend:

Institutionelle Effizienz

Ergebnis I: Das Distressed-Corporate-Bond-Volumen in Deutschland weist nicht genügend Potenzial auf, um den Investoren ausreichende Investitionsmöglichkeiten zu bieten. Auch zukünftig ist eine wesentliche Änderung am deutschen Anleihemarkt nicht zu erwarten.

Ergebnis II: Das Distressed-Corporate-Loan-Volumen hat genügend Kapazität, um den Investoren einen regelmäßigen Ankauf zu ermöglichen. Die Aussage gilt nur für Single-Name-Transaktionen. Portfoliotransaktionen können diesen Vorgang nur fördern, aber keinen eigenen Markt bilden. Dabei hängt die Entwicklung im Wesentlichen von der Verkaufsbereitschaft der Banken ab.

Ergebnis III: Das bankenorientierte Finanzsystem verursacht eine hohe Internalisierung von Unternehmensinformationen und behindert besonders die Akquisition von nicht-fungiblen Krediten im Rahmen von Single-Name-Transaktionen. Dieser Nachteil muss vom Investor durch eigenes Research und durch Aufbau eines Netzwerkes aus Banken, Unternehmensberatern und Wirtschaftsprüfern ausgeglichen werden. Weiterhin befindet sich das Hausbankprinzip insoweit in der Auflösung, als die Krisenfinanzierung zunehmend in Frage gestellt wird und die Option des Verkaufs an Bedeutung gewinnt.

Ergebnis IV: Die Fragmentierung des Marktes führt zur Einschränkung des Angebots von Portfolio- bzw. Baskettransaktionen, weil nur wenige Institute die Mindestvolumina erreichen. Bei Single-Name-Transaktionen sind die zehn größten Banken als Anbieter relevant, wobei weitere Gläubiger durch die Poolbildung identifiziert und auch mit geringeren Volumina herausgekauft werden können. Mindestvolumina sind nicht statisch, sondern orientieren sich an der Vorteilhaftigkeit der Investition und der Wahrscheinlichkeit des Erwerbs.

Ergebnis V: Bei problembehafteten Krediten behindern das Bankgeheimnis, das Bundesdatenschutzgesetz (für personenbezogene Daten) sowie der § 203 StGB bei öffentlich-rechtlichen Instituten die Weitergabe von Informationen und somit das Distressed Loan Investing, weil anonymisierte Daten nicht zur Bewertung von Unternehmenskrediten geeignet sind. Diese Behinderung existiert, soweit keine Zustimmung des Schuldners vorliegt und betrifft vor allem Portfolios, bei denen der Aufwand einer Einholung der Zustimmung zu groß ist. Bei notleidenden Unternehmenskrediten, welche für die Investoren jedoch nur von geringem Interesse sind, besteht diese Problematik nicht.

Ergebnis VI: Die Umsatzsteuerthematik verhindert Transaktionen nicht, aber die derzeitige Ungewissheit führt zu erhöhten Kosten in der Vertragsgestaltung sowie zu einem Risikopotenzial aus der Umsatzsteuererhebung. Banken und Investoren werden daher diesen Faktor in der Entscheidung über Kauf und Verkauf berücksichtigen. Einen Ausweg für Portfoliotransaktionen bietet der Share Deal, bei dem von einer Umsatzsteuerbefreiung ausgegangen wird. Eine Lösung über das Servicing der Bank ist nicht im Sinne des Investors.

Ergebnis VII: Eine Bankerlaubnis ist für das Distressed Corporate Loan Investing notwendig, um vor allem aktive Strategien durchführen zu können. Dies resultiert aus der Struktur der Unternehmensfinanzierung mittels revolvierender oder nicht vollständig ausgereichter Kredite und dem überwiegenden Interesse am Workout der Investoren im Sinne einer Sanierung.

Ergebnis VIII: Sonderkredite können die Abtretung oder Übertragung von Forderungen verhindern oder zum Verlust einer Bürgschaft führen, soweit keine Zustimmung durch das Förderinstitut erfolgt. Lösungen bestehen vor allem in der Form einer Unterbeteiligung bei Single-Name-Transaktionen sowie in der Ausgliederung bzw. Abspaltung bei Portfolios.

Ergebnis IX: Das deutsche Insolvenzrecht führt zu keiner wesentlichen Einschränkung bei der Durchführung des Distressed Debt Investing in Deutschland. Die späte Insolvenzanmeldung der Schuldner bewirkt aber, dass Unternehmen in der Insolvenz für Investoren uninteressant sind bzw. zu Liquidationswerten beurteilt werden. Die geringe Anwendung des Insolvenzrechts hat zur Folge, dass eine Umsetzung der Strategie in der Insolvenz für Investoren mit großer Unsicherheit über den Ausgang verbunden ist.

Ergebnis X: Poolkredite können negative Auswirkungen auf das Distressed Debt Investing besitzen, wenn keine Zustimmung des Pools zum Verkauf erfolgt oder wenn die Komplexität in der Entscheidungsstruktur die Umsetzung der Strategie des Investors verhindert. Die Komplexität fördert jedoch auch den Veräußerungswillen von beteiligten Banken.

Ergebnis XI: Die Vorschriften zu eigenkapitalersetzenden Darlehen behindern das Distressed Debt Investing nicht, sind aber als Randbedingungen bei der Investition zu beachten.

Ergebnis XII: Das Schuldverschreibungsgesetz behindert das Distressed Debt Investing nicht, aber der Investor muss die Holdout-Problematik in seiner Strategie berücksichtigen, da andere Gläubiger auch durch einen mehrheitlichen Beschluss nicht zur Wandlung gezwungen werden können.

Ergebnis XIII: Ein Debt-Equity Swap ist ohne die Zustimmung der Aktionäre außerhalb der Insolvenz nicht möglich, und die wirtschaftliche Bewertung der Kredite führt zu einem Forderungsverzicht des Investors. Wegen der Dringlichkeit dieser Maßnahmen für die bilanzielle Restrukturierung zum Fortbestand des Unternehmens ist eine Zustimmung der Aktionäre sehr wahrscheinlich. Durch das Ziel der Mehrheitsübernahme des Aktienkapitals erlangt der Investor als Ausgleich einen wesentlichen Einfluss auf das Unternehmen sowie die verbesserte Möglichkeit der Veräußerung.

Ergebnis XIV: Externe kulturelle Barrieren, die die Außenwirkung des Verkaufs betreffen, sind abnehmend. Sie betreffen besonders problembehaftete Kredite und können durch den Einbezug des Schuldners reduziert werden, was sich vorzugsweise bei Single-Name-Transaktionen anbietet. Problematisch sind aber interne Barrieren, die sich auf die Verantwortung für den Kreditausfall bzw. auf die Rechtfertigung für eine Wertberichtigung innerhalb der Bank beziehen.

Operationelle Effizienz

Ergebnis XV: Die Spezialisierung und Erfahrung auf Investoren- und Bankenseite wird bei Single-Name-Transaktionen allgemein als sehr hoch bewertet. Bei Portfoliotransaktionen können Banken unter Hinzunahme eines Arrangers oder selektiver Beauftragung von Spezialisten fehlendes Know-how oder Kapazitätsengpässe ausgleichen. Erfahrungen aus dem Verkauf von Immobilienkrediten können nur für die Organisation und Steuerung des Transaktionsprozesses auf Unternehmenskredite übertragen werden.

Ergebnis XVI: Die Transaktionskosten behindern nicht den Erwerb von Anleihen, soweit entsprechende Angebote von Anleihegläubigern vorliegen.

Ergebnis XVII: Die Höhe der Transaktionskosten in Abhängigkeit von der Ausgestaltung der Kostentreiber und Transaktionsstruktur bewirkt, dass Transaktionen erst ab einem bestimmten Volumen für Investoren interessant sind bzw. ein Abschluss der Transaktion wahrscheinlich wird. Kostensenkungspotenziale durch Lerneffekte und Standardisierung lassen sich hauptsächlich für Single-Name-Transaktionen realisieren, weil diese (von gleichen Vertragspartnern) regelmäßig durchgeführt werden können.

Ergebnis XVIII: Die Exitkosten behindern das Distressed Debt Investing nicht und können nur in Abhängigkeit von der gewählten Strategie ermittelt werden. Die Vorteile der Investoren beim Exit führen dazu, dass die Kosten des Investors geringer, die Zeit bis zur Realisierung des Exits kürzer und der Erlös aus dem Kredit höher sind als bei der Bank.

Informationseffizienz

Ergebnis XIX: Die zum Teil unzureichenden Informationen über Schuldner bzw. Kredit führen insoweit nicht zur Behinderung der Durchführung von Distressed-Debt-Transaktionen, als sie im Rahmen der Verhandlungen durch Garantieforderungen oder Preisabschläge berücksichtigt werden. Sie erhöhen aber die Gefahr eines Transaktionsabbruchs.

Ergebnis XX: Die Kalkulationsmodelle der Investoren und Banken gleichen sich an, so dass die Berücksichtigung von Workoutkosten und der Zeitspanne bis zur Realisierung des Forderungserlöses eine Transaktion nicht behindern. Unterschiedliche Kaufpreisvorstellungen beruhen vielmehr auf eventuellen Wertberichtigungen, die, abhängig von der Höhe, auf Grund der Verantwortung eher eine Single-Name-Transaktion als eine Portfoliotransaktion behindern.

5 Entwicklungsmöglichkeiten des Distressed Debt Investing

Im vierten Kapitel wurden Möglichkeiten und Grenzen des Distressed Debt Investing in Deutschland in Ergebnissen zusammengefasst. Als Grenzen haben sich besonders die rechtlichen Rahmenbedingungen, die Kosten der Transaktion sowie fehlende bzw. nicht ausreichende Wertberichtigungen herausgestellt. Aus den einzelnen Ergebnissen werden nun Aussagen über die zukünftige Entwicklung abgeleitet. Die Systematisierung erfolgt anhand der Art der Verbindlichkeit (Unternehmenskredit/Unternehmensanleihe) und der Transaktionsform (Single Name/Portfolio)

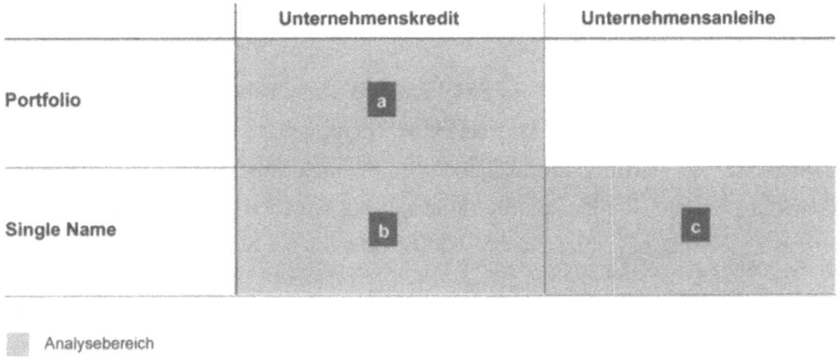

Abbildung 37: Analysebereiche des Distressed Debt Investing für Tendenzaussagen über die zukünftige Entwicklung[693]

a) Portfolio/Unternehmenskredit

Portfoliotransaktionen mit Unternehmenskrediten sind von der Fragmentierung des Marktes und dem damit verbundenen geringen Potenzial von Banken mit ausreichenden Volumina geprägt (Ergebnis IV). Banken müssen daher versuchen, die Kosten einer Transaktion für den Investor möglichst gering zu halten und die Wahrscheinlichkeit eines Abschlusses für ihn zu erhöhen (z.B. durch Exklusivität oder hohe Datenqualität). Eine wesentliche Reduktion der Kosten erscheint durch die geringe Standardisierung (z.B. Einzelbewertung der Kredite und Übernahme gesamter Vertragsverhältnisse) nicht möglich. Auch ist eine Realisierung der Kostensenkungspotenziale bei wiederholter Durchführung auf Bankenseite nicht zu erwarten, weil Portfoliotransaktionen der einmaligen Bilanzbereinigung dienen und nicht nachhaltig sind (Ergebnis XVII). Hier kann lediglich die fehlende Erfahrung von Banken durch die Hinzunahme von Spezialisten ausgeglichen werden (Ergebnis XV). Weiterhin sind deutsche Banken an einer Begrenzung des Marktvo-

[693] Eigene Darstellung.

lumens interessiert, weil das Firmenkundengeschäft einen Kernbereich darstellt und der Einstieg eines Investors in dieses Segment über die Akquisition von Sub- oder Non-Performing Loans verhindert werden soll. Vor allem bei Sub-Performing Loans besteht eine große Schnittstelle zum normalen Firmenkundengeschäft. Kulturelle Bedenken der verkaufenden Bank wegen ihrer Beziehung zu den Unternehmen (extern) und auch der zu erwartenden Wertberichtigungen (intern) müssen daher im Vorfeld durch die Geschäftsführung geklärt werden. Das Risiko einer negativen Berichterstattung steigt dabei mit der Anzahl von Krediten gegenüber unterschiedlichen Kreditnehmern. Externe kulturelle Barrieren sind aber generell abnehmend (Ergebnis XIV). Auch erwarten die Experten, dass die Wertberichtigungen bei Unternehmenskrediten höher sind als bei Immobilien, so dass ein großes zu rechtfertigendes Volumen entstehen kann (Ergebnis XX).

Auf Investorenseite muss man bei Portfoliotransaktionen neben den Kosten auf die Struktur der Kredite achten. Eine Massenrestrukturierung ist wegen der Kapazitäten nicht durchführbar. Bei Portfoliotransaktionen wird vielmehr eine Mischung aus Krediten zur Abwicklung (eher Non-Performing Loans) und Krediten zur Sanierung (eher Sub-Performing Loans) bevorzugt. Dabei können sowohl bei der Bewertung als auch beim Exit die Vorteile einer Standardisierung wie bei Immobilienkrediten nur zu einem geringen Teil realisiert werden. Beim Erwerb stehen neben aktiver Verwertung im Sinne der Liquidation besonders kontrollorientierte Strategien im Vordergrund. Passive Strategien sind zwar bei fungiblen Krediten auch möglich, aber wegen der geringen Anzahl eher selten beim Servicing eines Portfolios. Das Problem der Zustimmung bei der Übertragung von Krediten kann bezüglich eines Abtretungsverbots durch einen Share Deal gelöst werden, während das Problem der Informationsweitergabe bestehen bleibt und auf Grund der Anzahl der Kredite meist wesentlich ist (Ergebnis V).

Entwicklungstendenz I: Portfoliotransaktionen mit einem überwiegenden Anteil von Unternehmenskrediten werden nur sehr selektiv durchgeführt. Eine Häufigkeit sowie ein Volumen ähnlich dem von Immobilientransaktionen ist nicht zu erwarten. Portfoliotransaktionen mit Unternehmenskrediten treten weiterhin zeitlich begrenzt auf bzw. haben einmaligen Charakter. Während große Banken auf Grund ihres Distressed-Debt-Volumens Vorreiter beim Verkauf von Distressed Corporate Debt sind, können kleinere Institute folgen, soweit sie die Rahmenbedingungen der Dealeffizienz beachten. Portfoliotransaktionen von Distressed Corporate Loans sind in ihrer Anzahl aber sehr gering und entsprechend der Volumina ziehen sich größere Investoren aus dem Markt zurück und ermöglichen den Einstieg kleiner Investoren.

b) Single Name/Unternehmenskredit

Die Entwicklung von Single-Name-Transaktionen wird differenziert nach fungiblen und nicht-fungiblen Krediten.

Bei Single-Name-Transaktionen nicht-fungibler Kredite besteht zunächst das Problem der Identifikation von Investitionsmöglichkeiten auf Grund der hohen Internalisierung von Informationen. Dies muss von den Investoren durch ein funktionierendes Netzwerk ausgeglichen werden (Ergebnis III und IV). Weitere Grenzen können durch die rechtlichen Rahmenbedingungen entstehen (Ergebnis V-VIII). Hier zeigt sich, dass eine Unterbeteiligung als Option von Banken auf Grund des zusätzlichen Koordinationsaufwands und der teilweise unangenehmen Rolle als Ausführungsorgan des Investors nur zum Teil akzeptiert wird. Sie ist aber eine Lösung, wenn der Schuldner der Übertragung nicht zustimmt oder der Investor eine Bankerlaubnis (Ergebnis VII) benötigt, sie aber nicht besitzt. Daher wird, soweit erforderlich, bei einer Single-Name-Transaktion die Zustimmung des Schuldners forciert, was auch die externen kulturellen Probleme löst (Ergebnis XIV). Die Zustimmung hat bei Sanierungs- bzw. Restrukturierungsabsichten des Investors eine große Wahrscheinlichkeit auf Erfolg und wird seit etwa zwei Jahren von den Kreditnehmern bereits im Kreditvertrag festgelegt (Asset Trading Clause). Bei Sub-Performing Loans ist die Zustimmung für die Marktentwicklung bedeutend, weil Bankgeheimnis und die Beschränkungen des § 203 StGB bei den Experten als großes Markthemmnis gelten (Ergebnis V). Das erklärt den Vorteil und deswegen hohen Anteil von Non-Performing Loans, bei denen solche Probleme nach herrschender Rechtsauffassung nicht existieren. Non-Performing Coporate Loans sind aber für Single-Name-Transaktionen wegen der meist geringen Restwerte und geringen Chance auf eine erfolgreiche Restrukturierung für Investoren uninteressant. Hier gibt es in der Regel nur noch wenig Spielraum. Sub-Performing Loans hingegen eignen sich besonders für die kontrollorientierten aktiven Investoren, für die eine Bankerlaubnis von großer Bedeutung ist. Bei dieser Anlagestrategie sind besonders auch die Vorschriften eigenkapitalersetzender Darlehen (Ergebnis XI) und ebenso das Risiko der Verweigerung der Zustimmung seitens der Eigentümer zu einem außergerichtlichen Debt-Equity Swap (Ergebnis XIII) zu beachten. In der Insolvenz ist die bisher geringe Anwendung des Insolvenzrechts und die meist späte Anmeldung des Verfahrens zu beachten (Ergebnis IX). Rein passive Strategien sind in diesem Bereich nicht bzw. nur als Co-Investoren zu erwarten.

Ein weiteres Markthemmnis, besonders für Sub-Performing Loans, sind Wertberichtigungen. Ist die Differenz zwischen Kaufpreis und Buchwert im Verhältnis zur Kredithöhe wesentlich, kann trotz eines Angebotes vom Investor, das über dem Barwert liegt, eine Transaktion nicht zu Stande kommen (Ergebnis XX). Dagegen wird als Folge der zunehmende Standardisierung und Häufigkeit der Transaktionen bei nicht-fungiblen Krediten mit einer Realisierung der Kostensenkungspotenziale gerechnet, so dass sich die Mindestvolumina von derzeit ca. 20-50 Mio. EUR reduzieren werden (Ergebnis XVII). Auch ein weiterer Einkauf der Investoren im Sinne einer Erhöhung des Engagements ist möglich, weil durch Portfoliotransaktionen oder durch Kauf von Poolkrediten detaillierte Daten über die Unternehmen bereits vorhanden sind.

Fungible Kredite besitzen den Vorteil der leichteren Identifikation und Handelbarkeit, aber ihr Volumen ist im Vergleich zum Gesamtmarkt der Distressed Loans noch sehr gering. Soweit keine Bankerlaubnispflichten greifen, existieren keine Hemmnisse beim Kauf bzw. Verkauf. Investoren dieser Kredite können sowohl aktive als auch passive Strategien verfolgen. Durch den Handel mit den Krediten existieren weiterhin Preise und mit Wertberichtigungen als Barriere auf Seiten der Banken ist nicht zu rechnen. Die Entwicklung dieses Bereichs wird wesentlich beeinflusst durch Krisen von Großunternehmen, die an der Börse gelistet sind. Darüber hinaus entwickelt sich ein Bereich von Krediten, die auf Grund der Zustimmung des Schuldners und "investorengerechter" Aufbereitung der Kreditakten leicht handelbar, aber öffentlich nicht bekannt sind.

Entwicklungstendenz II: Neben dem Verkauf und Handel von fungiblen Krediten entwickelt sich zunehmend ein Verkauf von nicht-fungiblen Krediten, und feste Standards etablieren sich. Diese Tendenz wird von der steigenden Akzeptanz des Kreditverkaufs und der Zustimmung der Kreditnehmer in den Kreditverträgen gefördert, so dass auch verstärkt Sub-Performing Loans gehandelt werden, soweit interne kulturelle Barrieren es nicht verhindern.

c) Single Name/Unternehmensanleihe

Das Volumen potenzieller Investitionsmöglichkeiten in Deutschland ist durch die bankenorientierte Unternehmensfinanzierung sehr begrenzt. Zwar wird mit einem zunehmenden Wandel im Rahmen der Basel-II-Richtlinien sowie dem Ende des Hausbankprinzips gerechnet, aber das beeinflusst den Kapitalmarkt erst langfristig und führt nicht zu einem bedeutenden Distressed-Bond-Volumen (Ergebnis I). Eine Aussage zur Entwicklung ist auch abhängig von der zukünftigen Streuung der Anleihemissionen, weil die Durchführung eines Distressed Corporate Bond Investment wesentlich von der Identifikation der Anleihegläubiger abhängt und deren Anonymität die Transaktion verhindern kann (Ergebnis XVI). Holdout-Probleme durch das Schuldverschreibungsgesetz (Ergebnis XII) können begrenzt werden, führen aber dazu, dass, je nach Anteil des Investors, seine Strategie behindert wird bzw. seine Rendite sich zugunsten der Holdout-Gläubiger verringert.

Entwicklungstendenz III: Die Investition in Distressed Corporate Bonds spielt in den nächsten Jahren keine wichtige Rolle, die Bedeutung wird aber tendenziell zunehmen.

Allgemeine Entwicklung

Die allgemeine Entwicklung des Distressed Debt Investing wird charakterisiert vom zukünftigen Marktvolumen und von der Ausgestaltung des Marktes.

- **Marktvolumen**

  Unabhängig von der konjunkturellen Entwicklung wird zunächst vermutet, dass das Distressed-Debt-Volumen der Banken nicht wieder übermäßig ansteigt, so dass weitere Portfolio Verkäufe notwendig werden. Dies ergibt sich aus der Bearbeitung des eigenen Workouts sowie dem Verkauf von Single Names, der ausreicht, um das Volumen zu stabilisieren (negative konjunkturelle Entwicklung) oder zu verringern (positive konjunkturelle Entwicklung). Ein liquider Handel mit Single Names verhindert somit das Entstehen von Portfoliovolumina. Soweit Banken die Voraussetzungen für einen Distressed-Loan-Verkauf erfüllen (Entscheidung zum Verkauf, Preisakzeptanz, Mindestvolumen bzw. Dealeffizienz), ist in diesem Umfeld auch ein Outsourcing der Problemkreditbearbeitung bzw. der regelmäßige Verkauf an designierte Workout-Plattformen, etwa die Delmora Bank oder die SGK, möglich.[694] Dies kann z.B. aus dem Reengineering der klassischen Wertschöpfungskette der Banken resultieren, weil der Bereich nicht zu deren Kernkompetenzen zählt.[695]

- **Ausgestaltung des Marktes**

  Aussagen über die Form des zukünftigen Handels von Distressed Corporate Debt sind nur begrenzt möglich. Die Marktteilnehmer gehen in erster Linie weiterhin von einem nicht-organisierten Markt aus. Hinderlich sind die rechtlichen Probleme durch das Bankgeheimnis, § 203 StGB und die fehlende Standardisierung bei Unternehmenskrediten sowohl in Bezug auf die Vertragsausgestaltung als auch auf die unterschiedlichen Vertragsformen. Weitere Gründe sind die fehlenden oder nicht ausreichenden Wertberichtigungen der Banken mit dem Einfluss auf den Preis, eine einheitliche Bewertung (Rating) und externe kulturelle Barrieren. Es sind aber Bestrebungen erkennbar, einen elektronischen Markt für Distressed Debt zu etablieren, wie die Entwicklung der Kreditbörse "DebtX" zeigt.[696]

---

694 S. auch Jobe (2005), S. 234; Müller/Fentz (2005), S. 302ff. Das Outsourcing der Problemkreditabteilung wird eher im Hinblick auf das Mengengeschäft bezogen und Konsumentenforderungen zugeordnet. Vgl. Klöckner (2005), S. 334; Lehrach/Steffani (2005), S. 35. Beispiel im Immobilienbereich ist das Servicing der Aareal Hypotheken-Management (AHM) für ein Portfolio der Hypo Real Estate (i.H.v. 5,8 Mrd. EUR). Vgl. Steinbarth et al. (2005), S. 9. An einem reinen Servicing sind Distressed-Debt-Investoren nicht interessiert (eher Inkassounternehmen).

695 Das Ergebnis einer Bankenbefragung zeigt, dass für nur 9,2% der Kreditinstitute die Abwicklung eine Kernkompetenz ist. Vgl. Stachuletz/Herr (2005), S. 62ff.

696 Die Bestrebungen der Deutschen Kreditbörse AG und DebtX für einen Distressed-Corporate-Debt-Handel sind bisher ohne Erfolg. Vgl. Christians (2005), S. 26.

Während ein Distressed-Debt-Markt sowohl aus Anleihen und Krediten besteht, zeigt sich für Deutschland die Dominanz der Distressed Loans. Auf Grund der rechtlichen und kulturellen Barrieren beim Verkauf von Sub-Performing Loans überwiegt bei Transaktionen der Anteil der Non-Performing Loans. Dies hat in Deutschland zu der Bezeichnung "**Non-Performing-Loan-Markt**" geführt und wird meist mit dem Verkauf von privaten oder gewerblichen **Immobilienkrediten** in Verbindung gebracht.

Die Arbeit hat gezeigt, dass derzeit ein Markt für Unternehmenskredite entsteht, auf dem seitens der Investoren ein großes Interesse an Sub-Performing Loans vorhanden ist. Transaktionen in diesem Bereich werden zunehmen. Dabei existieren unterschiedliche Entwicklungen für Single-Name- (fungible und nicht-fungible Kredite) und Portfoliotransaktionen. Als Ergebnis wird sich ein **Distressed-Corporate-Loan-Markt** entwicklen, der, bedingt durch den Single-Name-Bereich, nachhaltig sein wird.

Anhang

Anhang 1: Elemente der Commercial, Financial und Legal Due Diligence

- **Commercial Due Diligence**
  Die Commercial Due Diligence bzw. Market Due Diligence bezeichnet eine Untersuchung marktnaher Faktoren des Unternehmens und des Marktes selbst. Inhalte sind z.B.:
  - Analyse der Positionierung der einzelnen Unternehmensbereiche und des Wettbewerbs
  - Stärken-Schwächen und Chancen-Risiko-Profil des Unternehmens (Ausgangspunkt für Restrukturierungsansätze)

- **Financial Due Diligence**
  Die Financial Due Diligence zielt auf das Verständnis der finanziellen Situation des Unternehmens und möglicher Einflüsse auf die Entwicklung ab. Sie gilt als wesentlicher Schritt zur Bewertung des Unternehmens anhand der Commercial Due Diligence:[697]
  - Übersicht der Unternehmensstruktur sowie der Sicherheiten (z.B. von Tochterunternehmen und deren rechtliche Einbindung oder deren Eigentumsverhältnisse im Hinblick auf die Bewertung von Sicherheiten)
  - Analyse der aktuellen und historischen Unternehmensfinanzen (z.B. Margenentwicklung, Investitionen, zyklische Abhängigkeit, Entwicklung der Passivseite)
  - Prognose über die Entwicklung der Unternehmensfinanzen (z.B. Zeitpunkt eines möglichen Liquiditätsengpasses oder einer möglichen Überschuldung)
  - Analyse und Bewertung von Vergleichsunternehmen (Bewertungsspielraum für das Zielunternehmen)

- **Legal Due Diligence**
  Die Legal Due Diligence hängt eng mit der Financial Due Diligence zusammen, weil viele Aussagen über den Wert der Verbindlichkeiten auf rechtlichen Grundlagen beruhen. Sie ist daher vielmehr eine rechtliche und wirtschaftliche Analyse und ermöglicht das gezielte Aushandeln von vertraglichen Gewährleistungen und Garantien. So gilt es z.B. folgende Aspekte rechtlich zu prüfen:[698]
  - Wirksamkeit der Kreditverträge und Sicherheitenbestellungen, insbesondere Grundschulden einschließlich Rang und vorrangiger Drittlasten
  - Stand von Zwangsvollstreckungs- und Insolvenzverfahren
  - Verjährungsprobleme und Formerfordernisse
  - Rechtliche Hemmnisse bei der Übertragung des Kredites

---

697 Vgl. Lang (2002), S. 50ff unter Berücksichtigung der wesentlichen Aspekte für eine Investition in Fremdkapital.

698 Vgl. ashurst (2005a), S. 4.

Anhang 2: Distressed Corporate Bonds per Juli 2005

Unternehmen	Fälligkeit	Emissionsvolumen	Bemerkung
• Brokat Technologies AG	02/2010	125 Mio. EUR	WKN: 522192
• Muehl Produkt & Service AG	07/2009 03/2005	60 Mio. EUR 51 Mio. EUR	WKN: 200151 WKN: 350417
• Rinol AG	10/2006	66 Mio. EUR	WKN: 350496
• Deutsche Nickel Ltd. [2)]	12/2006	120 Mio. EUR	WKN: 241796
• Schefenacker	02/2014	200 Mio. EUR	WKN: A0AYY4
Summe:		**622 Mio. EUR**	

1) Ohne Wandelschuldverschreibungen: Augusta Technologies AG, Deutz AG, Gold-Zack AG, Deutsche Entertainment AG, Plambeck Neue Energien AG und der WAPME Systems AG
2) Vorher Deutsche Nickel AG

Quelle: Eigene Darstellung in Anlehnung an Daten aus Onvista (2005).

Anhang 3: Asset Trading Clause – Mustervertrag Bundesverband deutscher Banken

Die Bank darf zum Zwecke der Eigenkapitalentlastung oder der Risikodiversifizierung das wirtschaftliche Risiko der Darlehensgewährung ganz oder teilweise auf Dritte übertragen; dies kann z. B. durch Kreditderivate, Veräußerung der Kreditforderungen oder durch Kreditunterbeteiligungen erfolgen, wobei die Kreditforderungen – einschließlich etwaiger zugehöriger Sicherheiten – in diesem Zusammenhang insbesondere auch abgetreten oder verpfändet werden können. Verfügungen über die Rechte aus diesem Vertrag sind auch zur Refinanzierung zulässig. Die Bank darf die hierfür erforderlichen Informationen an den Dritten sowie an solche Personen weitergeben, die aus technischen oder rechtlichen Gründen in die Abwicklung der Übertragung einzubinden sind, z.B. Rating-Agenturen oder Wirtschaftsprüfer. Der Darlehensnehmer befreit die Bank insoweit auch vom Bankgeheimnis. Des Weiteren darf die Bank das wirtschaftliche Risiko der Darlehensgewährung in anonymisierter Form (z. B. im Rahmen von Asset-Backed-Securities-Transaktionen) ganz oder teilweise auf einen Erwerber übertragen.

Dritter kann ein Mitglied des europäischen Systems der Zentralbanken, ein Kreditinstitut, Finanzdienstleistungsinstitut, Finanzunternehmen, Versicherungsunternehmen, Versorgungswerk, eine Pensionskasse, eine Kapitalanlagegesellschaft oder eine Kapitalsammelstelle sein.

Die Bank wird den Dritten sowie ggf. weitere in Abs. 1 genannten Personen vor Weitergabe der übermittelten Informationen im Rahmen einer Vertraulichkeitserklärung verpflichten, soweit eine solche Verpflichtung nicht bereits auf Grund gesetzlicher oder berufsständischer/berufsüblicher Regelungen besteht. Die Vertraulichkeit beinhaltet, Verschwiegenheit über alle kundenbezogenen Daten und Wertungen zu wahren, von denen sie anlässlich der Übertragung des Kreditrisikos Kenntnis erlangen, und von den übermittelten Informationen nur in dem Umfang Gebrauch zu machen, wie dies zur Durchführung der bezeichneten Maßnahmen erforderlich ist. Die Bank wird sich dem Empfänger des Kreditrisikos gegenüber verpflichten, vor der Übertragung von Rechten aus dem Vertrag und der Weitergabe von Informationen auch an weitere Empfänger mit diesen jeweils eine entsprechende Vertraulichkeitsvereinbarung zu treffen.

Anhang 4: Interviewleitfaden

Interviewleitfaden
Möglichkeiten und Grenzen des
Distressed Debt Investing
in Deutschland

Roland Berger
Strategy Consultants

UNIVERSITÄT ROSTOCK

Struktur des Interviewleitfadens

A. Angaben zur Person und zur Gesellschaft

B. Institutionelle Effizienz

Absolutes und relatives Transaktionsvolumen

Ausgestaltung des Finanzsystems

Bankgeheimnis und Datenschutz

Notwendigkeit einer Bankerlaubnis

Relevanz der deutschen Insolvenzordnung

Sonstige rechtliche Rahmenbedingungen und kulturelle Barrieren

C. Operationelle Effizienz

Grad der Spezialisierung und Erfahrung

Kosten der Transaktionsvorbereitung und Vertragsdurchführung

Kosten des Verkaufs/Exits

D. Informationseffizienz

Kenntnisstand der Marktteilnehmer

Auswertung von Informationen

E. Marktentwicklung

Interviewleitfaden
Möglichkeiten und Grenzen des
Distressed Debt Investing
in Deutschland

Roland Berger
Strategy Consultants

UNIVERSITÄT ROSTOCK

Vertraulichkeit

Es wird versichert, dass alle Angaben streng vertraulich und anonym wiedergegeben werden, d.h. es werden keine Aussagen mit Ihrem Namen oder Institut in Verbindung gebracht. Die erhobenen Daten werden ausschließlich für die Zwecke dieser Untersuchung erhoben.

A. Angaben zur Person und zur Gesellschaft

Name:____________________________________

Abteilung:_________________________________

Funktion:__________________________________

Firma:____________________________________

E-mail:___________________________________

1. Seit wie vielen Jahren beschäftigt sich Ihre Firma mit Distressed Debt Investing in Deutschland? In welchem Bereich?

2. Ist Ihre Firma/Abteilung auf eine Art des Distressed Debt oder eine bestimmte Transaktionsform spezialisiert?

3. In welcher Höhe hat ihre Firma/Abteilung bereits Distressed-Debt-Transaktionen in Deutschland durchgeführt?

Interviewleitfaden
Möglichkeiten und Grenzen des
Distressed Debt Investing
in Deutschland

Roland Berger
Strategy Consultants

UNIVERSITÄT ROSTOCK

B. Institutionelle Effizienz

B.1 *Absolutes und relatives Transaktionsvolumen*

4. Wie hoch schätzen Sie ist das aktuelle (2005) Nominalvolumen des deutschen Distressed-Debt-Marktes in Mrd. EUR ein?
5. Inwiefern hat sich das Distressed-Debt-Angebot gegenüber 2004 in Deutschland verändert (Angebotsstruktur/Angebotsvolumen)?

B.2 Marktorientiertes vs. bankenorientiertes Finanzsystem

6. Welche Vor- und Nachteile sehen Sie in der starken Rolle der Banken als Unternehmensfinanzierer (bankorientiertes Finanzsystem) für das Distressed Debt Investing in Deutschland?
7. Welche Vor- und Nachteile sehen Sie in der starken Fragmentierung des Bankenmarktes für das Distressed Debt Investing in Deutschland?

B.3 Bankgeheimnis und Datenschutz

8. Inwieweit schätzen Sie das Bankgeheimnis und den Datenschutz als Barriere für den Handel von ungekündigten Krediten ein? Gibt es diesbezüglich größere Probleme bei den derzeitigen Transaktionen?
9. Welche Möglichkeiten/Transaktionsformen existieren, um mit diesem Problem umzugehen?

B.4 Notwendigkeit einer Bankerlaubnis

10. Welche Vor- oder Nachteile sehen Sie beim Erwerb einer Banklizenz durch Distressed-Debt-Investoren?
11. Welche Probleme haben derzeit Investoren ohne Bankerlaubnis beim Erwerb von Distressed Debt?

Interviewleitfaden
Möglichkeiten und Grenzen des
Distressed Debt Investing
in Deutschland

Roland Berger
Strategy Consultants

UNIVERSITÄT ROSTOCK

B.5 Relevanz der deutschen Insolvenzordnung

12. Sehen Sie Nachteile durch die Ausgestaltung des deutschen Insolvenzrechts in Bezug auf das Distressed Debt Investing gegenüber USA? Hat die Ausgestaltung Einfluss auf die Attraktivität des Marktes?
13. Sehen Sie Nachteile in der bisher geringen Anwendung der Möglichkeiten von Insolvenzplan und Eigenverwaltung für den Distressed-Debt-Markt?

B.6 Sonstige rechtlichen Rahmenbedingungen und kulturelle Barrieren

14. Existieren sonstige rechtliche Regelungen, die das Distressed Debt Investing in Deutschland maßgeblich beeinflussen? (z.B. Sicherheitenpools/Konsortialkredite/ Steuern)?
15. Sind Sie der Meinung, dass kulturelle Barrieren derzeit die Banken noch davon abhalten, aktiven (öffentlichen) Handel mit Distressed Debt in Form von Unternehmenskrediten zu betreiben?

C. Operationelle Effizienz

C.1 Grad der Spezialisierung und Erfahrung

16. Welche wesentlichen Unterschiede existieren bei einer Transaktion mit Unternehmensverbindlichkeiten im Vergleich zu Immobilienkrediten? Welche Anforderungen resultieren daraus an den Investor?

C.2 Kosten der Transaktionsvorbereitung und Vertragsdurchführung

17. Welche sind die wesentlichen Kostenblöcke/Kostentreiber bei einer Transaktion aus der Sicht des Verkäufers/Sicht des Käufers und welchen Anteil haben diese am Transaktionsvolumen?

C.3 Kosten des Verkaufs/Exits

18. Welche Gründe sehen Sie für eine höhere Effizienz der Investoren/Servicer bei der Abarbeitung von Distressed Debt bei Unternehmen?
19. Existieren Exit-Strategien, die sich nicht oder nur begrenzt für den deutschen Distressed-Debt-Markt für Unternehmensverbindlichkeiten eignen?

Interviewleitfaden
Möglichkeiten und Grenzen des
Distressed Debt Investing
in Deutschland

Roland Berger
Strategy Consultants

UNIVERSITÄT ROSTOCK

D. Informationseffizienz

D.1 Kenntnisstand der Marktteilnehmer

20. Sind potenzielle Investitionsmöglichkeiten allen Marktteilnehmern bekannt?
21. Spielen Informationsasymmetrien beim Kauf eine wesentliche Rolle bzw. werden diese nicht bereits durch eine Due Diligence abgebaut?

D.2 Auswertung von Informationen

22. Welche Unterschiede existieren in der Interpretation der Kreditdaten zwischen Bank und Investor (z.B. Bewertungsverfahren)?

F. Marktentwicklung

23. Welche Entwicklungstendenzen erwarten Sie für den Distressed-Debt-Markt (Gesamt und Unternehmensverbindlichkeiten)?

Welche der untersuchten Faktoren kann bzw. wird ihrer Meinung nach die Entwicklung eines Distressed-Debt-Marktes für Unternehmensverbindlichkeiten am meisten behindern?

Literaturverzeichnis

Altman, E. I. (1968): Financial Ratios, Discriminant Analysis and the Prediction of Corporate Bankruptcy, in: Journal of Finance, Vol. 23, 1968, S. 589-609.

Altman, E. I. (1993): Corporate Financial Distress and Bankruptcy: A Complete Guide to Predicting & Avoiding Distress and Profiting from Bankruptcy, 2. Aufl., New York u.a., John Wiley & Sons, 1993.

Altman, E. I. (1999): Distressed Securities - Analyzing and Evaluating Market Potential and Investment Risk, Washington, D.C., Beard Books, 1999.

Altman, E. I. (2000): Predicting Financial Distress of Companies: Revisiting the Z-Score and ZETA Models, New York, Leonard N. Stern School of Business, July 2000.

Altman, E. I. (2005): Defaults and Returns in the High Yield Bond Market: Size of Distressed Debt Market and Default Outlook for 2005-2006, New York, Leonard N. Stern School of Business, 2005.

Altman, E. I. / Bana, G. (2003): Defaults and Returns on High Yield Bonds: The Year 2002 in Review and the Market Outlook, New York, Leonard N. Stern School of Business, 2003.

Altman, E. I. / Brady, B. / Resti, A. / Sironi, A. (2003): The Link between Default and Recovery Rates: Theory, Empirical Evidence and Implications, New York, Leonard N. Stern School of Business, 2003.

Altman, E. I. / Fanjul, G. (2004): Defaults and Returns in the High Yield Bond Market: The Year 2003 in Review and Market Outlook, New York, NYU Salomon Center; Special Report, 2004.

Altman, E. I. / Gande, A. / Saunders, A. (2004): Informational efficiency of loans versus bonds: Evidence from secondary market prices, New York, Dezember 2004.

Altman, E. I. / Kishore, V. M. (1999): Almost everything you wanted to know about recoveries on defaulted bonds, in: **Barnhill, T. M. / Maxwell, W. F. / Schenkman, M. R. (Hrsg.):** High Yield Bonds: Market Structure, Portfolio Management, and Credit Risk Modeling, New York, 1999, S. 104-117.

Altman, E. I. / Kumar, R. (2004): The Investment Performance and Market Size of Defaulted Bonds and Bank Loans in 2003: Outlook for 2004/2005, NYU Salomon Center; Special Report, 2004.

Altman, E. I. / Resti, A. / Sironi, A. (2004): Default Recovery Rates in Credit Risk Modelling: A Review of the Literature and Empirical Evidence, in: Economic Notes - Review of Banking, Finance and Monetary Economics, Vol. 33, No. 2, Juli 2004, S. 183-208.

Anders, D. (2004): Ausgewählte Rechtsfragen zum Handel mit "Non-Performing-Loans", in: **Hochschule für Bankwirtschaft (Hrsg.):** Aktuelle Fragen des Bank- und Kapitalmarktrechts Non-Performing-Loans / Faule Kredite - Handel, Work-Out, Outsourcing und Securitisation, Farnkfurt am Main, 2004, S. 7-19.

Anson, M. J. P. (2002): A Primer on Distressed Debt Investing, in: The Journal of Private Equity, Vol. 5, No. 3, 2002, S. 6-17.

ashurst (2005a): Der Darlehensverkauf durch Kreditinstitute in Deutschland, www.ashurst.de, Stand: 15.7.2005.

ashurst (2005b): Distressed Debt: Kotrollerwerb an Krisengesellschaften, www.ashurst.de, Stand: 15.7.2005.

Asquith, P. / Gertner, R. / Scharfstein, D. (1994): Anatomy of Financial Distress: An Examiniation of Junk-Bond Issuers, in: The Quarterly Journal of Economics, Vol. 109, 1994, S. 625-658.

Augusta AG (2005): Bekanntmachung über die Kapitalherabsetzung sowie über die Erhöhung des herabgesetzten Grundkapitals im Wege von Sachkapitalerhöhungen, Frankfurt am Main, 2005.

Aulibauer, A. (2002): Geldtheorie und Kapitalmarktbewertung, Hamburg, Dr. Kovac, 2002.

Baetge, J. / Dossmann, C. / Kruse, A. (2000): Krisendiagnose mit Künstlichen Neuronalen Netzen, in: **Hauschildt, J. / Leker, J. (Hrsg.):** Krisendiagnose durch Bilanzanalyse, 2. Auflage, Köln, Dr. Otto Schmidt, 2000, S. 179-220.

Bank für Internationalen Zahlungsausgleich (2004): 74. Jahresbericht, Basel, Juni 2004.

Bankaktiengesellschaft Hamm (2005): Geschäftsbericht 2004, Hamm, 2005.

Bankruptcy Judges Division (2004): Bankruptcy Basics, Administrative Office of the United States Court, 2004.

Bankruptcy Judges Division (2005): Bankruptcy Basics (Applicable to Cases Filed on or after October 17, 2005), Administrative Office of the United States Court, 2005.

Bary, A. (2002): Distress Call, in: Barron's, Vol. 82, No. 33, 2002, S. 21-24.

Bary, A. (2004): Heavy Metal, www.barrons.com, Stand: 16.11.2004.

Basler Ausschuss für Bankenaufsicht (2004): Internationale Konvergenz der Kapitalmessung und Eigenkapitalanforderungen, Juni 2004.

Beck, W. (2004): Rinol gewinnt mehr Zeit für Sanierung, in: Stuttgarter Nachrichten vom 8.10.2004, S. 12.

Becker, W. (2004): Deutsche Bank führt Augusta den Senator-Film vor, in: Börsen Zeitung vom 4.11.2004, S. 11.

Becker, W. (2005): Über faule Kredite ins Eigenkapital, in: Börsen Zeitung vom 18.6.2005, S. 12.

Berekoven, L. / Eckert, W. / Ellenrieder, P. (2001): Marktforschung, 9. Auflage, Wiesbaden, Gabler, 2001.

Berens, W. / Strauch, J. (1998): Herkunft und Inhalt des Begriffes Due Diligence, in: **Berens, W. / Brauner, H. U. (Hrsg.):** Due Diligence bei Unternehmensakquisitionen, Stuttgart, Schäffer-Poeschl, 1998, S. 3-19.

Bernet, B. (2003): Institutionelle Grundlagen der Finanzintermediation, München, Oldenbourg, 2003.

Betker, B. L. (1995): Management's Incentives, Equity's Bargaining Power, and Deviations from Absolute Priority in Chapter 11 Bankruptcies, in: Journal of Business, Vol. 68, No. 2, April 1995, S. 161-183.

Betker, B. L. (1997): The Administrative Costs of Debt Restructurings: Some Recent Evidence, in: Financial Management, No. 4, 1997, S. 56-68.

Betsch, O. / Groh, A. P. / Lohmann, L. G. E. (2000): Corporate Finance: Unternehmensbewertung, M&A und innovative Kapitalmarktfinanzierung, 2. Auflage, München, 2000.

Bettelhäuser, A. (2005): Analyse und Steuerung des Problemkredites, in: **Jobe, C. J. / Stachuletz, R. (Hrsg.):** Workout - Management und Handel von Problemkrediten, Frankfurt am Main, Bankakademie, 2005, S. 125-160.

Bhaktavatsalam, S. (2004): Distressed Debt, Turnaround Firms Resume Fund-Raising, in: Dow Jones Corporate Filings Alert vom 15.10.2004.

Bienert, H. (1996): Der Marktprozess an Aktienbörsen, Wiesbaden, Gabler, 1996.

Blochwitz, S. / Eigermann, J. (2000): Krisendiagnose durch quantitatives Credit-Rating mit Fuzzy-Regeln, in: **Hauschildt, J. / Leker, J. (Hrsg.):** Krisendiagnose durch Bilanzanalyse, 2. Auflage, Köln, Dr. Otto Schmidt, 2000, S. 240-266.

Bloomenthal, W. J. (1996): Investing in Distressed Securities, in: Journal of Applied Corporate Finance, Vol. 9, 1996, S. 79-87.

Bolder, M. / Lehrbaß, F. / Zimmer, K. A. (2005): Non-Performing Loans in Deutschland - Wachstumsmarkt oder Strohfeuer, in: Die Bank, Nr. 2, 2005, S. 14-17.

Boot, A. W. A. (2000): Relationship Banking: What Do We Know?, in: Journal of Financial Intermediation, Vol. 9, 2000, S. 7-25.

Bortz, J. / Döring, N. (2002): Forschungsmethoden und Evaluation für Human- und Sozialwissenschaftler, 3. Auflage, Berlin u.a., Springer, 2002.

Bowman, L.-. (2005): The Big Squeeze, in: International Securitisation Report, April 2005, S. 21-24.

Braham, L. (2001): Vulture Investing, in: Business Week, Vol. 3746, 2001, S. 166.

Branch, B. (2002): The Costs of Bankruptcy - A Review, in: International Review of Financial Analysis, Nr. 11, 2002, S. 39-57.

Braunschweig, C. (2002): CalSTRS Ponders Distressed Debt, in: Private Equity Week, Vol. 9, No. 6, 2002, S.10.

Bris, A. / Welch, I. / Zhu, N. (2004): The Costs of Bankruptcy, Yale ICF Working Paper No. 04-13, 2004.

Brooks, A. (1995): Making a profit out of a crisis, in: International Securities Lending, 4. Quartal 1995, S. 26-28.

Brown, T. / James, C. M. / Mooradian, R. M. (1993): The information content of distressed restructurings involving public and private debt claims, in: Journal of Financial Economics, Vol. 33, 1993, S. 93-118.

Brühl, V. (1999): Kreditrisiken in der Unternehmensbewertung, in: Die Bank, Nr. 7, 1999, S. 475-461.

Brush, M. (2002): A safer way to bet on bankrupt companies, http://moneycentral.msn.com/articles/invest/company/8824.asp, Stand: 8.11.2004.

Buehler, K. S. / D'Silva, V. / Wang, Z. (2003): The allure of distressed debt, in: The McKinsey Quaterly, No. 1, 2003, S. 21-25.

Bundesanstalt für Finanzdienstleistungsaufsicht (2002a): Anschreiben zum zweiten Entwurf der MaK vom 2. Oktober 2002, Bonn, 2002a.

Bundesanstalt für Finanzdienstleistungsaufsicht (2002b): Rundschreiben 34/2002 (BA) - Mindestanforderungen an das Kreditgeschäft der Kreditinstitute (MaK), 20. Dezember 2002b.

Bundesanstalt für Finanzdienstleistungsaufsicht (2005a): Dritte Sitzung des MaRisk-Fachgremiums, 20.-22. Juni 2005a.

Bundesanstalt für Finanzdienstleistungsaufsicht (2005b): Erste Sitzung des MaRisk-Fachgremiums, 7./8. April 2005b.

Bundesanstalt für Finanzdienstleistungsaufsicht (2005c): Konsultation 07/05 - Zweiter Entwurf der Mindestanforderungen an das Risikomanagement (MaRisk), 22. September 2005c.

Bundesministerium für Finanzen (2004): Umsatzsteuer beim Forderungskauf und Forderungseinzug, Berlin, 3. Juni 2004.

Burger, A. / Buchhart, A. (1999): Vulture Investing und Insolvenz, in: Finanz Betrieb, Nr. 8, 1999, S. 189-193.

Burgmaier, S. / von Haake, B. / Ruess, A. (2004): Neue Herren, in: Wirtschaftswoche, Nr. 46, 2004, S. 42-51.

Büschgen, H. (1998): Bankbetriebslehre, 5. Auflage, Wiesbaden, Gabler, 1998.

Cadwalader Wickersham & Taft LLP (2004): Opportunities and Challenges in the German Non-Performing Loan Market, http://www.cadwalader.com/assets/client_friend/GermanNPLMarket06-May-04.pdf, Stand: 20.2.2005.

Cahn, A. (2004): Bankgeheimnis und Forderungsverwertung, Frankfurt am Main, Institute for Law and Finance, Johann Wolfgang Goethe-Universität, Working Paper Series No. 32, 2004.

Cahn, A. (2005): Gesellschafterfremdfinanzierung und Eigenkapitalersatz, Frankfurt am Main, Institute for Law and Finance, Johann Wolfgang Goethe-Universität, Working Paper Series No. 37, 2005.

Canals, J. (1997): Universal Banking: International Comparisons and Theoretical Perspectives, Oxford, 1997.

Celarier, M. (2005): Eddie Lampert's Big Retailling Play, http://www.iddmagazine.com, Stand: 17.1.2005.

Cerberus Group (2003): Eine Einführung in die Cerberus Group, 2003.

Chatterjee, S. / Dhillon, U. S. / Ramirez, G. G. (1996): Resolution of Financial Distress: Debt Restructurings via Chapter 11, Prepackaged Bankruptcies, and Workouts, in: Financial Management, Vol. 25, No. 1, 1996, S. 5-18.

Chatterji, S. / Hedges, P. (2001): Loan workouts and debt for equity swaps, Chichester, John Wiley & Sons Ltd., 2001.

Chen, N. (2003): An Empirical Study of a Firm's Debt Restructuring Choices: Chapter 11 vs. Workouts, New York, Columbia University, November 2003.

Chillemi, J. (2005): Distressed Debt Investing, http://www.pictet.com/de/home/services/privateequity, Stand: 1.9.2005.

Christians, U. (2005): Entwicklungen in der Kreditrisikosteuerung deutscher Banken vor dem Hintergrund aufsichtsrechtlicher und gesamtwirtschaftlicher Veränderungen, in: **Stachuletz, R. (Hrsg.):** Workout - Management und Handel von Problemkrediten, Frankfurt am Main, Bankakademie, 2005, S. 3-40.

Chu, F. J. (1992): The Attraction of Distressed Corporate Securities, in: The Bankers Magazine, Januar/Februar 1992, S. 54-58.

Citigroup (2004): First Quarter 2004 Earnigs Presentation, http://www.citibank.com, Stand: 17.11.2004.

Clausen, S. / Hegman, G. (2004): Hypo Real Estate schafft Befreiungsschlag, in: Financial Times Deutschland vom 17.9.2004, S. 26.

Clausen, S. / Maier, A. / Schmid, F. (2004): Lone Star greift nach NordLB-Tochter, in: Financial Times Deutschland vom 17.11.2004, S. 19.

Coenenberg, A. G. / Schultze, W. (2002): Das Multiplikator-Verfahren in der Unternehmensbewertung: Konzeption und Kritik, in: Finanz Betrieb, Jg. 4, 2002, S. 697-703.

Commerzbank AG (2005): Geschäftsbericht 2004, Frankfurt am Main, 2005.

Copeland, T. / Koller, T. / Murrin, J. (2002): Unternehmenswert: Methoden und Strategien für eine wertorientierte Unternehmensführung, 3. Auflage, Frankfurt am Main/New York, Campus, 2002.

Corletto, L. / Hirter, N. (2002): Wissenswertes aus dem Anlagebereich: Rating, http://kbai.ch/d/ueber_uns/fragen_antworten/abc/Fallen_Angels_0203.pdf, Stand: 1.10.2005.

Covitz, D. / Han, S. (2004): An Empirical Analysis of Bond Recovery Rates: Exploring a Structural View of Default, Washington, D.C., The Federal Reserve Board, December 2004.

Cramer, J.-E. (1999): Knapps enzyklopädisches Lexikon des Geld-, Bank- und Börsenwesens, 3. Auflage, Frankfurt am Main, Knapp, 1999.

Credit Suisse First Boston (2002): 2001 leveraged finance outlook, New York, Credit Suisse First Boston, 2002.

Creditreform (2004): Insolvenzen, Neugründungen, Löschungen, Jahr 2004, Neuss, 2004.

Cünnen, A. (2005a): Firmen mit schwachen Ratings zapfen Markt an, in: Handelsblatt vom 13.7.2005, S. 30.

Cünnen, A. (2005b): Nachrangige Anleihen bieten Renditeplus, in: Handelsblatt vom 5.7.2005, S. 29.

Curry, T. / Shibut, L. (2000): The Cost of the Savings and Loan Crisis: Truth and Consequences, in: FDIC Banking Review, Vol. 13, No. 2, 2000, S. 26-35.

Damodaran, A. (2002): Investment valuation: Tools and Techniques for Determining the Value of Any Asset, 2. Auflage, New York et al., John Wiley & Sons Inc., 2002.

Davydenko, S. A. / Franks, J. R. (2005): Do Bankruptcy Codes Matter? A Study of Defaults in France, Germany, and the UK, London, London Business School, Mai 2005.

DDJ Capital (2004): Mosers Distressed Debt Service Providers, http://www.mosers.org/ assets/pdfs/inv_service_pro/ddj_capital_mgmnt.pdf, Stand: 15.11.2004.

Debtwire (2005): European High Yield & Distressed Intelligence Update 28 April - 11 May 2005, 2005.

Deibert, V. / Schellenberger, D. (1998): Vulture Investing: Geld anlegen, wo andere aufgeben, in: Die Bank, Nr. 7, 1998, S. 434-436.

Delko, K. (2002): Restrukturierungen bankrotter Unternehmen - Interessengruppen drängen sich im "Chapter 11"-Prozess, in: Neue Züricher Zeitung vom 13.8.2002, S. 27.

Denniston, K. K. (2000): Distressed Debt Trading - Understanding international and domestic secondary markets, London, Euromoney Institutional Investor PLC., 2000.

Denz, M. (2005): Countdown zur Insolvenz, in: Finance, Juni 2005, S. 60-63.

Deutsche Bank AG (2004): German Banks: Bad loans - good prospects, Global Equity Research, 24.9.2004 2004.

Deutsche Bank AG (2005): Geschäftsbericht 2004, Frankfurt am Main, 2005.

Deutsche Bundesbank (2003): Umfrage zum Kreditgeschäft im Euroraum - Erläuterungen, http://www.bundesbank.de/download/volkswirtschaft/publikationen/vo_Erlaeuterungen_zum_Bank_Lending_Survey_Stand062003.pdf, Stand: 15.10.2004.

Deutsche Bundesbank (2004): Monatsbericht April 2004, in, 2004.

Deutsche Bundesbank (2005a): Monatsbericht März 2005, Frankfurt am Main, 2005a.

Deutsche Bundesbank (2005b): Umlauf inländischer Inhaberschuldverschreibungen / Industrieobligationen inländischer Emittenten, http://www.bundesbank.de/statistik/statistik_zeitreihen.php, Stand: 15.2.2005.

Deutsche Postbank AG (2005): Geschäftsbericht 2004, Frankfurt am Main, 2005.

Deutscher Sparkassen- und Giroverband (2004): Anstaltslast und Gewährträgerhaftung – Eine Kurzübersicht, Berlin, April 2004.

Diekmann, A. (2002): Empirische Sozialforschung: Grundlagen, Methoden, Anwendungen, 9. Auflage, Reinbeck bei Hamburg, 2002.

Dimitrakopoulos, D. / Spahr, R. (2004): Ablauf des Ratingverfahrens bei internationalen Ratingagneturen, in: **Achleitner, A.-K. / Everling, O. (Hrsg.):** Handbuch Ratingpraxis, Wiesbaden, Gabler, 2004.

Dougherty, C. (2004): German Banks clean up as bad debt becomes good business, in: International Harald Tribune vom 6.10.2004, S. 15.

Dowideit, A. (2005): Landesbanken gründen "Bad Bank", in: Die Welt vom 30.6.2005, S. 14.

Dresdner Bank AG (2004): IRU verkauft 1,2 Mrd. Euro Portfolio deutscher Kredite, www.allianz.com./azcom/dp, Stand: 1.11.2004.

Drost, F. M. (2004): Sparkassen wickeln faule Kredite selber ab, in: Handelsblatt vom 2.12.2004, S. 26.

Drukarczyk, J. (1987): Unternehmen und Insolvenz, Wiesbaden, Gabler, 1987.

Drukarczyk, J. (2004): Insolvenztatbestände als Anstoß zu Restrukturierungen?, Working Paper No. 397, Regensburg, Universität Regensburg, Juli 2004.

Drummond, J. (2005): Plotting the future of Sears Roebuck - Profile Eddie Lampert and ESL, in: Financial Times vom 11.3.2005, S. 8.

Dummrath & Fassnacht (2004): Senator AG - Bericht zur Hauptversammlung, Hamburg, 23. November 2004.

Dummrath & Fassnacht (2005): Primacom AG - Bericht zur Hauptversammlung, Hamburg, 1. März 2005.

Eberhart, A. C. / Moore, W. / Roenfeldt, R. (1990): Security Pricing and Deviations from the Absolute Priority Rule in Bankruptcy Proceedings, in: Journal of Finance, December 1990, S. 1457-1470.

Eberhart, A. C. / Sweeney, R. J. (1992): Does the Bond Market Predict Bankruptcy Settlements?, in: Journal of Finance, Vol. 47, 1992, S. 943-980.

Edmondson, G. (2005): Goldman's German Revolution, www.businessweek.com, Stand: 24.10.2005.

Eigendorf, J. / Panitz, L. (2004): Citigroup sieht Marktlücke im Investmentbanking, in: Die Welt vom 15.6.2004, S.15.

Eilenberger, G. (1996): Lexikon der Finanzinnovationen, 3. Auflage, München u.a., Oldenbourg, 1996.

Eilenberger, G. (1997a): Bankbetriebswirtschaftlehre, 7. Auflage, München, Oldenbourg, 1997a.

Eilenberger, G. (1997b): Betriebliche Finanzwirtschaft, 6. Auflage, München, Oldenbourg, 1997b.

Eilenberger, G. (2004): Kreditkrise und Unternehmensfinanzierung, in: **Schuster, L. / Widmer, A. W. (Hrsg.):** Wege aus der Banken- und Börsenkrise, Berlin u.a., Springer, 2004, S. 135-145.

Einzig, P. (1969): The Euro-Bond Market, 2. Aufl., London et al., Macmillan, 1969.

Eisenhardt, K. (1989): Building theories from case study research, in: Academy of management review, Vol. 14, 1989, S. 532-550.

Ernst & Young (2004): Global Nonperforming Loan Report 2004, 2004.

Esfandi, J. / Kohlbeck, M. (2004): Germany: Opportunities in Distressed Debt. Euromoney Distressed Debt Symposium, 17. November 2004.

Evans, N. (2002a): Loan market opens up to new investors, in: Euromoney, Vol. 399, Juli 2002a, S. 136-138.

Evans, N. (2002b): Vultures fly high as distress intensifies, in: Euromoney, Vol. 397, Mai 2002b, S. 78-84.

Fama, E. F. (1970): Efficient Capital Markets: A Review of Theory and Empirical Work, in: Journal of Finance, Vol. 25, 1970, S. 383-417.

Fama, E. F. (1977): Efficient Capital Markets: A Review of Theory and Empirical Work, in: **Bicksley, J. (Hrsg.):** Capital Market Equilibrium and Efficiency, Toronto, Lexington Books, 1977.

Fama, E. F. / Miller, M. H. (1972): The Theory of Finance, Holt, Rinehart and Winston, 1972.

Feder, W. H. / Lagrange, P. C. (2002): Considerations for Investors Before Investing in Bankrupt Companies, in: The Journal of Private Equity, Vol. 5, No. 4, 2002, S. 38-41.

Federal Deposit Insurance Corporation (1998): Managing the Crisis: The FDIC and RTC Experience 1980-1994, Washington, D.C., 1998.

Finanznachrichten.de (2005a): Augusta - Anfechtungsklage gegen HV-Beschlüsse, www.finanznachrichten.de, Stand: 8.3.2005.

Finanznachrichten.de (2005b): Gläubigerbanken verkaufen Kredite von KarstadtQuelle, www.finanznachrichten.de, Stand: 22.2.2005.

Fischer, J. / Zuleger, R. (2005): Rechtliche Rahmenbedingungen beim Verkauf und Erwerb von notleidenden Krediten, in: **Jobe, C. J. / Stachuletz, R. (Hrsg.):** Workout - Management und Handel von Problemkrediten, Frankfurt am Main, Bankakademie, 2005, S. 411-436.

Fischer, M. (2005): Das Workout-Management der Bank, in: **Stachuletz, R. (Hrsg.):** Workout - Management und Handel von Problemkrediten, Frankfurt am Main, Bankakademie, 2005, S. 97-123.

Fitzgerald, N. (2003): Here be Dragons, in: Real Deals, Februar 2003.

Franke, D. (2004): Die 1.000 größten Banken der Welt, in: Die Bank, Nr. 11, 2004, S. 29-33.

Franks, J. R. / Torous, W. N. (1994): A Comparison of Financial Recontracting in Distressed Exchanges and Chapter 11 Reorganizations, in: Journal of Financial Economics, Vol. 35, No. 3, June 1994, S. 347-370.

Fridson, M. / Garman, M. / Okashima, K. (2000): Recovery Rates: The Search for Meaning, in: Merrill Lynch High Yield Report, März 2000.

Fritzen, R. (2004): Unternehmenskauf, Due Diligence und Garantien nach der Schuldrechtsreform, München, M-Press, 2004.

Frölich, J. / Schlemminger, R. / Theewen, E. M. (2005): Management von Intensiv- und Problemkrediten: Herausforderungen im Lichte der MaRisk, in: Zeitschrift für das gesamte Kreditwesen, 58. Jg., Nr. 17, 2005, S. 29-33.

Früh, A. (2000): Abtretungen, Verpfändungen, Unterbeteiligungen, Verbriefungen und Derivate bei Kreditforderungen vor dem Hintergrund von Bankgeheimnis und Datenschutz, in: Zeitschrift für Wirtschafts- und Bankrecht, 54. Jg., März 2000, S. 497-548.

Gadanecz, B. (2004): Struktur, Entwicklung und Bedeutung des Marktes für Konsortialkredite, in: Bank für Internationalen Zahlungsausgleich - Quartalsbericht, Dezember 2004, S. 85-101.

Gebhardt, G. / Strampelli, S. (2005): Bilanzierung von Kreditrisiken, Frankfurt am Main, Johann Wolfgang Goethe Universität, 2005.

Gehrmann, D. (1978): Die Effizienz des Euro-Kapitalmarktes: Funktionsmechanismen und internationale Kapitalallokation, Hamburg, Weltarchiv, 1978.

Gerke, W. (1991): Gutachten zur Fortentwicklung des deutschen Börsenwesens durch Einführung eines elektronischen Handelssystems (EHS), Mannheim, Lehrstuhl für Bankbetriebslehre, Universität Mannheim, 1991.

Gerke, W. / Philipp, F. (1985): Finanzierung, Stuttgart u.a., Kohlhammer, 1985.

Gertner, R. / Scharfstein, D. (1991): A Theory of Workouts and the Effects of Reorganization Law, in: Journal of Finance, September 1991, S. 1189-1222.

Giammarina, R. M. (1989): The Resolution of Financial Distress, in: The Review of Financial Studies, Vol. 2, No. 1, 1989, S. 25-47.

Gilson, S. (1995): Investing in Distressed Situations: A Market Survey, in: Financial Analysts Journal, November/Dezember 1995, S. 8-27.

Gilson, S. / Hotchkiss, E. / Ruback, R. (1998): Valuation of Bankrupt Firms, Harvard Business School, Working Paper, 1998.

Gilson, S. / John, K. / Lang, L. H. P. (1990): Troubled Debt Restructurings: An Empirical Study of Private Reorganization of Firms in Default, in: Journal of Financial Economics, Oktober 1990, S. 315-353.

Gleumes, G. (2005): Der Verkauf von notleidenden Krediten an Distressed-Debt-Investoren, in: **Stachuletz, R. (Hrsg.):** Workout - Management und Handel von Problemkrediten, Frankfurt am Main, Bankakademie, 2005, S. 349-386.

Goldman Sachs (2005): Special Situations Investing, www.gs.com, Stand: 15.1.2005.

Grabelsky, G. / Linnel, I. (2002): Credit Rating Perspectives: Distressed Debt Exchanges and Corporate Bankruptcy and Restructurings, Fitch Ratings Credit Market Research, Dezember 2002.

Graja, C. (2004): Whitman Puts $63 Million in his Third Avenue Fund, http://quote.bloomberg.com/apps/news?pid=nifea&&sid=aOHD3olI_aU8#, Stand: 17.11.2004.

Grünberger, D. / Grünberger, H. (2005): Rechnungswesen und Steuern: IAS/IFRS 2005, 3. Auflage, Herne/Berlin, NWB, 2005.

Grüneke, J. V. (2002): Hedgefonds: Keine Modeerscheinung für Spekulanten, in: Börsen Zeitung, Nr. 192, 2002, S. B9.

Gupton, G. M. / Stein, R. M. (2002): LOSSCALC: Model for predicting Loss Given Default (LGD), Moody's KMV, February 2002 2002.

Gupton, G. M. / Stein, R. M. (2005): LOSSCALC V2: Dynamic Prediction of LGD, Moody's KMV, Januar 2005.

Hackethal, A. / Schmidt, R. H. (2000): Finanzsystem und Komplementarität, Frankfurt am Main, Johann Wolfgang Goethe-Universität, Working Paper Series: Finance & Accounting, 2000.

Hackethal, A. / Schmidt, R. H. (2005): Structural Change in the German Banking System?, Frankfurt am Main, Johann Wolfgang Goethe-Universität, Working Paper Series No. 147, Januar 2005.

Hagen, S. (2004): Neuer Streit zwischen Karstadt-Banken, in: Die Welt vom 19.10.2004, S. 14.

Hager, P. (2004): Corporate Risk Management: Cash Flow at Risk und Value at Risk, Frankfurt am Main, Bankakademie Verlag, 2004.

Hakim, A. R. / Shimko, D. (1995): The Impact of Firm's Characteristics of Junk-Bond Default, in: Journal of Financial and Strategic Decisions, Vol. 8, No. 2, 1995, S. 47-55.

Hamberger, K. / Diehm, A. (2004): Veräußerung von Non-Performing Loans: Motive, Auswirkungen, Lösungsansätze, in: Die Bank, Nr. 3, 2004, S. 182-185.

Hamilton, D. / Cantor, R. / Ou, S. (2002): Default & Recovery Rates of European Corporate Bond Issuers, 1985-2001, http://www.moodyskmv.com/research/whitepaper/02defstudy.pdf, Stand: 15.11.2004.

Hardymon, F. / Lerner, J. (2003): The Challenges for German Turnaround Investing, Cambridge, Havard Business School, 2003.

Hauschildt, J. (2000): Vorgehensweise der statistischen Insolvenzdiagnose, in: **Hauschildt, J. / Leker, J. (Hrsg.):** Krisendiagnose durch Bilanzanalyse, 2. Auflage, Köln, Dr. Otto Schmidt, 2000, S. 119-143.

Hauschildt, J. / Krehel, H. (2000): Krisendiagnose durch Finanzflußrechnungen, in: **Hauschildt, J. / Leker, J. (Hrsg.):** Krisendiagnose durch Bilanzanalyse, 2. Auflage, Köln, Dr. Otto Schmidt, 2000, S. 71-87.

Häuser, K. (1995): Kapitalmarkt, in: **Gerke, W. / Steiner, M. (Hrsg.):** Handwörterbuch des Bank- und Finanzwesens, 2. Auflage, Stuttgart, 1995, Sp. 1123-1135.

Heidorn, T. (1999): Kreditrisiko, Frankfurt am Main, Hochschule für Bankwirtschaft, Februar 1999.

Heidorn, T. / Jaster, O. / Willeitner, U. (2001): Event Risk Covenants, Frankfurt am Main, Hochschule für Bankwirtschaft, Juni 2001.

Helbling, C. (1998): Unternehmensbewertung und Steuern, 9. Auflage, Düsseldorf, IDW, 1998.

Himberger, A. (1994): Der elektronische Markt als Koordinationssystem: Überlegungen zur Beschreibung und Gestaltung alternativer Möglichkeiten der Abstimmung von Handlungen und Plänen aus system- und koordinationstheoretischer Sicht, Hallstadt, Rosch-Buch, 1994.

Hingst, A. (2004): Schubkraft für die Bankbilanz, in: Creditreform, Sonderausgabe, September 2004, S. 24-28.

Hofmann, W. / Walter, B. (2004): Die Veräußerung Not leidender Kredite - aktives Risikomanagement der Bank im Spannungsverhältnis zwischen Bankgeheimnis und Datenschutz, in: Zeitschrift für Wirtschafts- und Bankrecht, Nr. 32, 2004, S. 1566-1574.

Hönighaus, R. (2005): Goldman Sachs besiegelt Delmora Kauf, in: Financial Times Deutschland vom 24.5.2005, S. 17.

Hotchkiss, E. S. / Mooradian, R. M. (1997): Vulture Investors and the Market for Control of Distressed Firms, in: Journal of Financial Economics, Vol. 43, No. 3, 1997, S. 401-432.

Hradsky, G. T. / Long, R. D. (1989): High Yield Losses and the Return Performance of Bankrupt Debt Issuers:1978-1988, in: Financial Analysts Journal, Juli/August 1989, S. 38-49.

Hüls, D. (1995): Früherkennung insolvenzgefährdeter Unternehmen, Düsseldorf, IDW, 1995.

Hülsen, I. (2004): Geschäfte machen mit der Not, in: Financial Times Deutschland vom 4.3.2004, S. BE1.

International Monetary Fund (2003): Germany: Financial System Stability Assessment, including Reports on the Observance of Standards and Codes of the following Topics: Banking Supervision, Securities Regulation, Insurance Regulation, Monetary and Financial Policy Transparency, Payment Systems and Securities Settlement, Washington, 2003.

Jäckel, A. / Poppe, H. (2000): Krisendiagnose durch qualitative Bilanzanalyse, in: **Hauschildt, J. / Leker, J. (Hrsg.):** Krisendiagnose durch Bilanzanalyse, 2. Auflage, Köln, Dr. Otto Schmidt, 2000, S. 88-118.

Jacob, H. J. (2000): Aktuelle Entwicklungen in der Unternehmensbewertung, in: **Baetge, J. (Hrsg.):** Unternehmensbewertung im Wandel, Düsseldorf, IDW, 2000, S. 25-52.

Jacobius, A. (2004): Hedge Funds, Distressed Debt See Bulk of Sponsors Increase, in: Pensions & Investments, Vol. 32, No. 2, 2004, S. 41-42.

Jacobius, A. (2005): Alternatives: Venture capital leads back with 19% hike, in: Pensions & Investments, Januar 2005.

James, C. (1995): When do Banks Take Equity in Debt Restructurings, in: Review of Financial Studies, Vol. 8, No. 4, 1995, S. 1209-1234.

Jensen, M. C. / Meckling, W. H. (1976): Theory of the Firm: Managerial Behavior, Agency Costs and Ownership Structure, in: Journal of Financial Economics, 1976, S. 305-360.

Jenskins, P. (2003): Bank säubert Portfolio und verkauft faule Kredite, in: Financial Times Deutschland vom 17.12.2003, S. 19.

Jobe, C. J. (2005): Rechtliche Rahmenbedingungen des Workout-Managements: Die Haftungsrisiken der Kreditinstitute bei der Bearbeitung notleidender Kredite, in: **Jobe, C. J. / Stachuletz, R. (Hrsg.):** Workout - Management und Handel von Problemkrediten, Frankfurt am Main, Bankakademie, 2005, S. 226-276.

Jobe, C. J. / Stachuletz, R. (2005): Workout - Management und Handel von Problemkrediten, Frankfurt am Main, Bankakademie, 2005.

John, K. (1993): Managing Financial Distress and Valuing Distressed Securities: A Survey and a Research Agenda, in: Financial Management, Vol. 22, No. 3, 1993, S. 60-78.

Kammel, V. (2004): Investitionen in notleidende Kredite, in: **Brühl, V. / Göpfert, B. (Hrsg.):** Unternehmensrestrukturierung, Stuttgart, Schäffer Poeschel, 2004, S. 262-288.

Kean, F. R. / Sherman, H. C. (1997): Die deutschen Banken und ihr Einfluß auf Unternehmensentscheidungen, Sonderdruck aus Ifo Schnelldienst Nr. 23, München, 1997.

Keenan, C. (2003): Deep Discount, in: Institutional Investor, Februar 2003, S. 93-95.

Kersting, A. (1999): Die Rechtsstellung der Gläubiger im Insolvenzplanverfahren, Münster, LIT-Verlag, 1999.

Kestler, M. / Striegel, A. / Jesch, T. (2005): Distressed Debt Investments - Insolvenzrechtliche Instrumentarien der Unternehmenssanierung über Fremdkapital, in: Neue Zeitschrift für das Recht der Insolvenz und Sanierung, 8. Jg., August 2005, S. 417-424.

KfW Bankengruppe (2004): Mittelstandsmonitor 2004, Frankfurt am Main, Februar 2004.

Kilbinger, S. S. (2004): The Property Report: Nonperforming-Loans Sector in Germany Attracts U.S. Funds, in: The Wall Street Journal Europe vom 11.10.2004, S. A10.

Klöckner, M. (2005): Verkauf notleidender Kredite - eine Reflexion aus Sicht öffentlich-rechtlicher Institute, in: **Jobe, C. J. / Stachuletz, R. (Hrsg.):** Workout - Management und Handel von Problemkrediten, Frankfurt am Main, Bankakademie, 2005, S. 329-348.

Klöckner, M. / Wolter, H.-H. (2004): Verkauf notleidender Kredite in Deutschland - ein Markt mit Zukunft, in: Zeitschrift für das gesamte Kreditwesen, Jg. 57, Nr. 21, 2004, S. 26-31.

Knips, S. / Dunst, M. / Stalmann, S.-M. (2005): German non-performing loans, Frankfurt am Main, Dresdner Kleinwort Wasserstein, März 2005.

Köhler, P. (2005): Faule Kredite werfen lukrative Rendite ab, in: Handelsblatt vom 15.7.2005, S. B8.

Köhler, P. / Kort, K. (2004): Neue Welle im Kredithandel erwartet, in: Handelsblatt vom 3.11.2004, S. 21.

Köhler, P. / Maisch, M. (2005): Unter Geiern, in: Handelsblatt, 28.6.2005 2005, S. 12.

Kraft, V. (2001): Private Equity Investitionen in Tournarounds und Restrukturierungen, Dissertation Nr. 2481, Frankfurt am Main, Campus, 2001.

Kraus, K. J. / Blatz, M. / Evertz, D. (2004): Kompendium der Restrukturierung; Erweiterter und ergänzter Sonderdruck aus Buth Herrmanns: Restrukturierung, Sanierung und Insolvenz, Berlin, Beck, 2004.

Kress, S. L. (1996): Effizienzorientierte Kapitalmarktregulierung: eine Analyse aus institutionenökonomischer Perspektive, Wiesbaden, Gabler, 1996.

Kroll / Mercer Oliver Wyman (2005): A Market for the Making: The German Bad Loan Market, Februar 2005.

Kruger, D. (2004): A penny stock for your thoughts; You like long shots? Invest in sick companies, in: Forbes, Vol. 174, No. 8, 2004, S. 72.

Krystek, U. (1987): Unternehmenskrisen: Beschreibung, Vermeidung und Bewältigung überlebenskritischer Prozesse in Unternehmungen, Wiesbaden, Gabler, 1987.

Kudla, R. (2005): Finanzierung in der Sanierung, Wiesbaden, Gabler, 2005.

Kullrich, A. (2004): Abit kauft Problemkredite von Sparkassen, in: Börsen Zeitung vom 23.9.2004, S. 4.

Kvarnström, J. E. (2003): Institutional Restructuring Unit (IRU) - die Kreditwerkstatt der Dresdner Bank, in: Die Bank, Nr. 8, 2003, S. 524-526.

Landesbank Baden Würtemberg (2005): Geschäftsbericht 2004, Stuttgart, 2005.

Lang, F. (2002): Financial Due Diligence, in: **Kranebitter, G. (Hrsg.):** Due Diligence - Risikoanalyse im Zuge von Unternehmenstransaktionen, München, Moderne Industrie, 2002, S. 49-63.

Lange, T. A. (2004): Zur Aufsicht der Banken in China - Die China Banking Regulatory Commission und das Problem der Not leidenden Kredite, in: **Lange, T. A. / Löw, E. (Hrsg.):** Rechnungslegung, Steuerung und Aufsicht von Banken, Wiesbaden, Gabler, 2004, S. 495-524.

Lange, T. A. (2005): Kapitalmarktbasierte Preismodelle für Firmenkundenkredite als Beitrag zur wertorientierten Steuerung in Banken, in: **Lange, T. A. / Schulze, H. (Hrsg.):** Wertmanagement in Banken, Wiesbaden, Gabler, 2005, S. 113-133.

Lebert, R. (2004a): Eurohypo baut Geschäft mit faulen Krediten aus, in: Financial Times Deutschland vom 26.11.2004, S. 24.

Lebert, R. (2004b): US-Konzerne formen Allianz mit Eurohypo, in: Financial Times Deutschland vom 19.11.2004, S. 21.

Lehrach, D. / Steffani (2005): Inkassomanagement bei Banken, in: Zeitschrift für das gesamte Kreditwesen, 58. Jg., Nr. 15, 2005, S. 33-35.

Liebler, H. / Schiereck, D. / Schmid, M. (2004): Distressed Debt Investing, in: Zeitschrift für das Gesamte Bank- und Börsenwesen, 52. Jg., September 2004, S. 649-660.

Littkemann, J. / Krehl, H. (2000): Kennzahlen der klassischen Bilanzanalyse - nicht auf Krisendiagnosen zugeschnitten, in: **Hauschildt, J. / Leker, J. (Hrsg.):** Krisendiagnose durch Bilanzanalyse, 2. Auflage, Köln, Dr. Otto Schmidt, 2000, S. 19-32.

Loan Pricing Corporation (2005): U.S. Secondary Loan Market Volume, www.loanpricing.com, Stand: 20.6.2005.

Loistl, O. (1994): Kapitalmarkttheorie, 3. Auflage, München/Wien, Oldenbourg, 1994.

Loy, J.-P. (1995): Möglichkeiten zur Beurteilung von Markteffizienz, Kiel, Wissenschaftsverlag Vauk, 1995.

Lütz, S. (2003): Governance in der politischen Ökonomie, Köln, Max-Planck-Institut für Gesellschaftsforschung; Discussion Paper 03/5, 2003.

Ma, C. K. / Weed, G. M. (1986): Fact and fancy of takeover junk bonds, in: The Journal of Portfolio Management, Herbst 1986, S. 34-37.

Mackenthun, T. (2005): Bank-, Kredit- und Insolvenzrecht, in: **Rösler, P. / Pohl, R. / Mackenthun, T. (Hrsg.):** Handbuch Kreditgeschäft, 6. Auflage, Wiesbaden, Gabler, 2005, S. 697-1054.

Maier, A. (2005): Lektion aus Schweden, in: Financial Times Deutschland vom 27.4.2005, S. 20.

Maier, A. / Schmid, F. / Ronke, C. (2005): Gläubiger flüchten aus Karstadt, in: Financial Times Deutschland vom 1.2.2005, S. 22.

Maisch, M. / Potthoff, C. (2005): Investoren reißen sich um faule Kredite deutscher Banken, in: Handelsblatt vom 14.3.2005, S. 26.

Mann, J. (2004): Frugal man behind the plan avoids limelight, in: The Kansas City Star vom 25.7.2004, S. 1.

Markowitz, H. (1952): Portfolio Selection, in: The Journal of Finance, 1952, S. 77-91.

Martiensen, J. (2000): Institutionenökonomik, München, Vahlen, 2000.

Mayring, P. (2002): Qualitative Sozialforschung, 5. Auflage, Weinheim/Basel, Beltz, 2002.

Mayring, P. (2003): Qualitative Inhaltsanalyse, 8. Auflage, Weinheim, Beltz, 2003.

Mishkin, F. S. / Eakins, S. G. (2002): Financial Markets and Institutions, 4. Auflage, Boston, Addison Wesley Longman, 2002.

Moldenhauer, R. (2004): Krisenbewältigung in der New Economy, Wiesbaden, Gabler, 2004.

Mosers (2004): Missouri State Employees' Retirement System: Asset Allocation, http://www.mosers.org/about/invest_asset.asp, Stand: 11.11.2004.

Moyer, S. G. (2004): Distressed Debt Analysis, Boca Raton (USA), J. Ross Publishing, 2004.

Müller, H.-E. / Fentz, V. (2005): Outsourcing von Workout-Aktivitäten, in: **Stachuletz, R. (Hrsg.):** Workout - Management und Handel von Problemkrediten, Frankfurt am Main, Bankakademie, 2005, S. 299-325.

Neuhof, R. (2005): Beteiligungsrisiken der Banken, in: Zeitschrift für Wirtschafts- und Bankrecht, 59. Jg., Nr. 9, 2005, S. 405-412.

Neumann, A. / Peppmeier, K. (2005): Organisation und Management eines Sicherheitenpools, in: Betriebswirtschaftliche Blätter, Nr. 1, 2005, S. 53-55.

Niederdrenk, R. (2003): Kreditnotstand oder Eigenkapitalchance?, in: Frankfurter Allgemeine Zeitung vom 13.10.2003, S. 22.

o.V. (2001): Debt Explosion Aftermath, http://www.williamsinference.com/Reports/2806debtaftermath.htm, Stand: 15.11.2004.

o.V. (2002): WL Ross: Hope rising from the ashes, in: Euromoney, Vol. 397, Mai 2002, S. 80-81.

o.V. (2003a): Investor für Kabelfirma Primacom, in: Süddeutsche Zeitung vom 6.12.2003, S. 24.

o.V. (2003b): Wilbur Ross, in: The Charlotte Observer vom 29.7.2003, S. 10A.

o.V. (2004a): Das große Geschäft mit den notleidenden Krediten deutscher Banken, in: Frankfurter Allgemeine Zeitung vom 1.10.2004, S. 23.

o.V. (2004b): Eurohypo macht faule Kredite zum Geschäft, in: Handelsblatt vom 19.11.2004, S. 25.

o.V. (2004c): Hypo Real Estate Bank AG verkauft Immobilienfinanzierungsportfolio von 3,6 Mrd. Euro - Restrukturierung in Deutschland beendet, in: Presseinformation Hypo Real Estate Group vom 16.9.2004.

o.V. (2004d): Icahn Raked In $2.77 Billion Since '96, in: Loan Market Week, 22.10.2004, 2004d.

o.V. (2004e): In Deutschland kommt der Handel mit Krediten in Fahrt, in: Frankfurter Allgemeine Zeitung vom 14.9.2004, S. 21.

o.V. (2004f): Lone Star raises record $5 billion with ease, in: Real Estate Alert, 7.7.2004 2004f, S. 1.

o.V. (2004g): US-Fonds greifen bei faulen Krediten zu, in: Handelsblatt vom 19.10.2004, S. 19.

o.V. (2005a): Banken stoßen Karstadt-Kredite ab, in: Frankfurter Allgemeine Zeitung vom 2.2.2005, S. 16.

o.V. (2005b): Cerberus kauft Kreditpaket über 400 Millionen Euro, www.manager-magazin.de, Stand: 14.6.2005.

o.V. (2005c): Das Geschäft mit faulen Immobilienkrediten hat erst begonnen, in: Frankfurter Allgemeine Zeitung vom 18.2.2005, S. 49.

o.V. (2005d): Der Handel mit faulen Krediten kommt in Schwung, in: Frankfurter Allgemeine Zeitung vom 2.2.2005, S. 16.

o.V. (2005e): Der Verkauf der Karstadt-Kredite an US-Investoren hebt die Neuordnung des deutschen Kapitalmarktes auf ein neues Niveau, in: Der Schmitt-Brief, 4.2.2005 2005e.

o.V. (2005f): Distress, dict.leo.org, Stand: 12.2.2005.

o.V. (2005g): Goldman Sachs erhält Zuschlag für die Delmora Bank, in: Frankfurter Allgemeine Zeitung vom 24.5.2005, S. 22.

o.V. (2005h): Hedge-Fonds als Firmenjäger, in: Frankfurter Allgemeine Zeitung vom 2.5.2005, S. 15.

o.V. (2005i): Sparkassen klopfen bei BAG Hamm an, in: Börsen-Zeitung vom 20.7.2005, S. 4.

o.V. (2005j): WestLB und NordLB wählen Shinsei und Flowers als Partner, in: Frankfurter Allgemeine Zeitung vom 30.6.2005, S. 16.

Obst / Hintner (1993): Geld- Bank und Börsenwesen, 39. Auflage, Stuttgart, Schäffer-Poeschel, 1993.

OECD (1967): Capital Markets Study - General Report, Paris, Committee for Invisible Transactions, 1967.

Oeynhausen, H. (2004): CSFB startet Kauf von faulen Krediten, in: Financial Times Deutschland vom 24.9.2004, S. 22.

Olten, R. (1998): Wettbewerbstheorie und Wettbewerbspolitik, 2. Auflage, Wien, Oldenbourg, 1998.

Onvista (2005): Anleihenanalyse, http://anleihen.onvista.de, Stand: 15.7.2005.

Pacific Corporate Group LLC (2001): Distressed Debt Investing, PCG Perspective, Newsletter, Juli 2001.

Paetzmann, K. (2003): Zur Übertragung von US-Konzepten eines Distressed Debt Investing auf Deutschland, in: Zeitschrift für das gesamte Kreditwesen, Nr. 17, 2003, S. 968-972.

Pape, G. / Uhlenbruck, W. (2002): Insolvenzrecht, München, Beck, 2002.

Papendick, U. (2003): Unter Geiern, in: Manager Magazin, Nr. 8, 2003, S. 72-76.

Papenfuß, H. (1999): Beschreibungsmodi für Finanzsysteme: wie beschreibt man Finanzsysteme?, Frankfurt am Main u.a., Lang, 1999.

Parnell, R. / Matos, R. (2001): Vulture Capitalism, in: Benefits Canada Magazine, Vol. 25, No. 8, 2001, S. 31-35.

Perridon, L. / Steiner, M. (2002): Finanzwirtschaft der Unternehmung, 11. Auflage, München, Vahlen, 2002.

Polleit, T. (2004): The Slowdown in German Bank Lending - Revisited, Frankfurt am Main, HfB - Business School of Finance and Management, Mai 2004.

Presber, R. / Stengert, U. (2002): Kreditrating - Eine Chance für mittelständische Unternehmen, Stuttgart, Schäffer-Poeschel, 2002.

Primack, D. (2004): Fund briefs, in: Thomson Financial vom 20.9.2004.

Pümpin, C. / Prange, J. (1991): Management der Unternehmensentwicklung: Phasengerechte Führung und der Umgang mit Unternehmenskrisen, Frankfurt am Main/New York, Campus, 1991.

Reimer, C. (2005): Congress Overhauls the Nation's Bankruptcy Laws, Mayer Brown Rawe & Maw LLP, April 2005.

Reitz, U. (2004): Banken vergolden ihre faulen Kredite, in: Welt am Sonntag vom 5.12.2004, S. 32.

Richter, R. / Furubotn, E. G. (2003): Neue Institutionenökonomik, 3. Auflage, Tübingen, Mohr Siebeck, 2003.

Rinze, J. / Heda, K. (2004): Non-Performing Loan und Verbriefungs-Transaktionen: Bankgeheimnis, Datenschutz, § 203 StGB und Abtretung, in: Zeitschrift für Wirtschafts- und Bankrecht, 58. Jg., Nr. 32, 2004, S. 1557-1604.

Roland Berger Strategy Consultants (2005): Distressed Debt in Germany, Austria and Switzerland - the banks' perspective, Düsseldorf, September 2005.

Ronke, C. (2004): Investorengruppe kauft Kredite von Ihr Platz auf, in: Financial Times Deutschland vom 23.12.2004, S. 6.

Rosenberg, H. (2000): The Vulture Investors, New York, John Wiley & Sons, 2000.

Rösler, P. / Pohl, R. (2005): Kreditgeschäft, in: **Rösler, P. / Pohl, R. / Mackenthun, T. (Hrsg.):** Handbuch Kreditgeschäft, 6. Auflage, Wiesbaden, Gabler, 2005, S. 6-694.

Rubinstein, M. / Vatchkov, I. / Allchin, E. / Macintosh, A. (2004): German Banks - Distressed Debt, Credit Suisse First Boston, Juli 2004.

Russel, P. S. / Branch, B. / Torbey, V. (1999): Market valuation of bankrupt firms: Is there an anomaly?, in: Quarterly Journal of Business and Economics, Vol. 38, 1999, S. 55-74.

Sachverständigenrat zur Begutachtung der gesamtwirtschaftlichen Entwicklung (2005): Jahresgutachten 2004/2005, 2005.

Sadhana, V. (1999): The low-down on high yield, in: Benefits Canada Magazine, Oktober 1999.

Sahm, A. / Ulbricht, V. (2005): Zunehmende Attraktivität von Portfolioverkäufen, in: Zeitschrift für das gesamte Kreditwesen, 58. Jg., Nr. 12, 2005, S. 632-634.

Salomo, S. / Kögel, K. (2000): Krisendiagnose mit wissensbasierten Systemen, in: **Hauschildt, J. / Leker, J. (Hrsg.):** Krisendiagnose durch Bilanzanalyse, 2. Auflage, Köln, Dr. Otto Schmidt, 2000, S. 221-239.

Sapusek, A. (1998): Informationseffizienz auf Kapitalmärkten, Wiesbaden, Gabler, 1998.

Schalast, C. (2005): Der deutsche NPL-Markt und der Forschungsschwerpunkt Bad Debt der HfB, in: **Stachuletz, R. (Hrsg.):** Workout - Management und Handel von Problemkrediten, Frankfurt am Main, Bankakademie, 2005, S. VII-XI.

Schalast, C. / Daynes, C. (2005): Distressed Debt-Investing in Deutschland - Geschäftsmodelle und Perspektiven, Frankfurt am Main, Hochschule Für Bankwirtschaft, Working Paper Series, September 2005.

Scheule, H. (2003): Prognose von Kreditausfallrisiken, Bad Soden, Uhlenbruch, 2003.

Schiffres, M. / Stevenson, A. (2002): Woe is Good, in: Kiplinger's Personal Finance, Vol. 56, No. 5, 2002, S. 54-56.

Schilmar, B. / Breitenreicher, J. / Wiedenhofer, M. (2005): Veräußerung notleidender Kredite - Aktuelle rechtliche Aspekte bei Transaktionen von Non-Performing Loans, in: Der Betrieb, Nr. 25, 2005, S. 1367-1373.

Schimmöller, H. (1975): Kapitalmarktstrukturen im internationalen Vergleich, Frankfurt am Main u.a., Harri Deutsch, 1975.

Schleifer, A. / Vishny, R. (1992): Liquidation Values and Debt Capacity: A Market Equilibrium Approach, in: Journal of Finance, September 1992, S. 1343-1366.

Schmid, F. / Hönighaus, R. / Clausen, S. (2005): Eigner begrüßen Soros' Interesse an AHBR, in: Financial Times Deutschland vom 25.5.2005, S. 23.

Schmid, F. / Milne, R. / Ibison, D. (2005): Faule Kredite locken US-Investor Flowers, in: Financial Times Deutschland vom 3.6.2005, S. 19.

Schmidt, R. H. / Terberger, E. (1996): Grundzüge der Investitions- und Finanzierungstheorie, 3. Auflage, Wiesbaden, Gabler, 1996.

Schmidt, R. H. / Tyrell, M. (2003): What constitutes a financial system in general and the German financial system in particular, Frankfurt am Main, Johann Wolfgang Goethe-Universität, Working Paper Series, Juli 2003.

Schneck, O. (2001): Finanzierung, Frankfurt, Campus Verlag, 2001.

Schneider, S. / Stegemann, U. (2005): Management von Problemkrediten, in: Zeitschrift für das gesamte Kreditwesen, 58. Jg., Nr. 15, 2005, S. 29-31.

Schuermann, T. (2004): What Do We Know About Loss Given Default?, New York, Federal Reserve Bank of New York, Februar 2004.

Schuler, U. (2005): Europäische Bankenkonkurrenz hängt Deutschland ab, www.dw-world.de, Stand: 5.4.2005.

Schulte, S. (1991): Internationaler Aktienemissionsmarkt, Frankfurt am Main, Dissertation, 1991.

Schulze & Braun (2005): Insolvenzstatistik 2004, www.schubra.de, Stand: 22.5.2005.

Schwaldt, N. (2004): Deutsche Bank wird Großaktionär bei insolventer Berliner Senator Film, in: Die Welt vom 5.10.2004, S. 14.

Seester, P. / Glos, A. (2005): Wirksamkeit der Veräußerung notleidender Darlehensforderungen durch Sparkassen, in: Der Betrieb, Nr. 7, Februar 2005, S. 375-380.

Sigrist, M. (2000): Investieren in Hedge Funds, in: Finanz und Wirtschaft, Oktober 2000.

Simons, H. J. (2005): Die strengen Vorgaben aus Basel, in: Süddeutsche Zeitung vom 11.5.2005, S. 27.

Singer, Z. (2003): Vultures At The Gate, http://www.venturemag.org/vol1/issue3/features/worldcom.html, Stand: 16.11.2004.

Stachuletz, R. / Herr, H. (2005): Marktendogene Faktoren der Entstehung von Problemkrediten und Stabilisierungsstrategien, in: **Stachuletz, R. (Hrsg.):** Workout - Management und Handel von Problemkrediten, Frankfurt am Main, Bankakademie, 2005, S. 41-95.

Statistisches Bundesamt (2005): Insolvenzstatistik, www.genesis.destatis.de, Stand: 7.7.2005.

Steinbarth, M. / v. Lüpke, T. / Ramadurai, K. / Gandy, B. (2005): A Market for Bad Loans? Good News from Germany, Fitch Ratings, Juli 2005.

Sydow, A. (2005): Ein neuer Stern am Bankenhimmel, in: Die Welt vom 26.1.2005, S. 13.

Tashjian, E. / Lease, R. C. / McConnell, J. J. (1996): Prepacks: An Empirical Analysis of Prepackaged Bankruptcies, in: Journal of Financial Economics, Vol. 40, No. 1, Januar 1996, S. 135-162.

Terhart, P. (1996): Chapter 11 Bankruptcy Code: Eine Alternative für Deutschland?, Frankfurt am Main u.a., Peter Lang, 1996.

Thöne, D. (2004): Die Problemkreditbearbeitung der Regionalbanken, in: **Hochschule für Bankwirtschaft (Hrsg.):** Aktuelle Fragen des Bank- und Kapitalmarktrechts Non-Performing-Loans / Faule Kredite - Handel, Work-Out, Outsourcing und Securitisation, Frankfurt am Main, 2004, S. 24-40.

Thornton, E. (2001): Hard Times Bring Back Opportunistic Investors, in: Business Week, Vol. 3748, September 2001, S. 109-116.

Tietze, D. (2002): Kapitalmangel, Kapitalmarkteffizienz und Beschäftigung, Hamburg, Dr. Kovac, 2002.

Timmermann, M. (2004): Risikocontrolling, Risikomanagement und Risikoberichterstattung von Banken, in: **Lange, T. A. / Löw, E. (Hrsg.):** Rechnungslegung, Steuerung und Aufsicht von Banken, Wiesbaden, Gabler, 2004, S. 377-404.

Tuchfeldt, E. (1978): Kapitalmarkt, in: **Albers, W. (Hrsg.):** Handbuch der Wirtschaftswissenschaften, Bd. 4, Stuttgart, 1978, S. 433-439.

Übelhör, M. / Warns, C. (2004): Basel II Auswirkungen auf die Finanzierung - Unternehmen und Banken im Strukturwandel, Heidenau, PD-Verlag, 2004.

Uhlig, A. (1999): Erleichterter Handel von notleidenden Krediten, in: Neue Züricher Zeitung vom 19.3.1999, S. 7.

US Court (2005): Bankruptcy Statistics, http://www.uscourts.gov/bnkrpctystats/statistics.htm#calendar, Stand: 20.6.2005.

Varga von Kibed, S. (2005): Der deutsche Markt für "non-performing Loans" - die Rolle der Investmentbanken, in: Zeitschrift für das gesamte Kreditwesen, 58. Jg., Nr. 12, 2005, S. 41-42.

Varma, P. / Cantor, R. / Hamilton, D. (2003): Recovery Rates on Defaulted Corporate Bonds and Preferres Stocks, in: Moody's Investors Service, December 2003.

Vazza, D. / Aurora, D. / Schneck, R. (2005): S&P Quarterly Default Update & Rating Transitions, New York, Standard & Poors, April 2005.

Vogel, B. (1995): "Wenn der Eisberg zu schmelzen beginnt...": Einige Reflexionen über den Stellenwert und die Probleme des Experteninterviews in der Praxis der empirischen Sozialforschung, in: **Institut für Arbeitsmarkt- und Berufsforschung der Bundesanstalt für Arbeit (IAB) (Hrsg.):** Arbeitsmarktforschung, Nürnberg, 1995, S. 73-83.

Volkart, R. (1999): High Yield Debt als Finanzierungsinstrument, Swiss Banking Institute, März 1999.

von Campenhausen, O. (2005): Ausgewählte steuerliche Fragen des Problemkredithandels, in: **Jobe, C. J. / Stachuletz, R. (Hrsg.):** Workout - Management und Handel von Problemkrediten, Frankfurt am Main, Bankakademie, 2005, S. 437-457.

von Daniels, H. (2004): Private Equity Secondary Transactions, Wiesbaden, Gabler, 2004.

von Petersdorff, W. (2004): Die faulen Früchte der Banken, in: Frankfurter Allgemeine Zeitung vom 26.9.2004, S. 53.

Voss, M. (2004): Neue Zeitrechnung, in: Focus Money, Nr. 24, September 2004, S. 41.

Welch, I. (1997): Why is Bank Debt Senior? A Theory of Asymmetry and Claim Priority Based on Influence Costs, in: Review of Financial Studies, Vol. 10, No. 4, Winter 1997, S. 1203-1236.

Welge, M. K. / Fessmann, K. D. (1980): Organisatorische Effizienz, in: **Grochla, E. (Hrsg.):** Handwörterbuch der Organisation, 2. Aufl., Stuttgart, 1980, S. 577-592.

West, R. R. (1975): On the Difference Between Internal and External Market Efficiency, in: Financial Analysts Journal, November/Dezember 1975, S. 30-34.

Whitaker, R. B. (1999): The early stages of financial distress, in: Journal of Economics and Finance, Vol. 23, Nr. 2, 1999, S. 123-133.

White, M. J. (2005): Bankruptcy Law: Chapter for the Handbook of Law and Economics, San Diego, University of California, Juli 2005.

Wolcott, R. (2004): Foreigners take command of German non-performance, in: Risk, Dezember 2004, S. 60-63.

Wulfken, J. (2004): Sale of Non Performing Loans (NPL) - a new trend in Germany. German Association of Investment Professionals, Frankfurt am Main, Mai 2004.

www.Bondmarkets.com (2005): Average Daily Trading Volume of Long-Term Corporate SecuritiesStand: 25.5.2005.

Yost, K. (2002): The Choice Among Traditional Chapter 11, Prepackaged Bankruptcy, and Out-of-Court Restructuring, Madison, University of Wisconsin, September 2002.

Zbornik, S. (1996): Elektronische Märkte, elektronische Hierarchien, elektronische Netzwerke, Konstanz, Schriften zur Informationswissenschaft; Bd. 22, Universitätsverlag, 1996.

Zentraler Kreditausschuss (2003): Überarbeitung der Eigenkapitalvorschriften für Kreditinstitute und Wertpapierfirmen in der EU, Berlin, Februar 2003.

AUS DER REIHE **Gabler Edition Wissenschaft**

„Schriften zum europäischen Management“
Herausgeber: Roland Berger Strategy Consultants – Academic Network

zuletzt erschienen:

Yves Meinhardt
Veränderung von Geschäftsmodellen in dynamischen Industrien

Nicolás Ebhardt
Privatbankiers im Elektronischen Markt

Ulrich H. Krause
Zielvereinbarungen und leistungsorientierte Vergütung

Gregor Tjaden
Erfolgsfaktoren Virtueller Unternehmen

Vatchagan Vartanian
Innovationsleistung und Unternehmenswert

Bernd Hochberger
Financial Planning

Jens-Holger Dodel
Supply Chain Integration

Christian Krys
Erfolgreiche Wettbewerbsstrategien im westeuropäischen GSM-Markt

Ralf Moldenhauer
Krisenbewältigung in der New Economy

Karsten Lafrenz
Shareholder Value-orientierte Sanierung

Andreas Luber
Mobile Brokerage

Holger von Daniels
Private Equity Secondary Transactions

Jens Köppen
Synergieermittlung im Vorfeld von Unternehmenszusammenschlüssen

Thomas Kempe
Management wetterinduzierter Risiken in der Energiewirtschaft

(Weitere Titel dieser Reihe finden Sie auf der folgenden Seite.)

AUS DER REIHE **Gabler Edition Wissenschaft**

(Fortsetzung)

Carsten W. Seeliger
Corporate Venturing in der Praxis

Ralph Kudla
Finanzierung in der Sanierung

Tobias Harzer
Investor Relations für Privatanleger

Torsten Schmid
Strategie als Kunst des Möglichen

Ingo Lange
Unternehmenswert und Behavioral Finance in der Insolvenz

Jörg Zirener
Sanierung in der Insolvenz

Verena Reichl
Prospektive Auswirkungen der Kosteneinsparung im Gesundheitswesen auf Ärzte, Patienten und die Industrie

Markus Strietzel
Unternehmenswachstum durch Internationalisierung in Emerging Markets

Burkhard Schnorrenberg
Zur Preisbildung von Forwardkontrakten im Strommarkt

Leonid Jasvoin
Integration der Unsicherheitsaspekte in die Schedule-Optimierung

Gerd Sievers
Desinvestition von Unternehmensbeteiligungen in Krisensituationen

Carsten Herbes
Post-Merger-Integration bei europäisch-japanischen Unternehmenszusammenschlüssen

Nicholas Richter
Möglichkeiten und Grenzen des Distressed Debt Investing in Deutschland

Michael Zollenkop
Geschäftsmodellinnovation

www.duv.de
Änderung vorbehalten.
Stand: Juli 2006.

Deutscher Universität-Verlag
Abraham-Lincoln-Str. 46
65189 Wiesbaden

DUV

FSC
www.fsc.org
MIX
Papier | Fördert gute Waldnutzung
FSC® C083411

Kolibri 360 GmbH
Ferdinand-Jühlke-Straße 7
99095 Erfurt, Deutschland
produktsicherheit@kolibri360.de